全国教育科学“十二五”规划课题（FHB150458）成果

解密教育议事会

现代学校制度的设计与操作

徐晓虹　著

ZHEJIANG UNIVERSITY PRESS
浙江大学出版社

图书在版编目（CIP）数据

解密教育议事会：现代学校制度的设计与操作 / 徐
晓虹著. —杭州：浙江大学出版社，2018.3
ISBN 978-7-308-17891-4

Ⅰ.①解… Ⅱ.①徐… Ⅲ.①学校管理—管理制度—
研究—中国 Ⅳ.①G47

中国版本图书馆 CIP 数据核字（2018）第 012564 号

解密教育议事会——现代学校制度的设计与操作

徐晓虹　著

责任编辑	杨利军
文字编辑	马一萍
责任校对	丁沛岚　夏湘娣
封面设计	刘　俊　李　滨
出版发行	浙江大学出版社
	（杭州市天目山路 148 号　邮政编码 310007）
	（网址：http://www.zjupress.com）
排　　版	杭州中大图文设计有限公司
印　　刷	浙江省良渚印刷厂
开　　本	710mm×1000mm　1/16
印　　张	22.75
字　　数	397 千
版 印 次	2018 年 3 月第 1 版　2018 年 3 月第 1 次印刷
书　　号	ISBN 978-7-308-17891-4
定　　价	42.00 元

序

在中国社会转型时期,现代学校面临着许多新的矛盾与冲突,这是由于旧有的价值观被打破,家长、社区产生了很多新的需求,而教育管理的缺失导致了很多问题产生,使学校与家庭、社区等出现很多不协调的现象。毋庸讳言,制度障碍已经成为我国基础教育阶段现代学校建设与发展的较大瓶颈。所以,必须应时寻找突破口,探索出一种基于家庭、社会、学校三者互动的现代学校制度,营造一个和谐的教育环境。

出于教育的内涵发展、均衡发展和持续发展的迫切需要,浙江省宁波市海曙区教育决策者认为,必须建设现代学校管理新制度,以构建"教育议事会"制度为突破口,建立基于社区、家庭和学校三者互动的新教育制度,探索现代学校管理制度的基本内涵、基本架构与基本特征,总结现代学校管理制度构建、运行的一般性规律,创新学校管理体制,提高学校效能,解决在现行的学校制度下体制性越位、错位和缺位所产生的诸多冲突与矛盾,逐步营造指向良好教育生态的区域教育体系。

恰逢国家"十五"重点课题"基础教育阶段现代学校制度的理论与实践研究"总课题组正招募子课题成员单位,宁波市海曙区在叶正波副区长的直接领导下,出台"基于互动的现代学校管理制度的行动研究"课题方案,在区教育局局长王爱民的领衔下,成立区现代学校制度课题研究小组,由王飞副局长具体分管,操作科室为教科室。

课题的启动阶段,结合海曙区社会、经济的发展和学校教育实际,重点选择了广济中心小学实验校区和达敏学校为试点,二者分别代表普通学生、特殊学生的教育类型。2005 年 2 月,海曙区正式成为"全国现代学校制度实验

1

区";一年中广济中心小学和达敏学校的教育议事会运行成效显著,组织结构日臻成熟。2005 年 4 月 10 日,海曙区实验区举行隆重启动仪式,朱小蔓、郑增仪、华长慧等专家、领导出席。"基于学校社区家庭互动的现代学校管理制度的叙事研究"课题在海曙区推广实施。2006 年 9 月以来,课题学校承担的子课题研究陆续结题,各自取得了丰硕的科研成果。2006 年年底,在两个试点学校的基础上,课题学校陆续成立适合自己的教育议事会,全区 19 所学校都成立了不同类型的教育议事会。

"十一五"期间,海曙区教育局徐健局长主持举行了成果推广会;"十二五"期间,徐德荣局长推动进行区域全面深化,出台了区域考评方案《海曙区"教育议事会制度建设成果奖"考评细则》,形成了每两年评选一次现代学校,建设先进单位与个人的制度等。

2006 年,徐晓虹执笔了关于教育议事会的叙事故事,2007 年,不断进行修改;2008 年,应中央教科所(2011 年改为中国教科院)总课题组的紧急要求,为了在全国现场会上将教育议事会的初期成果加以推广,徐晓虹又执笔了《教育议事会建设指导操作手册》,由浙江教育出版社出版。2011 年,叙事专著完稿,丁钢将书名定为《教育议事会:一种指向教育生态的微观教育管理制度的变革》,交付北京师范大学出版社出版。

上述两本书的区别在于,一本采用教育叙事的方法,只是对海曙区两个试点学校的准教育实验进行详细生动的叙述,娓娓道来;而另外一本关于建设教育议事会的操作指导手册为图文版,运用简洁、直白的口吻,以说明、概述的笔法,总结全区 20 所课题学校有关教育议事会的实践经验,在理性概括的前提下,对建立、建设教育议事会或者类似组织进行具体的指导。

如果说,前面两本书的文体一本是说明文,一本是记叙文的话,那么本书可以界定为议论文,是一份论证性课题报告。当然,本书也是在前两书的基础上,运用科研课题报告的形式,从区域角度对 45 所学校、幼儿园成功构建、有效运作教育议事会的情况进行专题性总结和概括,特别是增加了 2011 年至 2015 年许多学校、幼儿园的成功案例,凸显了教育议事会在建设现代学校制度过程中的实践成效。

还有一个重大区别是,原来的两本书中隐去了真实的姓名,仅用符号代

替,时过境迁,是该到解密的时候了。所以,本书主要采用解密的方式,原原本本,真实地透露故事的当事人与事件内幕,解读教育议事会的设计、成员、功能、作用等,包括失败的故事、不成功的类型,还有随着教育议事会的运作暴露出的各种教育政策的问题,以及对这些问题的思考。

总体上,本书以质的研究方法,开展区域现代学校制度课题研究,通过叙事的方式,呈现了宁波市海曙区实施教育议事会、教育协作理事会两种制度构建路径,以及对家庭、社区、学校三者互动的影响;基于三者互动的学校管理制度的基本内涵、基本架构、基本特征及三者的互动表现形式;本书就整合社区、家校资源的方式;学校章程、规划等典型规章制度的形成;政府宏观协调管理的内容等亦进行了创新性的探究。

依据两个代表性案例的真实情况,以及在最后成效部分45家学校、幼儿园九种类型教育议事会的成果展现,课题研究得出结论:以学校、社区、家庭三者互动机制为契合点建构起来的教育议事会(教育协作理事会),对推进在微观层面上进行的教育管理体制的变革,构建区域教育的生态模式具有指向性意义。

本书共分六章,第一章围绕学校的四大类典型性真实冲突,阐析了当前教育管理体制在微观层面中存在的各种失衡现状。其实,这些冲突与矛盾正以不同的细节与版本,在全国各地的学校上演着,这些问题构成了海曙区实施现代学校制度建设、落脚到构建教育议事会最真实的动力。

第二章以广济中心小学世纪苑实验校区为样本进行叙事研究。作为教育议事会第一任提案部部长的当事人,徐晓虹将教育变革中的故事搬置于悬念化的戏剧舞台,其戏核是矛盾冲突。广济"学校教育议事会"这一"三位一体"的创新制度,其张力在于唤醒了每个角色的社会意识,通过积极的服务与合作、承诺与约定,不仅化解了矛盾与冲突,而且建构了合适的利益表达机制,提升了学校、社区和家庭的利益联动,整合了三种资源之自主、和谐之效用。

第三章以对特殊儿童进行特殊教育的达敏学校为叙事研究范例。作为入校整整一个月的观察者、采访者,徐晓虹叙述了达敏"学校教育协作理事会"制度的建立与完善过程,持续地揭示了从"生存教育"到"生命教育"到"融

合教育"之生态教育的逻辑必然性，实现以教学活动为纽带，将课堂设在真实的社区生活中，为特殊儿童的成长寻求多方背景的理解、支持和帮助，开放互动的机制将三者资源有效融合，为特殊教育赢得了围墙外广阔的发展空间。

第四章叙述了课题研究的必要性，与本研究相关的背景，如教育生态理论、国外教育微观制度和我国正在进行的现代学校制度建设等；实施本研究所在区域的基本情况；本研究的研究方法，如运用叙事研究，结合调查研究、形成性研究并采用观察法、问卷调查法、人类学田野考察法、经验总结法等主要研究方法及研究过程。

第五章是教育议事会有效运作指南，针对海曙区课题研究总结出来的九种教育议事会的类型，提出起草修改章程、选择主席与成员、确定议事原则与内容，以及有效运作的主要制度，包括上级行政给以教育议事会的保障条件等。针对这些内容，本书还提供了具体的参考模板。

第六章依据海曙区45家教育议事会各自的运行实践经验，解读现代学校制度海曙样本，最后相应归纳出理论成效与实践成效，得出结论：教育议事会开启了对学校公益性组织社会治理结构的探索；从制度上保证学校—家庭—社会形成真正的教育共同体；为学校民主办学、开放办学提供了一种制度模式；更为构建和谐的教育生态环境践行出独特的范本。

中国教育科学院研究院　陈如平

2017 年 1 月 3 日

目　录

第一章

解密——教育议事会的缘起

日月如梭,光阴似箭,浙江省宁波市海曙区探索现代学校制度建设,已是十多年前之事,但是,那时、那事、那人依然历历在目。

　　海曙教育人开展现代学校制度课题研究,首先是发自内在的原因,起源于真实的问题,直面围绕在学校周围的种种矛盾,甚至是尖锐的冲突。

　　可能,现在阅读这些矛盾与冲突的故事,人们丝毫没有陌生的感觉,甚至在一些地区依然存在着、发生着。不是吗?

第一节 择校然后择班是大问题

现实场景一：孩子要进入最好的学校，拜托你了！

各地各级的教育行政干部、校长、教师们，肯定会遭遇到这样的恳求："我的孩子要进入最好的学校，这件事就千万拜托了！"

不知从何时开始，中国社会开始流传"不要让孩子输在起跑线上"这句"名言"。就是这一句并不科学的话，让天下年轻的父母怕得要命，让天下年老的祖辈急得要命，也让天下所有的宝贝累得要命。

中国家长们的普遍心态是，不管自己有无能力，路途多远，一定要把孩子送到当地最好的学校去，这还是家庭"有面子""有路子""有身份"的一种象征。

于是，好的学校成为家长们的第一选择。如果可能，从幼儿园开始：一听说六星级幼儿园最好，托人一定要上六星级；普遍认为省二级幼儿园最好，求人肯定要去省二级；还没读完幼儿园，就开始瞄准最好的中心小学、重点初中，请客、吃饭、送礼、托关系、找路数，想尽一切办法。

于是就出现了一个新名词——"学区房"。虽然从某种意义上讲，学区房只是房地产市场的衍生品，但其本质却是现行教育体制下的一个独特现象。

随着社会竞争的日益激烈，家长为使孩子不输在教育的"起跑线"上，不惜花费重金购置一套甚至一间属于教育质量好的小学的学区房产。

另外，重点中学附近的房产，也会受到学生家长的青睐，因为在学校附近，购买房产居住或者租赁该房子暂时居住，有利于家长就近管理孩子的生活和学习，孩子也可以大大提高学习的效率。

也无怪乎城市中的这些现象：

2013年，北京部分学区房出现每平方米10万元的天价；2015年，北京金融街学区房已经涨到每平方米40万元。2015年，宁波一所知名中学附近的房子，其租赁价高得令人咋舌暂且不说，费用还包括根本不会入住的暑假期

间,也就是家长要提早预付两个月的房租。

也无怪乎家庭内部的那些争端与烦恼:

大儿媳逼迫公婆,把公婆唯一的那套房子产权转让给大儿子,为了让孙子成为重点小学的"一表生",理所当然获得入学优先权。但是,公婆非常揪心,大儿媳已经这么不讲理,自己养老的房子怎么办?现在孙子的户口在大儿子的房产上,但是入学还只是"二表生",只有房产、户口对齐,孙子才是"一表生",才可以读这所人人羡慕的小学。但孙子每天的吃饭都在我这里,二儿子又会怎样想?如何一碗水端平?真是愁煞人……

现实场景二:我的孩子不想分入这个班级!

华天小学的教导处里,站着几位家长,他们要求很明确:不愿意自己孩子进入所分的班级!原因很简单,因为这个班级的学生都是"打工小崽"。

华天小学位于宁波市的城乡接合部,当时是一所公办的六年一贯制义务教育学校。1996年学校开办初期,外来借读学生占总学生数的比例不到10%,据2005年2月份统计结果,这个比例已经达到55%,其中还不包括相当一部分已转为城市户口的原外来人口子女。该校的一项课题调查显示:

有80%以上的城市家庭的家长表示:不愿意自己孩子进入外来打工家庭子女较多的班级。家长们为什么会做出如此选择?城市家庭的家长认为,外来家庭的家长没有给予其孩子必要的关注,这势必影响其孩子的健康成长,而自己的孩子与之处于同一个环境下,必将对他们子女的发展带来各种负面的影响。

随着大量的外来务工家庭子女进入学校,进入班级,与城市孩子在一起生活、学习,伴随而来的是城乡观念差异的冲击,这将直接导致两类家长之间产生矛盾。当时华天小学的校长周汉斌说:

比如,作业布置到底是多了还是少了?不同类型的家长会有不同的说法。支持、热烈拥护,反对、怨声载道,不置可否,等等。对于学校的同一个教育举措、教师的同一个教学行为,不同家长会有截然不同的反应,这使学校教育工作、教师教学工作一度陷入尴尬。

家长之间的不协调,究其原因,是城乡教育观的差异,更是家长的生存状况的差异!

在学校借读的学生绝大多数来自外地农村,其家长文化程度不高、家庭收入低下、居住环境差,甚至有的家庭是租小区的车棚居住。许多家长从事着社会中最基础又最重要的职业,如家政员、泥水工、建筑工、裁缝等。物质生存状态影响了意识形态,其家庭教育观念自然与城市家庭大相径庭。在外来人口的家庭教育中存在这样几个现象:

(1)部分家长受教育程度较低,教育观念淡薄,无法给子女在学习上带来应有的帮助;

(2)外来人口家庭生计困难,结余有限,用于教育的投资不足;

(3)外来打工家庭多子女现象突出,家庭负担沉重。

与之相对应,城市家长虽然在经济与自身素质方面能够给予孩子更多的帮助,但由于其缺乏系统的、科学的教育理念,所以问题也是客观存在的。表现为:

(1)"应试教育"的阴影笼罩在家庭教育四周,严重影响孩子的全面发展;

(2)家庭教育缺乏一致性。

现实场景一反映出来的是择校问题,而现实场景二是家长对择班的要求。择班更多的情况表现为,学校与教师在分班前会收到家长提出的各种人情要求,希望自己的孩子被安排入配备最好师资的班级。

本节小结:

现实场景一、二主要是反映家长与社会对学校质量的评估是用"脚"投票,不仅要择校,还要选择班级、选择班主任与教师;场景二还反映出现代学校存在着家长与家长之间的矛盾,折射的问题是:家长对学校教育要求的差异,使家长之间产生了矛盾,那么,学校有没有必要解决家长之间的矛盾? 有必要的话,谁来协调? 是热心的人,还是一个通过制度建立起来的机构? 如果无法协调与解决,那又怎么办?

第二节　教师对孩子是否有成见

现实场景三：我不想去上学，实在没办法在学校里了……

心理咨询室来了一位心急火燎的母亲，因为她初二的儿子已经两天不上学了，怎么办呢？

母亲告知，班主任老师的最后通牒是：不能逃学，请家长动员孩子上学，累计逃学达到一定天数，孩子就拿不到毕业证书了。

随后，进来一位身高 180cm 的、看似笑嘻嘻的"阳光"男孩，在我的询问之下，他认为可以不让父母陪同咨询。经过 HTP 房树人心理投射测验评估，我与他建立了良好的心理咨询关系，男孩道出了令人震惊的班级生活状况。

"我之所以不想去上学，是因为老师随心所欲地侮辱人格！"

"噢，请告诉我，哪些具体的事例能证明老师会不公正地对待学生呢？因为心理咨询强调细节。"

"比如说，有一次上课，一个王同学喉咙里发出怪声，科学老师居然会卡住王同学的脖子，算不算呢？有一次，我被罚坐到教室的讲台上，大概 20 分钟；还有，语文老师总是讽刺打击同学，比如，对那些词语默写不好的男生和女生，他会说你怎么这么白（就是骂白痴的意思嘛）。你水平太高了，简直可以去跳黄浦江了！……"

"这些事情，我回家跟父母说，父母总是叫我遵循一个字：忍。

"实在没办法在学校里待了……"

作为当地教育心理咨询工作者，以上是笔者从事宁波市中小学心理咨询热线义工时接触到的很多个案中的一个缩影。

最奇葩的是十多年前一个电话咨询的农村个案，当时男孩正在读高一下半学期，班里已经有两个学生得抑郁症休学，而他一走到上学的路上就会难受，遇到考试日早上就开始头疼，其厌学情绪已经发展为器质性问题、泛化到众多学

科,最终他还是选择休学,其实本质是逃避数学男教师梦魇般的暴力行为。后来,男孩如愿以偿地考上了大学。他千里迢迢来感谢我,其实按照他的能力可以考得更好。他带给我更震惊的消息是:课堂上会拳打脚踢学生的男教师,居然被提拔为教导主任。

当然,现在这样体罚学生的教师肯定很少了,相信这位被提拔的老师也没有这样的"课堂功夫"了,但是,哪一个校长会担保"心罚"孩子的老师一个都没有了呢?

现实场景四:我今天罪有应得……

2005年10月20日星期四,某校区发生了一件不应该发生的教育管理失误事件。在早晨的列队仪式上,三年级1班的班主任老师为了训练学生集会排队的行为规范,再一次向全班明确了立正排队的规范及要求。但是涛涛等两名同学没有按要求站队。为了让这两位同学改掉坏习惯,列队仪式结束后,老师让这两名同学留下继续练习。这时上课铃响起,正好是这位班主任的课,她随即将两位同学带回了教室。老师认为两位同学对问题的认识不足,依然如故,为了使他们认识到错误的严重性,也为了在班集体中树立正确的行为导向,所以请这两名同学在上课的同时继续学习如何站立,站好了才能坐下。

由于他们一直未能达到立正的要求,所以,老师一直没有让他们坐下。这两个孩子一直站到了下午放学。放学前老师还对他们进行了批评教育。

涛涛回家对父母说:"我今天罪有应得。"学生家长了解了事情全过程后,强烈不满,表示对这位班主任极度失望和不信任,并将此事投诉到校区管理层。家长的要求是:要么换老师,要么换班级,要么换到另一校区。

其他家长认为:小孩顽皮,早操没有站好,在捉蟋蟀,老师面对这两个屡教不改的学生,就让其罚站了。结果那天老师只上了一节课,孩子也实实在在站了一天。其实学生也可怜,如果我的孩子站一天,当然也要心疼的。

所以,大家认为:

第一，这是体罚现象，从早到晚站了一天。老师你自己试一试看！（所以，要换班主任！）

第二，这里的老师对我们孩子有成见，没有爱心倒也罢了，但是整整一天，其他老师到哪里去了?! 他们没看见？不关心？还是熟视无睹?!（所以，最好能换到总部。）

……

以上内容摘自笔者 2005 年 10 月 27 日的访谈记录，在本书的第二章里会具体叙述这个故事，以及处理的结果。

本节小结：

现实场景三、四反映了现代学校中家长与教师在教育教学方面的矛盾，折射的问题可能是：

首先是教师教育教学行为的界定问题。谁有资格来权威认定教师的行为？认定后，处理意见的合理性需要评估吗？

这两个案例，按照学校的报告，根本没有出现"体罚"的字眼。如果认定体罚也应该有标准，那么由谁来认定怎么样算是体罚？又是否存在心罚？

其次是学校对教师、教师对学生的管理权限问题。现代学校章程明确规定实行校长负责制。问题是这需要监督吗？由谁来监督？难道还是教育管理部门？

家长、老师和学校各持己见。

第三节　家长集体上访屡见不鲜

现实场景五：家长集体上访要求罢免教师！

刚开学不久，一所小学的四年级某班的学生家长集体到教育局上访，要求学校重新聘任刚退休的原班主任、语文老师，以替换现任班主任、语文老师。

家长的理由是：

该班在一、二年级时，当时的班主任、语文老师多次生病住院，临时代课的老师也几经更换，导致学生学业成绩得不到保障、班级学风差；三年级时学校安排的班主任、语文老师很负责，学生学习成绩有"很大"的提高，班级风气也有了好转，家长们很满意，可惜只教一年就退休了；如今到任的班主任又是即将退休的老教师，至多也只能坚持一年时间。为此，学生家长多次向学校要求换教师。

学校的意见是：

一、二年级换教师是由于老师接连生了三场大病，开刀住院，这是无法预见的事，几任代课教师也都是学校经过慎重考虑后安排的，都挺负责任的，学生的考核成绩与其他班级并没有大的差别，而三年级时的老师由于已经到了退休年龄，应该退休；现任教四年级的老师虽然年近退休，但刚教完毕业班，所教班级学生毕业考试成绩很好，是为该班安排的好教师，等到下学年再安排一位教高段（五、六年级）的、稳定的语文老师。这也是对家长要求的应答。

但是，对于学校的"好意"安排，家长就是不接受，与校方多次交涉都没有满意结果，最后集体上访了……

现实场景六：强烈呼吁恢复晚课、恢复晚自习！

2016 年 3 月 6 日，网上键入"家长集体上访"6 个字，就会出现 14 万条相关信息。

第一条弹出了 2009 年 8 月案例，大意是：

盐市要施行按户口就近入学的制度。本来这没什么，可是在北一小学生家长上访后，有关部门居然答应北一小学生直升盐中。这一下可是引发了不可想象的后果。

因为盐城人都知道，北一小和盐中无论从硬件（设施）还是软件（师资）来说都是第一的，北一小所有学生直升的消息出来后，直接引发了建军路小学、二小、解放路小学、南一小学生家长的集体上访。

家长们要问的是，为什么北一小可以直升最好的中学，而其他学校的学生却不可以？

然后是大量的集体上访的贴图，有横幅有组织；也有警察和防护，显然已经群情激昂、义愤填膺、场面壮观了。事件居然会发展到如此地步?!

又一条是，某市高二学生家长集体上访，发帖日期为 2014 年 4 月 4 日，具体诉求：

1. 强烈呼吁教育厅走群众路线。

2. 减负对应义务教育，请为准高三学生未来负责。

3. 取消晚课，助长了课外补课的恶劣风气。

4. 强烈呼吁恢复准高三寒暑假及每周六原有教学计划、恢复晚课、恢复晚自习。

再一条是，某日报第六版刊登的日报记者采写的题目为《家长集体要求一老教师"下岗"》的文章：

市区某中学一位有着 33 年教龄的语文教师，因为不能用普通话授课，被学生家长投诉。家长们认为：这位教师影响了学生的学习成绩和学习情绪。于是，在最近的一次家长会后，他们联名要求学校让该教师"下岗"。此事在学校掀起了轩然大波。

更让教师吃惊的是家长们还向学校提出了"额外"要求：公示教师任职资格和教学考评结果；引入家长质询机制，由学生家长对教学质量实施全程跟踪；引入学生对授课老师评估机制，由学生给教师打分……

家长的这些要求，其实也有点道理，但也不是条条有道理。

本节小结：

现实场景五、六反映了现代学校中家长与学校在教学及管理方面的矛盾。

家长的集体上访涉及什么问题？ 表面上，是家长对学校配备的教师不满意，实质上是家长对学校管理权限的挑战，因为任课教师的调配属学校的内部管理。 这两个案例至少折射了几层关系：

1.现代学校的教育管理主体是谁？ 学校是否只是对教育局负责就可以了？ 学校的管理权，应不应该接受社会包括家长的监督？

2.学校教育管理权受监督的范围是什么？ 在什么程度上接受家长监督？ 在什么条件下接受监督？

3.通过什么方式对学校进行必要的有效的监督？ 是否由一些中介机构来协调现代学校管理中的矛盾与冲突？

第四节　学校周边摊贩该谁管理

现实场景七：我恨不得砸了这个小店！

每个学校的附近都有一些小店，服务的对象就是学生，进的货物是学生需要的各种小东西：小队长、中队长、大队长标志，几角、几元的小玩具和各种食物，以及琳琅满目的玩具等。

小明是一个二年级的男生，长得机灵可爱，但是有一个缺点就是很馋，小孩子经不起诱惑。一天，家长吃惊地发现，小明居然在学校门口的小店赊账，且金额较大，已经达到百元了。

家长认为："咋回事？这个小店真坏！赊账咋可以呢？孩子这么小，更何况骗骗这么容易，咋可以呢！赊账一点点钱还算了，就不应该继续卖东西了嘛！又不是一元两元！今天，我还了这个钱，我也不晓得到底孩子赊过没有。将来再赊账，我不是又要付账，大人不是永远欠债了吗？不行的！我恨不得砸了这个小店！"

家长感觉很着急，想找学校吧，但担心学校管不着，因为这是在学校外，在社区里。搬家也不可行，住这里不就是图离学校近上学方便吗？

现实场景八：有谁来管管流动摊贩？

每学期我们都会去学校进行开学巡视，那天走访到宁波市爱菊艺术学校，家长们重点反映：周边流动摊贩很多，虽然摊贩推出的各种地摊食品、油炸食品也满足一定的需要，但是带来很大的健康安全隐患。

以下是笔者2015年3月6日的调研笔记：

1.地摊油炸食品中油的质量不可靠，有一部分商家甚至使用地沟油，另外反复煎炸的油中含有大量的致癌物质。

2.由于流动摊贩基本上是无证经营，大多数地摊的食品都不符合食品卫

生安全标准,而且路边灰尘多、污染重。

3.摊位业主基本上没有接受过卫生部门规定的身体健康检查。

4.人们将穿香肠、鸡翅等食物的竹签、盛小吃的杯子等满地乱丢,给城市环境卫生带来很大影响。

5.每当上学和放学时,学校周边交通本来就十分拥挤,流动摊贩存在更是加重了交通阻塞。例如,调研当日的早上堵塞交通、刮擦,两个送孩子的家长停下车来,开始吵架了。旁边慢慢围聚了很多人,更加增加了交通堵塞程度……

本节小结:

现实场景七、八反映了学生、学校与社区之间的矛盾。

这些矛盾,比如流动摊贩管理问题、交通堵塞问题,或许与学校的存在有一定关联,那么学校对周边环境问题是否有解决的责任? 学校自身有没有责任、有没有能力去解决? 谁出面解决比较合理? 社区似乎没有能力,那街道出面解决呢?

毋庸置疑,上文中很多场景大家都很熟悉,仿佛就发生在身边,都是围绕学校的各种冲突事件。 所有的冲突场景带来的种种问题,仅仅是沿海地区的城市中存在,还是全国各地都存在?

这些问题与学校制度相对落后、现代学校制度系统尚未建立有一定的关系。 这一方面反映了社会的进步,另一方面说明在解决这种问题的过程中,缺少一些有效的载体和方法。 现行学校的主体地位不明,产权制度不完善;学校的人力资源、货币资源、设备设施、无形资产及学校所在社区中的一些资源,未能充分、有效地发挥作用,学校效能相对较低;学校类似于"文化孤岛"。 确实,制度障碍已经成为我国基础教育阶段学校建设与发展的较大障碍之一。

所以,亟须寻找一个突破口,建立基于家庭、社会、学校三者互动的现代学校制度,以营造一种和谐的、生态的教育环境。

第二章

解密——家长担任主席的教育议事会

宁波市海曙区构想、筹建、实施教育议事会的过程,从2003 年冬天开始,到 2005 年冬天为止,历时三个年头,三年不算长,也并不算短。如果以关键性的事件为依据作一个相对的时间段划分,那么整个历程就像是一部舞台剧,而且至少已上演了六幕场景,并且它还在我们的生活中伴随时代的节律真实地继续上演着,正如生活不可能有尾声,这台真实的"舞台剧"也不会谢幕……

第一节 后台编剧：策划与铺垫

本节解密点：

教育议事会到底是怎么来的？这个后来吸引教育界眼球的专有名词，到底是谁先想到的，议事会的主席和成员究竟应该由怎样的人组成等一系列问题……

一、思想种子：决策伊始

2003 年的冬天，在海曙区教育寻求区域教育内涵发展、均衡发展、持续发展方面突破之际，从北京传来了一个重要的信息：国家教育部正在委托基础教育司和中央教育科学研究所进行现代学校制度的课题研究，已经在全国范围确定了第一批实验区，正在考虑选择第二批实验区。

"现代学校制度"这个词，引起了海曙区教育决策者的极大兴趣，在日常工作中海曙区教育局的决策者体会到：教育的发展越来越受到制度与体制的制约，如何让学校成为一个自主的法人单位，如何避免教育局局长成为大校长，如何让学校实现自身发展……现代学校制度似乎是一剂能够解决眼前碰到的诸多难题的良方，让海曙区教育决策者看到了一缕希望之光。

海曙区教育是否应该紧紧抓住这一机遇积极申报第二批实验区？

随后，区教育局的领导班子开始研读现代学校制度总课题组的课题设计报告，并搜集有关现代学校制度相关的资料。总课题组非常强调现代学校制度的探索在第一阶段要把社会、家长参与学校管理作为切入口，现代学校制度应该不再让学校成为"文化孤岛"，学校应该与社区、家庭充分互动。

联系到海曙区于 2001 年开始探索学校教育质量管理，海曙区对学校教育质量的理解是质量具有全程性、全员性、全面性，由过程质量和结果质量两部分构成，结果质量源自过程质量。因此，学校教育质量管理应侧重于全程的

管理、全员的管理、全面的管理。

然而这样的一种管理需要学校本身的高度自觉,仅凭借阶段性的被动迎接综合教育督导评估是难以实现的。由谁来监督学校的日常运行,怎样使这种监督有效进行,学校内部自我监督的有效性是否需要由一个与外部环境形成一定张力的体系来保证?

可见,海曙区对于现代学校制度的思考明显地带有自身的特色,除了自觉地探索教育质量管理的模式,从某种意义上说这是对现代学校制度研究的一种默契,还因为海曙区教育正处于从外延发展向内涵发展转变的时期,它的分水岭是1999年海曙区被评为省首批教育强区,这是当时浙江全省唯一入选的中心城区,这足以让海曙区的教育工作者们骄傲和自豪,也让关心支持海曙区教育事业的人们感到骄傲;更因为当看到总课题组强调以社会、家长参与学校管理为切入口时,海曙区教育者从心底里生发出一种自信和底气,海曙区早在20世纪90年代初,就开始进行学校—家庭—社区"三结合"教育的工作。

于是,海曙区教育决策者成立了以政府领导为首的科研课题组:组长由区政府副区长叶正波担任,常务副组长是当时的区教育局局长王爱民,负责日常课题管理工作的副组长是副局长王飞,组员为教育局主要科室长及实验学校校长,将课题确定为"基于学校—家庭—社区社会互动的现代学校管理制度的研究与实践",向教育部和中央教育科学研究所(当时简称:中央教科所)提出申报。

2004年1月寒假的第一天,海曙区教育局邀请了总课题组的秘书长、中央教科所科研管理处处长陈如平博士前来讲学。陈博士给全体机关科室长和校(园)长作了第一场关于现代学校制度建设的报告会,海曙教育精英们第一次正式接触到了"现代学校制度"这个专业术语。

2004年2月,在新园宾馆区教育局又专题召开了关于现代学校制度的专家咨询会,进行了课题的第一次开题论证会。华东师范大学教授丁钢,浙江省教育科学研究院院长方展画,浙江大学民办教育研究所教授吴华和中央教科所研究员陈如平、副研究员李继星等应邀出席,教育部基础教育司助理巡视员郑增仪等人,刚好在宁波市开会,也莅临了本次咨询会并作了论证讲话。

那天,专家们对"现代学校制度"的解读也是见仁见智,这也从一个方面说明现代学校制度作为一个新生事物的强大的包容性与生长性。有两位专家的意见对海曙区教育局决策层的启发较深刻。丁教授强调,基础教育阶段应该在现行的教育行政部门管理和学校管理两个层级中,增加一个社会或社区的管理层,使学校能够面向社会办学,增强开放性。方展画院长从学校当前面临许多教育纠纷和安全责任事件入手,提出是否可以构建一个仲裁性组织,以清晰地界定学校的责任与家长的责任。

因此,根据总课题第一阶段的安排,海曙课题组逐渐形成这样一个概念:现代学校制度应该有利于学校与社会、学校与家庭的互动,并且这种互动是学校的一种基因,渗透在学校工作的方方面面。建立一种新型的"学校—家庭—社区"三者互动的组织,就成了海曙教育人探索现代学校制度的切入口,同时课题组对课题研究方案做了进一步的修改和充实,明确提出了在理论探索和学校内部管理制度变革之外,重点研究"互动",当时的课题研究方案表述如下:

研究现代学校与社区、家庭的互动及其运作规范。主要研究:(1)学校章程的建设,探求社区、家庭、学校在学校管理中各自享有的权利、承担的义务和所要履行的职责及其相互之间的统一性;(2)构建社区、家庭参与学校管理的组织形式、制度平台与保障机制,使社区和家庭对学校办学享有较充分的知情权、参与权、监督权和评议权。

研究"基于社区、家庭、学校互动"的政府管理学校的基本方式。围绕构建新型的政校关系,主要探索政府(教育行政部门)管理学校教育从微观和直接管理为主转向宏观和间接管理为主的实现途径,解决如何保证社区、家庭有效地参与学校管理,如何培育和提高社区参与学校管理的能力,如何保证学校依法自主办学,如何全面客观地评价学校等问题。具体研究内容有:(1)政府与学校之间管理中介的建立、培育及其功能的实践……

一颗思想的种子终于初步形成了,接下来需要播种,需要选择试验播种的土地,这项工作于2004年的春天,在一所中心学校新兴的实验校区——广济中心小学世纪苑实验校区开始了。

一年之计在于春,春天象征着万物欣欣向荣。

二、创新发芽：思维激荡

试验田的选择，其实是一次不谋而合的谈话的产物，作为课题组中教育局方面的常务负责人，王副局长是这样回忆的：

2004 年 2 月的一个工作日，广济中心小学周培剑校长来到我的办公室，当时我正在思考课题的开展事宜，我的思绪完全笼罩在家庭—社区怎样参与学校管理，学校如何真正地从学生及家长的愿望出发，组织教育教学工作这些问题之中。

周校长刚从澳洲完成"名校长"培训归来，他向我介绍了澳洲是如何选拔和管理校长的。我向他询问了澳洲的学校是如何处理学校与家长与社区的关系并介绍了我们所申报课题的设想。他显示出较大的兴趣，认为成立这样的一个组织的确有利于学校的工作。我们的设想得到基层校长的认同，着实令我兴奋。

我随即提出能否在广济中心小学世纪苑实验校区开展试点工作。首先，广济的周校长是一位年轻的市级名校长，办学思路开阔，教育思想前卫。特别是他于 2004 年年初刚刚从澳洲培训回来，看到了澳洲的教育体制与教育状况，有关于学校—社区—家庭新型互动的感性认识。其次，世纪苑是一个新的社区，正在创建文明社区，学校与社区的关系和谐融洽。在潜意识里，我们似乎认为有一个好的校长和一个校社关系好的学校，成功的概率很大。

周培剑校长，20 世纪 70 年代出生，富有开拓创新精神，是省、市名校长的培养人选，后被评为市名校长，后来因为业绩出色而不断晋升。

广济中心小学位于宁波市区中心地段，有优质的教育资源，为实现优质教育资源的扩张，学校于 2003 年尝试集团化办学模式，将距离 5 公里外的城西新建的一个小区配套小学，作为自己的实验校区，实验校区纳入总校的一体化管理，但又相对独立，实行教育资源优先配置，办学模式自主尝试，较早试行新课程标准，探索整合现代教育技术与学科教学，营造人文气息浓郁的教学氛围，使之成为广济中心小学教育科研的实验园地与教育改革的展示窗口。

既为"实验"两字，顾名思义，是要有新东西、新事物存在并实践着。在《辞海》中，"实验"被解释为：为了检验某种理论或假设是否具有预想效果而进行的试验活动。从这个意义上理解，可以认为，广济中心小学实验校区是进行科研探索，实践教育改革，践行教学思想的一块"热土"。中国的教育实验似乎都是成功的，后来二十多年，宁波冒出全部是冠之以"实验"与"外国语"的新学校。

教育局的领导层同样认为，做课题研究的校长需要有一定的魄力和能力，而广济中心小学的实验校区较之其他学校又有着一定的优势（其实，这就不是严格意义的真实验了，相关变量都没有控制好）。所以，当时就将课题试点学校放在了这所中心小学的实验校区。

实验校区课题研究的核心成员戎晓雁老师，这样回忆道：

当时，我记得周校长来我们实验校区商量工作，先是我起头，认为实验校区的家校沟通方面要构建新模式，要结合社区、家长的力量改进学校的工作。正好校长刚从澳洲回来，带来许多国外社区参与家校联合的新想法。后来叶辉老师也进来了，大家一起讨论。校长认为家委会档次太低，要提升质量和内涵，所以想起周校长提到过的一个"议事会"的名称，前面还没有"教育"这两个字，就确定了，是"学校议事会"！

"教育议事会"这个确切的名称是集体智慧的结晶，是过程性的产物，总课题组的陈如平博士认为，这是跟王飞局长等人一起商议聊天时提出的；课题组的其他成员都讲不清是哪天由谁讲的。但这已经不重要了，因为大家对这个名称所蕴含的基本教育理念已经达成了一致。

实验校区于 2004 年 7 月向区课题组做了工作汇报，回顾了教育议事会制度建设工作的情况：

实验校区于今年 2 月在周校长的提议策划下，考虑实施"教育议事会制度"，第一步是在各个班级于 2 月底召开家长会，首先由各个班级成立"班级教育议事会"。班级教育议事会大约由 5 位家长组成，并推举一位家长出任学校教育议事会的候选人。各班教育议事会成员首先听取了班主任对本班教育教学工作的汇报，接着又对本班和学校的各项工作提出了意见和建议。

第二步由校长会同实验校区的有关管理人员制定"教育议事会工作章

程",并对工作章程先后进行了两次讨论和修改。为了突破原来家长委员会的工作形式和职能定位,学校和区课题组对章程的制定比较慎重,查阅了国内外的有关资料,历时也比较长,现已制订了试行稿。

第三步由校长牵头,根据实验校区的实际情况,制定"实验校区办学章程"同时把"教育议事会"制度写入校区办学章程的有关校区管理的条款,并计划把学校的办学章程递交"教育议事会"讨论,组织所有有关管理人员和全体教师对校区的办学章程进行了多次讨论,现已完成讨论稿。

第四步目前尚未实行,打算根据教育议事会工作章程,邀请并吸收合适的成员组成校级教育议事会组织,明确并通过教育议事会的工作章程,对校区的办学章程进行讨论和审议,确定校区总的办学方向。

第五步是尝试教育议事会参与校区的管理工作,不断完善教育议事会的工作方法,真正发挥教育议事会的积极作用。

从报告中可以看到,学校从班级入手,抓住"议事会章程"和"学校办学章程"两个重点进行探索。显然,学校的主导思想是,章程的制定有利于学校工作的开展,那么为什么会从建立班级议事会着手,而不立即从学校整体层面切入?

原因恐怕有两个:一是关于教育议事会这一新的构想,大家对它的内涵、功能、性质都缺乏确切的、全面的把握与理论上的认识,只是了解一个大致的方向,所以马上建立全校层面的教育议事会大家都没有把握;二是原有的处理学校与家庭关系的模式,主要是通过召开班级家长会或学校家长委员会的方式来进行的,大家对于班级家长会颇为熟悉,操作起来得心应手,经验丰富。

总之,学校对待建立议事会的态度是跃跃欲试而又极其慎重的。

三、前奏序曲:酝酿孕育

班级议事会、学校议事会章程,是学校教育议事会制度的萌芽,也是教育议事会的前期铺垫。这主要表现在以下几个方面。

第一,初步形成一些计划构想。

如打算根据教育议事会工作章程,邀请吸收合适的成员组成校级教育议

事会组织；明确并通过教育议事会的工作章程，对校区的办学章程进行讨论和审议，确定校区总的办学方向；尝试让教育议事会参与校区的管理工作，不断完善教育议事会的工作方法，真正发挥教育议事会的积极作用。

核心成员戎晓雁老师回忆道：

当时我记得，第一步要成立班级的议事会，由班级推选 5 个人，然后基本上每班推举一个人，再整合到学校，议事会的成员最好要集合各行各业的人选，再加上社区的人员，在本社区聘请一些律师等，这样多方面结合就比较全面。大家讨论议事会的主席谁来当，这个议题只是笼统讨论一下，反正校长说自己不能当，但具体操作希望再酝酿成熟一点。后来，成立班级议事会推选学校议事会，因为各种工作太忙，就没有深入实施。叶辉老师搞出一个章程的初稿，发给我，我马上在电脑里修改了，后来又进行了进一步的讨论。

第二，把"教育议事会"制度写入"实验校区办学章程"。

这项工作由校长牵头，根据实验校区的实际情况，制订"实验校区办学章程"，同时把"教育议事会"制度写入校区办学章程中有关校区管理的条款，并计划把学校的办学章程递交"教育议事会"讨论，所以组织有关管理人员和全体教师对校区的办学章程进行了多次讨论，完成讨论稿。

事实上在 2004 年 7 月，实验校区办学章程草案的第三十一条，已经明确了教育议事会的地位。

第四章校区行政及人事管理部分的第三十一条单列规定：

校区成立由学生代表、教师代表、社区代表、教育专家代表等多方面组成的教育议事会制度，参与学校的民主管理。

第六章第三十四条规定：

本章程经教育议事会审议讨论通过，呈报区教育局批准后生效执行。

第六章第三十五条规定：

本章程的修改权属于"教育议事会"，校长室负责解释。

第六章第三十六条规定：

本章程有关条款如果与国家有关政策冲突，按国家有关条款执行。并由校长提交教育议事会及时修订。

学校章程这四条规定已经昭示出如下的信息：

首先,从名称上观照,原来学校制订的一般都是叫"学校管理制度",这里实验校区制订的是叫"办学章程",这就区别于传统学校的内部管理制度文件。虽然只是四个字的细微差别,但在观念上实现了向现代学校的转变。

其次,从内涵上观照,第三十一条明确规定实验校区采用教育议事会制度,当然具体的制度章程另定。制度的核心是参与学校的民主管理,第六章的三条更是清楚显示出教育议事会的地位。

第三,与社区沟通的工作。

实验校区刚搬入不久,社区是新建的社区,学校与社区的融合需要一段时间。实验校区当时的领导层已经与社区进行了接触,完成与社区联合的有关初步工作:

1. 社区部分教育教学资源已引入实验校区,白云街道的象棋学校在我校义务开设"中国象棋启蒙班",受到学生和家长的普遍欢迎。

2. 学校和云丰社区的资源整合开始进行,暑假首先通过社区少先队组织这种形式开展工作。实验校区的部分青年老师已投身到这项工作中。

一方面,学校领导对议事会研究进行前期的构想与思考,在实践层面也进行了积极的探索,但是当时由于没有什么经验可以借鉴,加上工作忙,人员变动等因素,议事会工作一度处于止步的状态。

另一方面,当时实施议事会工作,也确实面临着一系列的困难,主要表现为:

1. 有关人员对于实施教育议事会制度的思想认识需要统一和提高。

2. 作为一项学校管理方面的探索性实验课题,需要在有关专家的指导下制定科学而规范的课题实验方案。

3. 参与实验工作的有关人员在研究方法、工作策略等方面需要帮助。

4. 由于该项工作涉及社区等部门的共建和互动,需要有关领导部门进行组织关系上的协调。

由上文的学校课题工作汇报可见,当时接手教育议事会工作时,学校经过调查后概括的议事会止步状态的一些原因,内容还是比较中肯的。这里首先包括思想认识层面的原因,即主观能动性没有发挥出来;其次是缺乏专家的指导;再次是与社区的配合出现了问题。

其实，最主要的还是观念上对教育议事会的总体把握。确实也难怪，学校课题研究人员对教育议事会的宗旨、功能、作用等构想还不是很清晰。

不管怎样，就总体而言，2004 年 2 月到 7 月，实验校区完成了很多前期工作，为学校议事会的成立做了一些基础铺垫工作。

本节小结：

2004 年 2 月至 7 月的这段时间可称之为实践的第一阶段，这是模糊的阶段，因为许多东西都不能明确地、透彻地论述与阐释，犹如一群人在暗夜中只朝着光亮的方向摸索却不能清楚地看到目标本身究竟是什么样的。

然而，学校与社区互动及资源共享、学校与家庭及社会方方面面的关系处理，需要一个规范的文本、学校应该更多地倾听家长的意见，这样的一些观念已经确立起来了；"教育议事会"这个名词开始被大家所谈论；实验校区的办学章程和教育议事会的章程原始初稿——两个章程的初始稿、班级议事会提出了两个议案等——为今后的发展奠定了宝贵的基础。

第二节　幕布拉开：混沌与秩序

本节解密点：

教育议事会在成立过程中，究竟是由哪些重要人士组成？他们分别扮演了怎样的角色？

这在 2004 年的暑期来临之际，还不能够清楚地看到。广济实验校区在上半年所做的努力中所碰到的困难，是极其正常的，因为教育议事会在一开始仅仅是一个方向性的构想，而不是一个非常成熟的实践方案。与一般的实验不同，教育议事会需要在实践探索中逐步加以明确，这就注定了构建教育议事会首先是一项行动研究。因此，在真实的环境中碰到真正的问题是最令人兴奋的。

正当研究组准备详细剖析实验校区所遇到的困难和问题时，学校及校区负责人发生了变动，一系列巨大的人事变动，是否会改变教育议事会的进程？

新到任的校长，对学校还不怎么熟悉，又马上要选择实验校区的负责人。这样，实验校区的议事会工作本来刚刚开始筹建，又需要重新启动，教育议事会工作要被搁置吗？

新来的王雷英校长和实验校区的新任负责老师，能继续完成这一件事吗？这不得不从校长王雷英说起。

一、推动者：新校长的成长故事

2004 年 7 月，对广济中心小学来说，却不是假期的开始，夏日的躁动在"广济"尤为明显。

周校长被提拔到街道任职去了，王校长接任了广济中心小学校长一职，实验校区的负责人也调任至另一所中心小学。

王雷英，女，1972 年生，1989 年走上教育工作岗位。1995 年、1996 年，连

续两年作为教学业务能手的她被评为区、市教坛新秀一等奖。1997年,她又作为宁波市唯一的代表参加"浙江省第二届青年教师阅读教学观摩教学评奖活动",她执教了《复活节的晚上》一课,"以读激情,以读促思,读写结合"的教学特色使她在比赛中脱颖而出,荣获一等奖。目前,王雷英已调往杭州的学校任校长。

1999年7月,王雷英被提拔调入孙文英小学担任校长。2001年,受邀在"全国小学语文教学与创新教育研讨会"上执教观摩课《月光曲》,充分展现了新的语文教学理念,这堂课也被评价为是一堂流淌着情感与音乐的语文课。2002年,王雷英又代表浙江省参加了在广西南宁举行的"全国第四届青年教师阅读教学大赛"并获一等奖。2004年7月,管理业绩与教学业绩一样出色的王雷英,顺理成章地被调至广济中心小学任校长。

王校长的简历揭示出这是一位从业务上成长起来的学校领导。中小学的校长很多是这样的一种状况,"教而优则仕",因为学校教育是一项业务性、专业性很强的工作,没有良好的业务素质与成绩很难被教师们认可,管理也很难开展。

可能是从事语文教学的关系,王校长关于教育有自己独特的理解,1999年7月8日,王雷英调入孙文英小学担任校长工作以后,就提出"以事业凝聚人,以情感激励人",调动了教职员工的主人翁意识,以她特有的工作风格、办学激情、人格魅力影响着周围的老师。五年中,孙文英小学走"氛围育人,培植特色"的教育之路,在各方面都取得较好成绩,深得家长的广泛赞誉,社会声誉日益提升。学校先后被评为省综合治理先进学校、市艺术教育先进单位、市示范性文明学校、区文明单位等,学校整体办学水平不断提高。

教育议事会面临着巨大的挑战。

幸好主抓此项工作的王飞副局长高度关注课题的进展,向王雷英校长阐明课题研究的重要性与基本情况,要求继续探索,并明确实验校区的负责人一定要对议事会有建设性的想法。

年轻能干的王雷英校长马上行动,学校随后进行了实验校区负责人的公开竞聘。

对接任广济的校长一事，王雷英既严阵以待又充满信心。她说：

我记得很清楚。2004 年 7 月 13 日，局领导到广济中心小学召开中层干部会，宣读文件和任命书，我正式上任。作为新的广济人，整个暑假我着手调查了解学校已有积淀的办学思想和教师的教学态度，访谈每个中层干部，走访教师，咨询教育局的领导，了解到广济有两个课题，一个是管理层面的现代学校制度课题，一个是班级管理层面的班集体建设省级课题。两个课题都很重要，现代学校制度课题上级抓得紧，中央教科所的专家马上要来参加暑期教育工作会议，我们要拿出有关教育议事会的具体方案。对我个人而言，现代学校制度课题这个内容为什么很重要？首先，刚调到中心小学，对自己实际的教育管理有直接的好处，便于实施开放的、民主的、法制的教育模式；其次，5 年校长经验，我认为学校工作得到家长的认可支持，往往会取得意想不到的效果！

当时，实验校区的叶辉老师也被提拔到另一所学校去了，需要选拔一个校区负责人。新校长会采用怎样的方法进行考察呢？最后又会是谁胜出？

筹建教育议事会，自然成了王校长在新岗位上的一项重要工作。首先需要一个得力的助手，毕竟在这个时候，她腾不出手来具体开展议事会的建设工作。学校领导班子最后决定采用竞聘上岗的方式，竞聘上岗人员范围是学校的所有中层干部，除了一人认为自己年纪太大而退出竞选外，总共六人参加。

评委小组人员除了学校副校长外，还包括了教育局的王飞副局长和人事科长，以及时任教科室负责人的笔者。这种采用现代学校民主形式的做法，包括考试的题目，都反映出王校长的良苦用心。

二、执行者：冒出来的小张老师

今天接到我们新上任的王校长的电话，通知我参加学校世纪苑校区负责人的选拔。……拿到具体的选拔方案后，大大出乎意料，里面只有两道试题：1. 一份"教育议事会"制度的实施方案；2. 世纪苑实验校区的工作思路。给了我们一个星期的准备时间，8 月 13 日针对这两份"作业"进行答辩。学生时代

倒也经历过这样的"开卷"考,深知其中的"艰辛"啊!尤其是这个"教育议事会",只闻其名,未见其形,前路茫茫……(上文摘自张越琼工作日志)。

王校长把如何开展教育议事会工作列为选拔实验校区负责人的考题之一,一是为了考察大家对教育议事会工作的宏观把握,同时也是一个集思广益,征集校内教育精英对开展教育议事会的意见,真是聪明!

这些广济的教育精英们各显其能,开始摩拳擦掌,查找资料,准备考试,但是中国特色的教育议事会,前无古人,只有全区教育工作者在专家的策划下自己探索。

找到了一期《海曙教育》,阅读了区人民政府课题组的"基于社区、家庭、学校互动的现代学校管理制度的研究"课题方案,课题实践研究第一阶段的主要内容就是探索成立由学校、社区、家长、政府、社会知名人士等组成的"学校教育议事会"。我校的任务就是具体实施这个子课题。

自此初步明白了学校当初策划实施"教育议事会"制度的理论基础和模式雏形。但是国家体制间的差距使这一看似"理想化"的模式无法原样在我国,特别是我国公立制学校实施,看来,必须构建一个有中国特色的"教育议事会"……(上文摘自张越琼2004年8月7日的工作日志)

确实,教育议事会的实践者,首先要了解教育议事会设计师的意图和构想,才能利用自己的特长进行创新,否则南辕北辙,考试怎么能通过呢?

2004年8月12日,广济中心小学在总部的会议室组织了实验校区负责人的选拔竞聘会。

当时,两位评委对一个"契合点"的提法非常感兴趣,于是,与提出人张老师进行了深入沟通。事实上,评委也同意这个看法,教育议事会的成员必须与这个学校有利益关系,否则,教育议事会就可能形同虚设,长久不了。

参加学校组织的有关实验校区负责人选拔的答辩活动。领导对我写的议事会成员界定中的契合点提出了"异议"。我对契合点的定位是大家有一个共同的利益关系,那就是孩子,也就是每一位议事会成员都应该是校区学生的家长或是亲属,这样才会有参与此项工作的愿望和相同的目标。显然领导们一开始对这一提法不认同,也许这样一来就不能与原有的家长委员会在

形式上区分开来吧。我比较担心,是否真正有热心人愿意无条件地为一个学校的建设做无偿的服务。也许是契合点的定位不准确,但这个契合点是一定存在的。(上文摘自张越琼2004年8月12日工作日志。)

相比较而言,在所有的六人竞聘报告中,张越琼老师的内容翔实丰厚,对教育议事会的开展考虑比较深入,既有对教育议事会的正确认识,又有工作思路和具体做法。

评委之一,组织人事科科长认为:

当时有六个人参加实验校区负责人竞聘,张老师为什么能够跳出来,主要是因为:第一,她的工作阅历比较丰富,大队辅导员、政教主任都当过,了解学校的工作;第二,她的口才、写作能力比较强,公共关系能力好,交际方面也可以;组织能力也很强,参与学校大型活动多,组织得很出色的。

组织人事科科长的一席话,算是终结性的评价了。当然,结合当时的考评,王校长对张老师十分了解和信任。后来,她是如此评价自己的得力干将的:

第一,张老师在广济时间很长,而且是从广济读书毕业的,土生土长,特别是担任大队辅导员9年,对情况非常熟悉。第二,源于她的个性特点和思维方式,她的思维有时尊重规律,循规蹈矩,有时又产生灵感撞击,有自己独特的思考,与我一起能够从不同的方面做这个教育议事会。第三,她亲和力比较强。第四,换一个岗位,对她的个人发展有很大好处,对总部和分部干部的交流、干部的流动也有帮助,毕竟是总部派过去的。第五,当时她的方案确实比较新,有自己的思考,查找了许多资料,反映出搜集信息的能力比较强,而且敏感度较高。

还有,她工作效率比较高,在规定的时间里能如期完成。就目前的议事会运行现状来看,她也起到了很好的协调作用,不仅极其重视这项工作,而且又能有序地开展学校的其他工作。我认可她的工作,从实施这个课题的过程来看,我很信任她。

1974年出生的张越琼,有着苗条的身材,她的主要特征是有着一头"黑色瀑布",齐腰的黑头发走起路来显得娉娉婷婷。她自认为是一个非常平凡、普通的人。

我从幼儿园、小学到初中一直都是非常平凡、普通的一个人，属于钻到人堆里就找不出来的那一种，长相、身材、能力、学习成绩非常普通，初中毕业，因为对自己学习成绩没有把握，另一方面今后的人生目标也没有认真谋划过，加之在当时，读师范对女孩子来说也实为一个不错的选择，于是就填报了师范。

当我问及她填报师范，是不是从小就对教师职业有向往时，她回答：

师范三年是我人生的一个转折点，我理科学得不好，数学、物理、化学一直都是我的弱项，而我所读的音乐专业正好没有物理、化学等专业，学的又是我很感兴趣的唱歌、跳舞等内容，可能我身上还是有一点文艺细胞的，再加上师范是将所有科目的成绩累加作为最终成绩。于是我学得非常轻松，在第一学期就得了全班第一，这在以前是从未有过的，从那时起，我好像一下子就有了自信，做事情就有了底气，不再感觉自己是一个一无是处的人了。

我对自己小学班主任印象最深，这位老师非常严肃，对学生要求很严格，学生对她是又敬又怕。实际上，这种敬畏的印象一直延续到我小学毕业以后。因此一直想，要是我以后当老师一定要做对学生态度亲切、循循善诱、受学生欢迎的好老师。好老师的标准是对学生亲切，不打不骂学生，不能让学生以敬畏的眼神望着你。不过因为我从小就比较乖，从来不惹是生非，上课也比较遵守课堂纪律，老师对我也比较不错。

我以前的性格，内敛、胆小还有一点自卑，与人打交道的能力比较弱，比较害怕在社会上与人交往，快毕业的时候觉得很紧张，想到马上要上班就觉得非常害怕，于是拼命看书，考上了大专，两年里以在外上课为主，接触社会较多，也积累了一些社会经验，后来再到学校适应起来就比较快。与老师、领导、学生和家长一直都很好。

当然，张老师首先拥有所有优秀教师的良好素质，其次又具备中心小学中层干部的所有能力，开拓、创新、善于协调各种关系等。特别是担任大队辅导员的经历，锻炼出组织策划大型活动的能力，对从事教育议事会的这项史无前例工作具有巨大铺垫作用。在学生眼里，张老师是一个富有爱心、令人佩服的好老师，学生喜欢；在领导眼里，是一个踏实能干的好干部，领导喜欢。

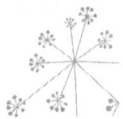

最后,由张老师担任实验校区负责人,接手了教育议事会的具体工作。她马上与戎老师等人一起,在参考了一些文献资料后,站在校方的角度拟订了"教育议事会章程草案"第二稿。根据学校实际,对教育议事会的性质、宗旨、组织机构及其活动、权利和义务、保障措施等进行了界定,章程草案先后进行了多次讨论和修改。

后来的事实有力证明,原大队辅导员张越琼充分显示了自己的工作热忱与管理才能,在推动教育议事会建设中发挥了巨大作用。

三、怀疑者: 83%人的"前测"担心

学校的领导和校区负责人确定了,两人关于构建教育议事会的认识也统一了,然而实验校区的教师们准备好了吗?

在张老师和戎老师的组织下,校区召开了一次关于教育议事会的老师动员会。

2004年8月31日周二下午,区教育局副局长王飞和笔者到广济中心小学世纪苑实验校区,听取了学校的工作进展汇报,查看了进展资料,就课题听取意见。然后参加了实验校区全体老师的第一次会议,会议目的是调查、了解、宣传、发动。

"教育议事会"制度是我校区本学期的工作重点,同时更是区政府、区教育局"基于社区、家庭、学校互动的现代学校管理制度的研究"的重要子课题。为了提高校区教师对此项工作的理论认识,统一思想,学校在开学之际就安排了"实验校区教育议事会工作动员会",为教师答疑解惑,同时也希望在教师的交流中发现问题,找准工作的突破点。

会议开始,由校区负责人向领导和教师们简单介绍我校教育议事会工作从2月开始到现阶段的工作情况。

此后,王飞副局长对"教育议事会"工作的重要意义,以及放在实验校区的原因进行了阐述,对议事会前期工作表示了肯定,并希望老师们在接下来的时间里能畅所欲言,让老师们把对此项工作存在的疑惑、顾虑谈一谈。

由于事先并未告知与会教师有这样的要求,因此,会议初期老师们显得

比较拘谨。为了使这些一线老师有一个更适合他们的讨论点,王雷英校长以问题的形式对老师们作了一个引导,请老师们就"开展教育议事会工作是否有必要""在具体工作中一线教师会遇到一些什么问题""能否就此项工作的开展提出一些特色性的意见和建议"三个问题进行探讨。

经校长启发,校区的教师们渐渐地开始发表自己的意见。其中,负责校区教务工作的戎老师谈到,在上一学期,从校区已经形成的班级议事会来看,邀请社会各界人士参与学校的管理,可能会因为他们对教育的熟悉程度不够、素质不均衡等因素影响到决策的科学性。对这一点,多数老师表示有同样的顾虑。金老师则认为:家长的意见有时也能反映出学校工作的不足之处,因此,教育议事会的开展应该能对我们更好地开展教育工作起到一定作用。在讨论期间,区教科所徐晓虹主任提议,老师们针对"教育议事会的成立会成为教师工作的枷锁""教育议事会的成立会对教师的工作起到帮助作用"这两个截然相反的意见进行表决,结果,到会24位教师中,有7人认为是"枷锁",有4人同意"有帮助",13位老师持中立态度。

听取了大家的交流后,王飞副局长先后就"每个教师如何参与到学校管理中去""议事会究竟议什么事""议事会的性质、功能、地位的明确""上一级教育局与教育议事会之间的联系""议事会的组织角度、法律认定"等方面详细地谈了他个人的认识。王飞副局长的讲解,使我们进一步认识到了"学校的根本发展方向"是教育议事会真正要议的大事。

随后,徐晓虹主任再一次强调,"教育议事会"工作的关键是每一位老师。她希望老师们能将自身工作中发现的问题记录下来,作为案例,以期发现共性的问题。同时她以家长和教育专家的双重身份提出教育议事会的成员应该关注整个学校、全体学生,其中的家长代表应该是家长委员会中有影响的成员,另外一些成员应在学校义工中产生。

动员会无可置疑的一点是经过大家的共同探讨,校区的大部分老师对教育议事会工作有了进一步的认识,已做好了投入新工作中的心理准备。(摘自张越琼2004年8月31日的工作日志)

由此可见,教育议事会面临的挑战,首先来自学校内部而非学校外部。

13位老师持中立态度,当时的场景表明中立的态度是弃权,不表态,实质

上也是一种怀疑的态度。虽然不排除是学校方记录人的一种掩饰性笔法,但是难怪教师,也难怪学校,这就是现状,这就是课题进入真正研究状态前的真实状态。

工作日记的第一段显示,学校的领导层认识到教育议事会工作的重要性,将之作为"校区本学期的工作重点"。但是,后来学校教师显示出截然不同的态度,第一个原因当然是不了解这个教育议事会制度的内涵,对于议事会的重要性和必要性自然更谈不上有什么认识,第二个原因是对于教育议事会与教师本人的关系,也存有一些疑虑和顾虑,也是很自然的事。

难能可贵的是,教师们还是敞开了自己的真实内心,投票结果就是一种证明,他们委婉含蓄地表达了自己的观点。

本次会议还使实验校区全体教师明确了这样的几件事可以由议事会去做:(1)对学校的发展方向有建议权;(2)对学校阶段性工作进行交流;(3)定期对学校工作提出建议与批评;(4)学校难以协调的事由议事会出面协调;(5)对学校的校风、学风、教风进行监督;(6)学生家长与学校发生冲突,出现不一致时由议事会调停;(7)议事会有充分的知情权、参与权,但决策权不能全部拥有。

这些具体事项使教师们理清了"教育议事会"的功能与地位:三权三功能。三权:拥有知情权、参与权和部分决策权(转化为校务委员会的决定);三功能:学校与外界系统沟通协调的功能,学校与外界系统发生冲突时的仲裁功能,对学校的根本发展方向、校风、学风、教风的建议、参谋、监督功能。职能范围的确定间接地彰显了"教育议事会"在学校管理中的地位。

毋庸讳言,一开始教育议事会制度在全区的推行,更侧重于一种自上而下的行政行为,所以,教育议事会在筹建过程中,需要教育行政内部包括学校内部统一思想认识,需要全体教职员工的认可与支持,这是必须而且是自然而然的事。

四、困惑者:议事会主角谁来当

对于推举什么样的人成为教育议事会成员,设计者和课题人员有很多共

识,形成了一些原则意见:比如成员的组成可以由学校领导、教师代表、教育专家、家长代表、社区代表等多方人士组成。

但这些人士需要具备一个特质,就是跟学校有"利益"关系。由于实验校区是小学,而且年龄最大的学生也才是三年级的学生,他们无论从认知水平还是心理发展而言,都不可能成为议事会的成员,所以,学生暂时没有进入议事会的可能。

又比如成员最好具备一些相关的能力:能够与学校教育工作者一起学习,探索科学有效的教育方式方法,并向其他家庭进行宣传推广,等等。

比如成员的社会背景:人员最好来自不同行业,通过不同行业把社会对教育的理解和需要带进学校教育工作中,丰富学校教育的内涵。

再比如成员参加的可能性:有时间、有能力与学校管理者共同讨论、商议,参与决策学校教育教学方面的重大问题。如果成员没时间参与学校组织的各项活动,一切工作都是浪费。

当时,王飞副局长认为:议事会的组织机构可以设置主席、执行主席、轮执主席等职务,以便让每一位成员更有效地参与到学校管理工作中去。议事会成员中家长和社区代表可占总人数的三分之二,学校代表占三分之一,成员的社会覆盖面要广,应将法律界人士、学校法制副校长、关心下一代委员会成员、校外辅导员都列在议事会成员的候选范围内。

实验校区早就下发了教育议事会成员候选人资料表,其目的是物色议事会成员与主席的人选。本届议事会从各班的家长委员会成员中,推选出了十五位家长代表,从实验校区推选出了三位教师代表,从校区所在社区工作者中推选出了两位代表,组成实验校区首届教育议事会成员候选人。

开学初下发了五十五份教育议事会成员候选人资料表,慢慢开始回收上来了。当初是按每班五份下发的,经班主任对学历、工作性质、对学校教育的热心程度的观察后下发到家长手中。据反馈,有部分家长对此活动的兴趣不大,直接退出;有部分家长有参加的热情,但其自身素质尚不符合议事会成员的要求;最后有十五位家长入选第一批的候选人。其中硕士学历二人,大学本科学历八人,大专学历三人,高中学历(中专)三人,职业面涵盖工程师、教师、军人等领域。这些家长是否是我们理想中的教育议事会成员呢??? 家长

的文化素质和接受教育理念的能力是否是成正比的呢？？？

2004年9月8日张越琼老师的连续问号，反映出她当时的疑虑和担心。

无独有偶，后任主席也不止一次对学校"挑选"的议事会成员如何确保其代表性表示出很多忧虑，证明这个问题确实值得思考。

所以，课题组设想，下一届教育议事会是否可以分几个层面进行推举呢？

例如，第一层面：在班级根据家庭住址形成家庭网络小组，在活动中增加接触，增近互相了解，每组推选出一名家长参加班级家长委员会，再从家长委员会中推选出教育议事会成员，而这些成员是议事会中的家长代表；同时在社区中，从服务区居民（学校未来的家长）、社区工作者、社区企事业单位中招募学校义工，在这些义工中推选出教育议事会成员，这一部分就是义工代表；学校层面，在教师中推选教师代表，邀请教育专家、上级行政领导成立议事会顾问团等。当然这是后话。

那么，谁来担任教育议事会主席呢？

关于主席由谁来担任这个问题，一直是课题组讨论的中心，总共有四种可能：一种是校长担任，一种是家长担当，一种是教育专家出任，一种是社区干部当主席。由校长担任主席的观点，最早在周校长在任时，就已经被否决了。

教育议事会的"头"——这个关键人物最好是懂教育的，实验校区一开始理所当然寄希望于教育专家。于是，在主席的人选上，大家都把焦点放在了宁波市教育界的两位老前辈身上，希望由其中的一位来担任主席之职。

两位老前辈能吗？他们愿意吗？学校决定试探一下。

五、支持者：老领导的有力论证

2004年9月16日，学校邀请了市教育局的两位退休领导、市教育界的基础教育专家来指导议事会工作。此次邀请的目的，一是让两位老先生了解一些议事会工作的情况，进行指导；二是想借此机会试探一下，他们可否作为教育议事会主席的候选人。

在听取了教育议事会的汇报后，两位专家一针见血指出：摆正教育议事

会在学校管理中的位置是首要的,议事会是"人大角色"还是"政协角色"呢?两位老先生一致认为的"教育议事会"其实是学校、社会、家庭三者之间共同设立一个机构,为下一代创建一个更完善的教育环境。而"议事"顾名思义就是讨论协议,所以,应该是"政协的角色",教育议事会应该发挥更多的参谋作用。

专家还形象地进行比喻,指出"教育议事会"就像是"过河的桥",过了桥才能达到学校"育人"的目标。所议的事,不能仅仅从家长的意见中发现问题,要提高学校管理的水平,主动出击,可以在新课程标准和教育部文件精神指引下,将有哲理和前瞻性的、符合广济实际发展规划的项目,作为"议事"的首要内容,不仅要能够走在问题出现之前,而且要向家长宣传,转变家长观念。

下午四时许,两位德高望重的老先生到达我校。

夏明华先生指出:教育议事会应该起到广泛的发动群众关心学校,讨论教育中的热点问题,共同参与教育工作的作用。而议事的主体内容就是如何贯彻国家教育部八号文件精神。性质应定在参谋这个角度,将研究的点定在"教育议事会的性质、任务、地位、作用"这个点上。而且教育议事会的思路可更大一些,在议事活动中根据成员的不同领域分小组讨论,这样才能使议事的过程更有深度。

庄允吉先生则指出以下几点:全国正在开展区域性教学制度的研究改革,我们的议事会正是在这样一个大背景下提出的,具有原创性。但在这一制度实施过程中学校应保持自己的理念,不能向世俗低头,群众合理的要求要听,不能百分百地迎合,议事会同时还要向社会宣传学校的困难。在工作中,要提倡由先进理念指引:学校要成为群众的学校,不再单是教委的学校,学校要促进社区向学习性社区发展,再进一步促使我们的社会建立起终身学习的制度。同时学校也要注意从我市实际出发,从实验校区实际出发,从本社区出发,不能太功利。除此之外,作为学校也应考虑到:学校要为社区做什么?虽然这一点不可能一步到位,但这个理念一定要先行。在议事会的组织机构里设置两个层面非常好,但一定要发扬民主,打破终身制,班级的家长委员会可以一年选一次,学校的教育议事会则可以两到三年一届。

这些议事会成员的权力也应有限制:理解校方无权完成的合理建议,校方只负责向上级领导部门提议。校区教育议事会参与学校的民主办学管理,但不干涉校区的人事、经济和按国家标准设置的课程,也不干涉学校的常规性教育教学活动。

从 2004 年 9 月 16 日张越琼的工作日志看,真是有点"有心栽花花不开,无意插柳柳成荫"的味道,两位专家的到来,为教育议事会工作开拓了新的局面,打开了新的思路;但是主席人选依旧没有着落,可能是出于种种考虑,两位专家未表示愿意担任主席的职务,学校不得不把目光转向家长这个群体。

六、参与者:第一次活动不怯场

为了让教育议事会成员(特别是其中的家长成员)的第一次见面自然一些,内容丰富一些,学校计划通过建队节搞活动促进议事会进展,邀请这些议事会成员参加活动,事后举行简单而隆重的议事会成立仪式,进行议事会的第一次非正式议事活动。

2005 年 10 月 13 日上午,在建队节活动后,召开了学校教育议事会的第一次见面会议。

得知市、区教育局的领导要参加议事会的第一次会议,从组织者到家长都难免感到有些意外,于是开始阶段大家很拘谨。你看我,我看你,谁也不想发言。确实不知道葫芦卖的是什么药。于是,张越琼老师开始宣读章程,言明是草稿,请大家提意见。后来大家敞开说,纷纷发言,直至后来热闹非凡,三三两两"开小会"。总体而言家长素质很高,特别是 U 家长首先发言,而且一语中的:"议事会就是体现民主和开放的办学理念"。接着张家长谈了自己的观点。会场开始热闹起来,家长们纷纷发言。总结家长们的意见如下:

1. 对于三权:知情权、参与权、决策权,家长认为,放弃决策权,定位是监督和建议。

2. 对于功能:参与、协调、仲裁,增加"沟通、交流、监督"。

3. 对于义务:同意章程的说法。

4.对学生教育方面的意见和建议:小学生的国际交流;素质教育(德育、心理方面)内容的培养;科学家教方法的传授;开展丰富的活动;培养学生的团队精神,克服独生子女自私狭隘的品质;建立兴趣小组,发展潜能等。

5.提出建立议事会的网站和论坛;议事会成立分工小组,推选轮值执行主席。可以尽早自荐安排。初步确定下次会议时间为本周六晚上。

接着,市教育局副局长陈大申发言,高度评价议事会,表示会关注实践进展,愿意参加个别会议,如果有成果考虑在全市推广。期望这个议事会能解决两大教育问题:一是社会、家长对学校教育期望值越来越高,而学校教育对学生的发展只是有限责任的矛盾;二是个性化教育的问题。教育议事会在联系家长、社区为学生提供个性化教育上可以先走一步,探索出经验。

陈大申副局长代表市教育局的发言,非常鼓舞人心,同时对教育议事会的定位也比较恰如其分,既没有降低也没有拔高。他提出自己的观点:教育议事会的功能是有效协商。他指出议事会的目标是提高教育效能,提升实验校区的知名度。最后,他提出三点有益的建议:

一是议事会处于摸索阶段,是创新,也允许尝试。二是正由于是摸索,对学校而言,不要对家长、对议事会期望过高,认为它们可以解决所有的问题。三是对家长而言,希望能够主动积极参与,而不是等着校方一学期开二次例会;议事会不是一般的家长会,要从个别学生的特殊情况抽象出教育现象,要经常学习教育规律,进行调查,听一些教育报告,提升议事会的价值。

第一次教育议事会成员见面会,虽然还是在教育议事会酝酿阶段,但是,正是这次见面会上家长们的出色表现,奠定了教育议事会成立并顺利运行的基石。

如果家长不配合、不支持,这个教育议事会,政府再策划、教育局再推动、学校再重视,也是无济于事的。虽然后来主席人选因故变动,但是议事会仍然运行如常;虽然议事会的运行前期基本上是教育局在推动,但是第一次教育议事会成员见面会的召开,已证明教育议事会已经在尝试着自行运转了。

七、开创者：首任主席与部长们

主席朱立勇

在教育议事会成员们的第一次见面会后，教育局和学校方不约而同将主席的人选定格到一年级学生家长朱立勇身上。

2004年10月16日晚上，实验校区教育议事会成员召开了第二次正式会议。会议首先推选朱立勇为第一任主席。

会议一开始，大家互相介绍孩子的年级和自己的工作单位，彼此认识一下。当时首先要确定一个"头"，就是领导，大家对称呼也进行了一番议论，有的说是教育议事会嘛，就是"会长"；有的说为了别出心裁叫"主席"合适，最后大家同意"主席"比较好。主席的任期设置，大家一致认为要轮流，不要老是由一个人承担，不设副主席，权力要集中，但是应设置一名秘书长，做副手。主席人选的推荐，大家也推了一下区教育局的我（笔者），我发言说自己是多重角色，要搞科研观察，不能担任，但是会尽自己的努力干好每一件事。我观察了一下，大家既没有推荐别人，也没有毛遂自荐，后来我就推荐朱立勇，越琼老师也附和了一下，大家一致通过。

朱立勇，男，波导股份有限公司高级工程师，女儿一年级。个子较高，戴着眼镜，常穿中性颜色的西服。从最初的推选，到他不得已退出，我们一直认为他是议事会主席的最佳人选。

第一个原因是他有从事教育议事会工作的理念和热情。在第一次的会议上他就第一个打破沉默发言，而且频频发言；第二次会议经别人提名，马上接受主席的职位，给人感觉非我莫属，而且立即当仁不让地履行主席的权利与义务，现场调度会议、控制会议的内容与进程。随后，对议事会的一系列工作开展也很积极主动。第二个原因是他有领导能力和水平，无论是第一次发言中对现代学校制度建设的到位理解、临机应变的水平与学识，还是随后担任主席位置时的处事方法，雷厉风行、运筹帷幄的风度，都展现了议事会领导的风采。

张越琼老师称赞第一任主席"颇具领导魅力"，她在日记中多次赞扬他的

工作作风。在 2004 年 10 月 28 日的工作日志中她写道："在主席的回信中深切地感受到他雷厉风行的工作作风和清晰果断的工作思路"，感慨主席人选定得好！

实事求是地说，所有的议事会成员为第一任主席所折服，议事会的成员紧密地团结在他的周围。整个议事会工作运行非常有效率。

随后，主席马上行使职权，确定了张越琼老师、徐晓虹主任、王国苹书记、张云建等为"议事会常委"（这一称呼后改掉了）。这是一个主席提名的过程，第一任主席很快地运用其企业管理的风格确定了议事会的主干力量和他的助手，这是一个高效率的行动。在大家还不是十分熟悉的时候，的确需要这样的一个"领头羊"。

关于议事会部门的设置与部门召集人的确定，曾展开过两次讨论，也发生过变动。

第一次开会，曾经想设立常委会。当然了，教育议事会每一次开会，不可能把这么多人都召集起来，而且到会率也不高。但是，大家说"议事会常委会"似乎太正式，不好。

最后由主席建议邵杰（二年级学生家长、大学教师）为秘书长；设置六个部门，李蔷（一年级家长、进出口公司职员）为活动策划部部长，张云建（一年级学生家长、人才开发服务中心部长）为教育议事会网络部部长，徐晓虹（三年级学生家长、笔者）为提案部部长，戎晓雁（一年级学生家长、校区教师）为调研部部长，王书记（学校所在社区书记）为对外宣传部部长，张越琼（实验校区负责人）为协调部部长；确定夏明华、庄允吉两位老领导、老专家和王雷英（广济中心小学校长，省特级教师）为议事会顾问。

那么这些第一任主席选定的得力干将、教育议事会的核心成员是些什么人呢？

秘书长邵杰

女，二年级女生家长、大学教师。她是一个非常负责的秘书长，无论作为秘书长做会议记录，后来考察午餐问题，还是为调研部设计调查问卷、汇总调查数据等各项工作，都是兢兢业业，任劳任怨；无论配合前主席，还是辅助后

主席,都做到角色明确,尽心尽力。总而言之,她当秘书长非常合适,显示出大学老师的素质和风度。

网络部部长张云建

男,一年级男生家长、宁波市人事局下属的人才市场开发服务中心部长。从事计算机管理工作。他是一个很含蓄、不张扬的人,在教育议事会的运行、发展中,随着角色的转变,他有进一步的出色表现。

对外宣传部部长王书记

女,社区书记。作为基于学校、社区、家庭互动的现代学校制度研究的本课题,议事会的社区代表是王书记和社区专干两人,她们两个人组成了对外宣传部。可能一开始,跟教师一样,她对教育议事会的认识存在偏差,但是随着议事会工作的一步步进展,她慢慢转变了,开始在行动中投入,而且非常到位地发挥了巨大作用。

活动策划部部长李蔷

女,一年级男生家长、宁波市某进出口公司职员。最大的特点是热心和负责,让学校和其他成员瞩目。其实,作为家长,人到中年,上有老要管,下有小要管,在单位又是中流砥柱,事业更要管,更何况她的收入跟工作量直接挂钩,但是,她身上种种细节和行为所表现出来的对教育议事会的认识、支持姿态和为人的品质,都值得赞赏。可以说,教育议事会的成功运行,最需要的就是像她这样的家长成员!

调研部部长戎晓雁老师和协调部部长张越琼老师

她们都是实验校区教师。戎晓雁老师是一年级学生家长、校区教导;张越琼老师是实验校区负责人。

教育议事会的主要成员已经确定,但是部门规程却是在2005年的3月份才以文字形式呈现,不过各个部门已经开始在主席的调动下展开了各种尝试性的工作,这几位主要成员为教育议事会实践了一种全新的秩序和功能。

本节小结：

按照美国教育专家威廉·廉姆斯的观点，中国教育界各种自称的"教育实验"，顶多只能是叫"准实验"，如果从"教育准实验"的视角谈现代学校制度的构建，教育议事会是一个自变量，因变量可能是"学校教育质量的提高"及"学校、社区、家庭三者的和谐发展"。这里，自变量与因变量存在着一种"环形"的关系，教育议事会的功效取决于三者的和谐关系，学校教育质量提高及三者的和谐发展又依赖于教育议事会的良好运行。

那么这项教育"准实验"正式开始了，教育议事会的主席和议事会的同事们，会带给我们怎样的故事呢？

第三节　聚焦调整：激情与困境

本节解密点：

教育议事会，曾经议过何事？到底该议何事？

教育议事会是成立了，议事会要议事，但是简单地说，教育议事会该议什么事，不该议什么事，议事的范围究竟有多大呢？这仍然是个问题。

更何况，教育议事会在议事一开始就遭遇了困难……

一、激情：议案初成功

第一任主席带领着各部部长们满怀激情地走马上任了，或许是受企业管理绩效观念的驱使，或许是受现代企业内部民主管理意识的影响，所谓"新官上任三把火"，第一任主席很希望教育议事会能够做出点事情，以得到全体家长的认同，于是议事会的目标首先瞄准了前一个学期班级议事会所提出的两个议案上。回答家长们关心的问题成为教育议事会的第一项任务，对于学校而言这同样是一道绕不过去的坎。

2004年3月至2004年8月，当时班级议事会征求广大家长的意见时，家长对学校的要求集中为：希望英语课增加到每天一节、希望延长学生在校时间以等待家长下班等。确实，由于实验校区的学生是1—3年级，存在着孩子过早放学无人带、英语学习效果差两个问题，这些代表家长的议事会成员在讨论时，一致认为这符合自己的切身利益，将其列为001号、002号议案，学校方面也非常重视，并承诺想办法尽快落实解决。

001号议案

家长们认为，当前知识经济时代全球一体化，学习英语很重要，既然是时代要求、社会需要，所以一年级的家长强烈呼吁开设英语课，许多民办学校还

将开设英语课作为吸引家长的办学方式之一。但是,限于英语教师的编制,广济小学在实验校区还只是设口语课,每周一节,课时为四十分钟,使用《牛津英语》一书。但是许多家长反映,孩子学习了 1 年、2 年的英语,平常根本没有听到他们讲英语的声音,英语课不知道在学些什么。

这个"适当增加英语口语课课时,保证教学效果"的建议,在学校内部就可以解决。学校一、二年级开设的口语课并非国家课程标准规定的内容,而是属于校本课程内容,国家教育部规定是从三年级起正式开设每周三课时的英语课。同时,现行国家课程标准对各年级学生的周课时总量有一个规定:一年级 26 课时、二年级 28 课时。如按家长意愿每天开设口语课将会大大超过规定的课时总量,这样不仅有违国家课程标准,更重要的是不符合低年级学生的年龄特点,而且与三年级英语课的英语教材无法衔接。

为了避免增加学生负担,同时又能保证学习质量,学校方终于拿出了稳妥的解决方案,即实验校区对一到三年级口语课程作了一个递进式的调整。

1. 一年级开设英语口语校本课程:口语天天练(英文名称暂定为:happy English,happy every day)。

课程设置为周一至周四每天二十分钟,由专职英语教师与有英语特长的教师合作教学。优化整合各种英语启蒙教材,以唱、演、玩为主要教学方法。此阶段学习旨在培养学生学习英语口语的兴趣。

2. 二年级英语口语校本课程调整为每周二课时,各四十分钟,学校聘请外教与学校专职英语教师穿插授课,此阶段学习旨在帮助学生在兴趣上有更专业化的提高。同时为三年级每周三次四十分钟的英语课做好生理上和心理上的准备。

3. 三年级开始按国家课程标准开设英语课,使用全国统一的英语实验教材,每周三课时。其中二课时由专职英语教师任教,另一课时学校继续聘请外教授课。此后阶段的学习旨在普及英语口语同时发现并培养英语人才,开设英语社团活动。

本方案将在下学期实施,届时还将根据实施情况做合理调整。(以上摘自实验校区议案工作记录)

所以,学校很快落实了 001 号提案,在实验校区的课时安排上做出调整:低段学生每周长课 2 节,短课 2 节。基本上每天一次重复,温故知新,确保学

生英语记忆的效果。

001 号议案既表明了学校欢迎家长提出意见的态度,也表明了新的教育议事会的作用与以往的家委会不同。似乎让人们看到了一种希望。

002 号议案

001 号议案虽然顺利解决,但其中隐含了课程设置的科学性、计划性、严肃性与家长需求之间的矛盾,对学校的办学行为与教学管理发出了一个敏感的信号。问题总算得以解决,大家把视线转向了 002 号议案。但是 002 号议案遭遇了麻烦。

按照浙江省教育厅的规定,学生每天在校时间不能超过六个小时。实验校区为充分体现实验的特色,上午上学的时间比其他学校晚,是八点,又由于是低段学生,所以,实验校区上午只安排了三节课。按照学校的作息时间课表,实验校区的放学时间是一年级最早,二年级、三年级基本是三点半到四点放学,周五下午三个年级统一两点放学。这样的安排完全符合上级规定,跟其他学校也没有什么本质上的差异。

但是,家长下班的时间晚于孩子的放学时间。所以,放学后孩子的管教问题确实令人头痛,家长一般较晚下班,孩子毕竟是孩子,自控能力当然差,一个人在家容易形成安全隐患。这个问题关系到每一个家庭的切身利益,家长们当然希望学校在孩子放学后,开展一系列的有针对性的教育活动,增长孩子的才智,培养孩子各方面的能力,当时,这个议案一经提出就在讨论时引起强烈的共鸣!

其实早在 2004 年 9 月开学初,新任校长王雷英和张越琼老师等人一起拜访社区时,就班级议事会提出的 002 号议案跟社区方面进行意向商讨。而且在本市江东区已经有了"四点钟学校"的做法,主要也是由社区出面组织的。

今天下午 2∶30,王雷英校长带领世纪苑校区的负责人,走访了校区所在的云丰社区。与社区王书记和社区教育工作负责人朱老师就教育议事会、小太阳俱乐部和社区少先队事项进行了初步沟通交流。对于我们希望由社区发起的小太阳俱乐部,社区王书记也表示出对学生责任问题和义工招募问题

的顾虑。因为是联络式的拜访,所以时间不长,谈得也不深入,有待以后具体工作中进一步接触。(以上是张越琼老师9月6日工作日志)

学校首先主动与社区联系可能是由于学校对教育政策环境比家长们更加敏感。因为近几年治理教育乱收费和规范学校办学行为是整个社会的热点问题,学校担心在学生放学后再组织一些班级开展适当的教育活动可能会被投诉,从而影响学校的考核成绩。因此,学校希望通过社区来解决这一问题。

事实上,前文已经交代过,王书记也是一个新任的社区干部,刚到这个社区没有一年,正在熟悉工作。学校初次努力,计划就已经遭受搁置。放学后孩子教育与托管等问题的难点主要集中在:由谁出面,安全谁负责,收费怎么办,需要多少场地,由谁负责操作,等等。于是,议事会决定组织一次调查摸底。

二、调查:民意集结号

这次家长满意度调查,是经议事会的集体会议共同讨论决定的。由调研部的戎老师和秘书长负责设计,经过主席等人审议,戎老师负责印发和回收,共回收调查问卷近400份。在调研部轮值的那天,秘书长和戎老师一起进行数据统计工作。原始调查表如下:

"小太阳俱乐部"民意调查表(括号内为统计汇总内容)

为解决学生下午放学后的托管问题,由广济中心小学实验校区教育议事会牵头,云丰社区和广济中心小学实验校区合作,拟开办"小太阳俱乐部",现就相关事宜做一调查,以使方案趋于合理。

1.周一至周五下午从放学后到下午5:30,学生不分年级,由专人负责管理,主要让学生做作业、看书,每月您愿意出的会费:

A.50元　B.70元　C.90元　D.最高承受能力_____元

(A项160人、B项114人、C项52人、D项41人填100元)

2.您觉得每班人数应控制在:

A.30人左右　B.50人左右　C.80人左右　D.您建议的人数_____。

(A项308人、B项23人、C项1人、D项33人填各种数)

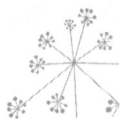

3.您希望负责管理的人员是：

A.校内教师　B.退休教师　C.有责任心、爱心的普通市民(包括家长义工)

D.您建议的人员_____。

(A项279人、B项88人、C项20人、D项0人)

4.您认为俱乐部活动的场所应该在：

A.校内　B.社区内　C.其他地点_____。

(A项222人、B项65人、C项4人)

5.除写作业、看书外，您认为还可进行的活动有：

A.英语角　B.奥数班　C.特长班(音乐书画等)　D.兴趣爱好班(手工、航模等)

(A项154人、B项91人、C项107人、D项138人)

6.您还希望"小太阳俱乐部"为您的孩子提供哪些方面服务和指导？

_____

第6题答案汇总

(1)对孩子进行社会知识、公德教育，让他们了解时事新闻。

(2)棋类学习、辅导学习，写作指导，检查作业，培养学习兴趣。

(3)延长到6点或6点半，也有人建议4点半结束。

(4)提供牛奶、点心、水果。

(5)组织社会实践活动，如拾垃圾，树立环保意识，开展社会公德教育，爱国爱家教育。

(6)提议多做游戏，结交朋友，培养孩子课外兴趣、课外技能的同时提倡团队合作精神，提高沟通交流能力。

(7)希望开展体育活动，开展一些艺术类的兴趣小组，开设表演课等。

(8)希望按年级分开开设，从周一到周五，各类特长分开学。

(9)帮助孩子解决心理上的问题。

(10)指导学生学习卫生知识、交通知识，教学会怎样保护自己。

(11)希望能有专车接送孩子上下学，费用可另加。

制表:广济中心实验校区教育议事会

2004年10月16日

从回收的家长民意统计表看,第一,学校教育议事会通过班级议事会的渠道征集家长意见是一条策略,教育议事会征集的议案确实能够反映绝大多数家长的实际意愿。第二,002号议案解决学生下午放学后的教育与托管问题是家长的头等大事,由于实验校区的学生是低年级的,家长甚至愿意出钱加以解决,家长更希望增加一些丰富多彩的课余活动,培养学生的多种能力。第三,"小太阳俱乐部"的原意不仅仅只解决孩子放学后的托管问题,最好是开展一些有意义的教育活动。后来,学校确实开展了一些活动,比如组建铜管乐队、兴趣小组等,但是时间不能拖得太久,否则要违反上级教育行政部门关于学生在校时间的相关规定。

三、梗阻:陷入困境时

既然已经获得家长们的鼎力支持,于是,教育议事会的第一任主席积极推动议事会进行"小太阳俱乐部"的筹建工作。

议事会成员比较年轻,加上大家工作繁忙,成员之间除了打电话,主要通过电子邮件来交流、沟通。

张越琼老师及各位老师,你们好!

在少先队成立55周年的文艺表演会上欣赏到张越琼老师和其他老师的音乐散文诗,大家印象很深。教师的崇高天职和师生的情意声情并茂地体现出来了。

关于"小太阳俱乐部"事宜,根据调查报告,各位家长是很赞同的。在近400位家长的意见中,大家认为:费用50元,每班人员控制在30人;负责俱乐部带班的人员应是校内教师;活动场所在校内;还要进行一些业余教育。这些要求应该是合理的,我们要努力做好,让学生和家长满意。在第二次的教育议事会全体会议上该议案获得全体成员通过,成为提案,需进行落实。原则是由社区出面管理,学校提供场地和设备,带班的老师负责学生安全,提供有偿服务。

对于下一步的工作,我的意见是:

1.请老师写一份报名表,写明目前能做到的一些工作。确定学生报名人

数,控制在 60—80 人(2 班),目前主要解决家长不能按时接孩子的困难。**请在这周完成后交给张越琼老师,还是由张越琼老师负责学生的报名工作,希望在下周内确定。**

2.请张越琼老师和徐晓虹主任在下周内确定好师范生当小老师,一般 3—4 名,视学生报名人数决定。

3.请王书记确定费用管理,准备聘用协议。希望在这周完成。

4.请张越琼老师确定教室。

朱立勇(Hemlet)

zly@mail.nbbird.com

2004-10-16

表面看起来,根据调查,这个"小太阳俱乐部"的筹建,符合民意,是**大势所趋**,所以,教育议事会包括主席在内认为只要各行其责,由社区出面管理,学校提供场地和设备,带班老师负责学生安全,运用经济杠杆,提供适度有偿的服务,顺理成章,再好不过了。所以,主席进行了催促,这从邮件来往中可以看出。下面是第一任主席群发的一封邮件,先是罗列其他部长发给他的邮件内容,在此基础上,第一任主席提出自己的意见,并责成部长们落实。

关于"小太阳俱乐部"提案的进展工作通报

各位好!

一、以下是今天收到的工作进展的情况,向大家做一个通报:

1.张越琼老师的邮件:

主席,您好!

收到。指示令人精神振奋!个人相当欣赏您的工作作风!

我已与师范团委办公室主任(学生)联系过,他们马上会在全校内收招俱乐部老师,目前困惑的是俱乐部教师课时费用的问题,按现在家教的课时费来算我们无法负担,因此具体数额未定,只告知为有偿服务。但如果师范学校将我校区列为师范团委实践部实践基地,那么费用将相应降低,正在往这个方向努力。……

再祝

愉快！

2. 张部长的邮件：

主席：

我同意你的一些建议。

我去浏览了一下广济中心小学的网站，发现很多内容更新不快，可能要大家共同出些主意，将广济学校网站办得好一些，实际效果好才行。

包括教育议事会的网页内容设置，下次每人提些建议才行。

张　　2004-10-28

二、个人意见

1. 同意张越琼老师的意见……

2. 和张部长联系后，还是得有劳张来担任网站（或网页）的站长（或斑竹）。

3. 其他各位的工作进展情况请及时通报，多谢！

4. 今后发 Email，请各位抄送给有关人员，以便大家可以了解信息，提出意见。

5. 等小太阳俱乐部各项工作落实之时，建议开一次全体会议，搞一次议事会成立仪式。

朱立勇（Hemlet）
zly@mail.nbbird.com
2004-10-28

由此可见，教育议事会成员充分运用互联网这个平台，成员之间通过电子邮件进行讨论，还运用 MSN 平台进行即时联系；这里也可以看到主席的为人、个性与行事方式，以及他赢得大家赞誉的原因。

第一任主席上任伊始，除了组建工作班子外，主要关注两点，第一是建设教育议事会的网页，第二是筹建小太阳俱乐部。但是，在落实具体事宜过程中，麻烦来了。谁来当"小太阳俱乐部"的带班老师呢？暂时没有人愿意。发票谁来开呢？社区不行。所以，张越琼老师接连发出告急邮件。以下是邮件原文（包括错别字）：

第一任主席：

您好！！我是实验校区的张老师，也是您女儿的音乐老师。

前段时间忙于课务与外出学习,没有及时与您联系工作,望见谅。

"小太阳俱乐部"的调查结果已经出来,现发给您过目,关于俱乐部教师的问题我和徐晓虹主任老师已分别与退休教师协会和师范学校联系过,退协这边有一些困难,师范学校这边应该可以提供一部分师范本科在读学生来工作,具体事宜还在联系。

另附一份新版的议事会成员通讯录。祝

愉快!!

2004-10-27　11:32:43

主席及各位:

今于社区王书记联系后,获悉:云丰社区向所属街道请示后证实不得开展第三产业,无法在收款凭证上盖社区的章,俱乐部会费由谁管理又成问题。

2004-10-28

001号提案非常快地解决了,主要原因是学校内部就可以协调解决。但是002号的提案,要涉及社区、政策等,要触碰教育行政的规定,就一再遭遇波折和挫折。

这一段时间,议事会在第一任主席的带领下,怀着极大的热情投入了002号提案"小太阳俱乐部"的建设工作中,但是关于收费、责任、场地、管理人员等,困难重重,没想到议事会的工作就此陷入了尴尬境地……

四、分歧:焦距始偏移

刚刚成立的教育议事会要更多地为家长办实事,解决家长的困难,议事会如果把这件事办好了,就可以赢得家长最大限度的支持,树立在家长中的威信和地位。

第一任主席是一个受过严格训练的经理人,他的思维方式是:将教育议事会比作一个企业,要提供产品或服务,首先做一个需求分析,那么,教育议事会的客户——家长们的最大需求是:解决孩子放学后无人照顾的问题。这种思维看起来似乎很对。

作为学校方,既然教育议事会已经提出了提案,实验校区的负责人只是

一个部长,当然得执行提案,而且广大家长们的呼声很强烈,意见也没有错。

但是,第一任主席所代表的教育议事会,不知道外部的背景。第一,教育部推行"一费制",即不能再收费用,义务教育阶段更是费用全包;作为教育行政部门不可能去违背这个政策,所谓"不踩红线"。第二,教育局认为后勤服务要走社会化的道路,议事会和学校不能承担不应该承担的责任。

学校本意是想满足家长的需求,但是这样违背教育局的规定。张越琼老师认为,主席是一个有热情、有想法、讲实效的人,在议事会推举他担任主席一职后,就将精力投入筹建"小太阳俱乐部"中,希望能以此作为议事会参与学校管理的首个成功案例。这样,既解除家长的后顾之忧,又能就此树立起议事会在家长中的威信。

而筹建工作在发放"小太阳俱乐部"民意调查表,联系俱乐部师资等工作后停滞了下来。问题关键点是,俱乐部的收费主体由谁来承担,以及来自教育行政的阻力,也许还有更复杂的原因。

"小太阳俱乐部"中的"四点钟学校"工作步履艰难。其原因在于:

第一,街道社区的条块管理问题。白云街道的社区教育干部联系过,了解到街道和社区其实不支持这个议事会课题(他们称之为"四点钟学校"),至少她认为种种迹象表明这一点。云丰社区尽管在年度计划里已经罗列这个内容,但是考虑到安全和责任,觉得多一事不如少一事。街道分管的副主任根本没有提到这个事,反映出不重视、不支持,或者是根本不知道,这个可能性也有,但是云丰社区应该汇报过的。另外,社区、街道工作也很忙。但是,如果这件事没有街道、社区的支持,很难办。最后又变成学校单方面操作的事情了,突破的难度可见一斑。

第二,学校目前还没有把家长的积极性、主动性完全发挥出来,家长志愿者、义工支持的内容方式等实际情况到底如何,还需要努力推进。

第三,教育行政方面,关于学生放学后托管,区教育局教育科认为:一是要家长自愿。二是要打破原来以班级为单位的机制。三是以便民为目的,不是以营利为目的,允许适度收费。四是尽可能不是原来上课的老师。五是办写作班、奥数班也可以,但是最好兴趣活动多一点。局长认为:不能收费,实行义工制。

第四,不可回避的安全责任问题。当前形势是其他区已经开始运行"四点钟学校"。问题是义工有吗?义工的数量够吗?义工的质量家长满意吗?义工制可持续吗?

这里涉及的焦点是教育议事会的职能如何定位。

从表面上看,"小太阳俱乐部"虽然不等于教育议事会课题,但是,这是家长集中要求解决的问题和建议,调查表反映的结果和要求付费的热忱足以说明。连这个家长普遍反映的问题都解决不了,议事会怎么赢得广大家长的支持呢!

但实际上,"小太阳俱乐部"之所以步履艰难,主要的原因在于政策环境与安全责任。在政策方面,当时教育行政部门不主张学校开办各类收费的班级,即使要办也要打破原来的班级编制并不得由本校教师任教。事实上,这些规定就限制了学校办班,因为这样做成本极大,且家长不会很满意。在安全责任方面,如果学校不能承担,那么几乎没有一个组织有能力、有经验来承担这种风险。

这种与政策环境冲突的问题是教育议事会必须解决的吗?

五、对焦:航道拨转正

2004年11月12日,王飞副局长赶到学校,召集社区、学校、分部和议事会主席等成员,开会解决这个"瓶颈"问题。最后在意识层面上,社区书记表示同意全权负责"四点钟学校",积极性发挥出来了。张越琼老师是这样记述的:

王飞副局长希望议事会能将职责定位在监督、评价和提出改进意见上,而并非事事亲力亲为。王飞副局长还就"小太阳俱乐部"的发展方向给出了指导意见:"就目前的状况,我们应该将'小太阳俱乐部'与社区的社团活动有机联系起来,我们要提供给孩子们的是一个丰富的业余学习环境,并非单纯的解决家长的后顾之忧。"同时王飞副局长提议将社区书记聘为学校的社区副校长,加大社区与学校的联系。

反过来看,这样的问题出现得越早对今后的工作越有指导意义,关键是如何及时从误区中走出来,并随之得到进一步的提升。区教育局副局长王飞成了第一个领着议事会走出误区的人,而这一点又恰恰微妙地显现了另一层关系——如何摆正教育议事会与政府教育行政部门的关系。

王飞副局长也希望议事会要过滤家长意见,关注学校的其他问题,关注学校与家长的联系,并推荐学校参考香港的教师家长会章程,对章程第二稿做再次修改。

第一任主席朱立勇被说服,决定调整教育议事会的工作方向,于是就有了网站上的电子邮件:

各位领导及各位议事会成员:

你们好!

11月12日上午区教育局王飞副局长、王雷英校长、社区王书记、校区负责人张老师、学校副校长以及议事会主要成员就教育议事会事宜开会,在王飞副局长的关心和与会人员的积极响应下,该会议取得成功。会议纪要如下:

1.会议决定议事会要在学校民主、开放的办学原则上,一方面要起到监督、协调作用,另一方面要广开门路,充分利用各方的社会资源。

2.会议决定议事会要充分发挥社会办学的力量。为了更好使学校和社区有机结合,学校聘请社区代表作为学校的名誉副校长,社区聘请学校代表作为社区的名誉负责人。该项工作在12月中旬完成。

3.会议决定议事会的工作要围绕教育主题配合学校开展工作,如培养学生的尊重意识、诚信意识、合作意识等,要从小培养具有国际化素质的人才。议事会要对学校和家庭的培养工作起监督、指导、协调和指正的作用。

4.会议决定要确立议事会章程、组织机构,进行网站建设,要求在12月中旬前完成。

5.会议决定关于"小太阳俱乐部"由云丰社区出面组织,学校派员指导,议事会监督,地点设在云丰社区阅览室或活动室,费用采用义捐形式,先期人数在30人以内。王飞副局长在适当时候会请区宣传部对云丰社区的俱乐部进行支持。

6.会议决定目前议事会不宜扩大宣传,以做实事为主。

7.会议决定在12月中旬召开议事会成立正式会议,确认各项事宜。

会议纪要如上。

为了落实会议精神,目前请做好如下事项:

1.请王雷英校长和王书记就互聘事宜做好细节工作,请张越琼老师推

动、协调。

2. 请王书记就"小太阳俱乐部"事宜向街道汇报，和张越琼老师一起商谈确立热心的管理人员，并确定俱乐部场所。请徐晓虹主任就议事会的进展多向王飞副局长汇报，争取关心和支持。同时就俱乐部事宜多多参与筹建。俱乐部事宜请王书记、张越琼老师和徐晓虹主任多多费心。

3. 请邵杰与李蕾写议事会章程，在 11 月底讨论章程和组织机构。

4. 请张云建和张越琼老师联系开始做网站，希望在 11 月底有一个基本的框架，同时请各位出谋划策，把这个窗口搞好。

5. 由于议事会成员的 Email 地址还不全，请张越琼老师和戎晓雁老师负责补齐为盼。

议事会工作如有什么建议和困难，请及时告知，以便尽快解决。

致礼！

朱立勇

zly@mail.nbbird.com

2004-11-15

会议取得了成功：一方面，将议事会成员的注意力从"小太阳俱乐部"转移出来；另一方面，使大家对议事会的职能有了更深刻的认识。突出表现在第一任主席对议事会的职能有了新认识，主要有三点：第一，议事会在学校民主、开放的办学原则上，既要起到监督、协调作用，又要广开门路，充分利用各方的社会资源；第二，议事会要充分发挥社会办学的力量；第三，议事会的工作要围绕教育主题配合学校开展工作，如培养学生的尊重意识、诚信意识、合作意识等，要从小培养具有国际化素质的人才。议事会要对学校和家庭的培养工作起监督、指导、协调和指正的作用。

第一任主席朱立勇认为，最近的教育议事会工作主要有：一是要尽快确立议事会章程、组织机构，进行网站建设；二是王雷英校长和王书记进行互聘；三是"小太阳俱乐部"由云丰社区出面组织，学校派员指导，议事会监督，地点设在云丰社区阅览室或活动室，费用采用义捐形式，先期人数在 30 人以内。

结果是，无论是前任主席着力解决的小太阳俱乐部中的难题——"四点

钟"学校,还是后任主席着力解决的学生午餐改善问题,这两个家长反映最大、迫切需要解决,教育议事会倾注巨大努力和精力的问题,由于种种原因,在现实中都碰了壁,家长们没有如愿以偿。

事物总有另外一个面,正是由于议事会的努力付出,其结果取得了大多数家长的谅解。"确实,生活中都不可能事事如意,教育议事会哪能心想事成呢?"一位知情的家长很体谅地说。虽然也有家长上网质询,但最后绝大多数家长都表示了谅解。

六、聚焦:主题趋集中

2004 年 11 月 26 日晚上七点,在清源茶馆召开了值得纪念的议事会会议,它标志着主席工作内容转向了。"小太阳俱乐部"议题并未淡化议事会的工作热情,议事会成员及时调整了工作重心,也使各位参与者更明确学校教育的发展方向和议事会的职责。

此次会议由主席发起,十一位议事会成员参加了讨论。会议主要讨论审议校区校园文化建设思路和网站初步构架。以下是张越琼 2004 年 11 月 26 日的工作日志:

首先大家再一次做了自我介绍,因为是在茶馆,所以气氛较前两次轻松了许多。随后,主席开场发言,明确议事会主题有三。一是审议校区校园文化建设思路;二是将议事会纲领性的东西补充一下,组织机构再次明确;三是讨论网站的相关内容。

在我宣读了校园文化建设思路之后,王雷英校长提出校园文化建设方案应该体现出特色,能在短期培养中呈现出递进效果,为孩子以后的学习、生活、成长找一个支点。王雷英校长的发言引发了议事会成员站在家长角度,站在一个共同的出发点阐述各自在社会生活中的感触,以及工作中的故事,而这些讨论则蕴藏着家长希望我们的学校把孩子培养成什么样的人,换言之就是校区的培养目标是什么,而校园文化正是在这一目标的指引下实践的。最后王雷英校长总结出我们的培养目标:诚信、博学、友爱。而校区校园文化的特色则应该体现为开展一系列的校园活动,将校园文化与家庭文化联系起

来,通过议事会宣传指导家长把家庭教育和学校教育联合起来。

大家并没有刻意准备发言稿,所谈所讲都是有感而发,没有隔阂,没有距离,社会的需要、家长的需要自然升华为学校的培养目标,"开放办学""民主合作教育"的意义从这一过程中呈现! 其实很简单。今天是值得纪念的。

这是教育议事会参与学校宏观管理的一次非常有意义的活动,尽管"小太阳俱乐部"筹建工作大家还在努力,但工作重心已明显转移,各位参与者更明确了学校教育的发展方向和议事会的职责,教育议事会正式进入"议事"状态,体现"议事"功能。在接下来的日子里,议事会开始关心家校沟通、教育互动。2005 年 1 月 12 日张老师颇有感触地记述了这一切:

元旦后学校网站正在策划改版,这是个契机,先把议事会网站(网页)建立起来,这样才能成为议事会运作的载体、媒介和平台,有了真实的运作才是真正成立的标志,成立仪式也必须建立在丰富的内容的基础上。随后发出新年第一封邮件! 再一次收到主席颇具领导魅力的回信,内容是 1 月 12 日晚上议事会主要成员与学校网管共谈网站事宜!

晚上七点迪莱咖啡店,主席、网站站长、活动策划部、主席秘书、协调部和学校网管就网站事宜进行了交流讨论。整个过程中大家都展示着自己的思考方式,互相弥补发挥作用。学校网管详细介绍了学校网站的改版历程,希望我们先确定网页或网站的宗旨、服务对象、内容、功能等,其后再考虑外观并提出了议事会网页可以从 BBS 站入手,从论坛中发现内容,不断地扩充发展网站。张云建则介绍了他对网页主页面的设想,主页面以新闻为主要更新内容,从新闻的更新来反映议事会的成长故事,而公告与章程都为长期固定内容,但这一页面的内容将不定期地根据论坛中的热点内容来做相应调整。此后讨论就围绕着 BBS 的栏目设计进行着,站长的意见是网站建设初期栏目宜精不宜多,协调部提议是否可以根据我们议事会的部门来安排栏目,最后主席根据他对议事会功能及触角所及之处总结出六个栏目:家长心声、学生心事、校园建设、园丁真情、关心孩子、议事平台。栏目一出即获得与会者的高度肯定。网站事宜讨论告一段落,大家分头准备文字内容,1 月 19 日交主席审稿。

经过一番周折,教育议事会回到了课题组原先的设想中来,正如一首歌

所唱:"不经历风雨,又怎见彩虹。"对于经历事情的人们来说,这何尝不是生动的一课呢?从更广泛的角度关心孩子的成长,从更高的层次关注学校教育的发展,这种意识已经作为一颗种子,播撒在经历这场风雨的议事会成员心中,学校、社区、家庭在共同努力的过程中,自然形成的良好的互助关系成了大家共享的宝贵财富。

本节小结:

　　"小太阳俱乐部"的难题给议事会的建设提出了新的思路与新的问题。

　　事实上,学生放学过早、无人接管是一个社会问题,需要社会方方面面共同来解决。学校作为专门的教育教学机构,并不承担学生放学后的管理职责;但家长认为应该由学校来解决,因为学生已经交给你了,计划体制下的单位制思维方式并不因为国家宣布建立社会主义市场经济体制而自然消除。

　　教育议事会的存在和发展,不可避免地受到教育行政和相关政策的制约,尽管也许这些政策本身并不合理。"小太阳俱乐部"的难题背后反映的实质是社会转型过程中社会参与要素的缺位与计划思维方式的弥漫。议事会是否围绕类似的解决家长困难的议题开展工作?该议什么事?怎样议事?诸如此类的问题,成了当时刻不容缓需要解决的事。

　　教育议事会的议事目标要更深远,议事的内容要征求广大家长的意见,但不是被个别家长的意见所左右。一个学校中家长们的素质千差万别,推举出来的教育议事会成员的素质与水平决定了教育议事会的水平,其中这些部长级成员,包括主席的价值观、教育观、成材观,可能就决定了教育议事会的方向。

第四节 真情出演：规则与互动

本节解密点：最早的这个教育议事会，到底是怎样成立与构建的？

时间过得很快，转眼迎来了 2005 年。这是"十五"的收官之年，大家都盼望着在这一年中收获成果。

2005 年 3 月，课题组对教育议事会的建设进行了阶段性的理论总结与思考，在中央教科所总课题组的支持和推动下，核心期刊《人民教育》杂志第 6 期发表了三篇文章，署名分别为王爱民、王飞、徐晓虹，阐述了教育议事会的提出是基于学校办学中面临的三大挑战，即："学校与家庭、社会的互动还需要进一步发展；教育责任主体的责任混乱不清给学校教育带来了困难；学校监督主体形式上的多元与实质上的单一之间的矛盾"。

提出了关于教育议事会的初步概念界定：

"所谓教育议事会，是指在不更改学校办学的所有制，不过度干预校长的办学自主权的前提下建立的，对学校办学重大事务进行咨询和审议的外部监督组织，是学校与家长、社区建立长期密切联系、协调与合作的平台。"

明确了教育议事会的主要职能是对学校教育的"监督、协调、促进"，初步概括了其运行的四大基本原则：

1. 共同的教育理念；

2. 平等协商；

3. 合作互助；

4. 参与、建议、监督相一致。

同时，也提出了教育议事会需要进一步解决的问题，如"议事会权力的合法性问题、议事会的动力机制和保障机制问题，如何界定教育议事会与校长、教代会、教育行政部门之间的关系"等。

同期刊物也刊登了谈松华等专家们的肯定性文章和专家点评意见，议事会主要成员成为封面人物使实验校区和议事会成员们信心倍增；议事会班子

成功搭建,区领导也期待着教育议事会能够在实践上有更好的推进。

然而,事与愿违,在这个时候,传来了"第一任主席因公出国三年"的消息,出现了需要更换主席人选的插曲。

虽然经过一年的磨炼,议事会已经成熟了,但是因主席更换,事态发展会不会平稳? 议事会是否又会起波澜呢?

一、第二任主席登场

很突然,2005 年开学初,第一任主席朱立勇明确告诉学校,自己要出国工作三年,希望学校考虑新的主席人选。

学校对此事极为重视,向区课题组作了专题汇报,并提出了校方的意见:希望主席是一名男性成员,有一定的学历水平和能力,比较有号召力,对教育议事会有正确认知,责任心强等。

课题组同意学校的考虑,最后,大家不约而同地将目标锁定在议事会网站站长身上。

之所以考虑张云建,一是因为他曾做过教师,熟悉教育;二是由于他负责网站建设,对家长的情况比较了解;三是他在第一次见面会上有不俗的表现。为了避免发生意外,张越琼老师先打电话"投石问路",询问其本人的意向。

沟通中,张云建当场表态两个意思:第一,"我很愿意参加议事会";第二,"但是我的工作很忙"。张云建没有明确拒绝,使校区坚定了信心,要提名张云建成为教育议事会的主席。

由于前一年的议事会工作处于一种试运行状态,没有正式召开过成立大会,在这个注重仪式和名分的国度里,开一个成立大会是大家共同的要求,名正则言顺。学校开始张罗成立大会,也就在同一天,张云建被推选为新的教育议事会主席。

2005 年 3 月 1 日,实验校区的会议室布置一新,隆重召开了广济中心小学实验校区首届教育议事会成立大会。区人民政府、区教育局有关的领导及市督学夏明华、庄允吉两位专家、教育议事会全体成员、中心小学所有

中层领导班子等 30 多人出席了会议。市里的重要新闻媒体也派员参加了会议。

一时间,学校包括社区非常热闹,小区的门口也挂出了祝贺的横幅。

首先,由广济中心小学王雷英校长向与会代表作教育议事会筹备工作报告,简要回顾教育议事会酝酿、筹备、试运行的一些工作。接着,区教育局局长宣布教育议事会成立,并向王雷英校长授牌。

随后,议事会成员审议、通过《教育议事会章程(试行稿)》,选举产生了首届议事会主席,设立了活动策划部、提案部、调研部、对外联络宣传部、组织协调部等五个工作部门,向大家介绍了各部门的部长和成员分工。

新任主席张云建宣读了经过讨论的《教育议事会 2005 年上半年工作计划》,并现场介绍展示"教育议事网"的主题与功能。

最后,由课题组组长、副区长叶正波作总结发言。从现场的录音材料中,可以感受到政府对学校教育创新的支持与关爱:

……那么,怎样建立现代学校制度呢? 建立一个什么样的制度? ……我们进行研究选择了两个比较典型的学校:一个是达敏学校,另外一个就是广济中心小学。实验校区属于云丰社区,云丰社区在社区建设方面正积极争取成为全国的文明社区。这为我们建立教育议事会打下一个良好的基础。所以,我们希望这个教育议事会的成立,能够探索出家庭、社区与学校之间和谐相处的现代学校制度。

我希望教育议事会能够真正地发挥作用。(议事会的)成立只是一个开始,怎么样才能运作好? 怎么样能够使它真正发挥作用? 这是我们每个成员所要思考的问题。我刚才也讲了,要构建这么一个和谐社会,目标都是一致的,都是为了培养孩子,教育孩子。……所以,对孩子的教育是全社会的事情,跟家长有关系——家庭教育,跟社区有关系——社区教育,跟我们学校的课程设置是不是合理、是不是按照教学计划、按照要求去培养等都是很有关系——学校教育。

所以,我们应该真正把三者互动起来,解决一些矛盾。教育议事会就是要好好处理跟学校的关系,处理跟社区的关系,处理跟家长之间的关系,当矛盾出现的时候,你们就是要商量通过自治组织克服这些矛盾,真正能够把

它运作起来,我希望大家能够有效地做好这项工作,这是第一个想法。第二个希望就是要创新。在做的过程中,可能会碰到很多的问题,因为没有一个现成的模式,我们只能在创新的过程中向着目标逐步前进。第三,对教育行政部门来说,作为一个新生事物,我们在试验的过程中可能会突破原来的条条框框,这些限制可能对我们教育议事会的运作会有一种障碍。我们是不是可以适当破例一下,如果不行,将来就退回来再改,但这首先要有一个大前提,就是要依法。……使得我们的教育议事会在运作的过程中,在发展的过程中能够不断的完善……

在热烈的掌声中,本次会议取得圆满的成功,会议代表集体合影留念。

会议的详细情况登载于议事会网站"议事会简介"栏目上,标题为"凝聚各方合力,共促教育发展——记广济中心小学实验校区教育议事会成立大会"。

2005年3月1日当晚七点,在实验校区全体家长期初交流会上,本来学校设计的内容为:(1)观看议事会会议录像,了解教育议事会工作程序;(2)推选新一届班级委员会并商讨本学期委员会活动主题;(3)与家长交流孩子新学期的努力方向。

可惜,由于网络的技术问题,会议全程录像无法播送,改为各班的议事会成员向家长口头汇报议事会的会议内容,各个代表就尽自己所能,进行了实况解说。

张主席的当选,自然是水到渠成结果。在前一次的筹备会议中,首先请议事会成员们自荐和推荐,在没有人毛遂自荐的情况下,张越琼老师推荐了张家长,最终大家一致通过。

张主席是一个怎样的人? 他为什么会接受这个"职务"?

在一次很随意的情况下,笔者采访他:"你为什么要当这个主席呢?"

他马上回答:"这件事对自家有好处,这件事本身有意义,也给大家都带来了好处,总要有人去做。"显然,他也没有仔细想,但是回答很认真、很朴实。可惜,当时作为访谈者的我没有追问:对自己有什么好处呢? 对大家又有什么意义呢?

在一次正式的访谈中,笔者又一次问他为什么当教育议事会的主席,他

回答：

就我的个性来说，我这个人喜欢跟着别人做，教育议事会也是这样，我会积极参与，让朱立勇出头露面，我有依赖感，我是从事技术工作的人。后来他出国了，张越琼老师打电话征求意见，说考虑要我当主席，我恐怕自己难以适应，我提出让你（徐晓虹）当，但是张越琼老师说，徐老师无法担任，而且要非教师职业的家长，只有我符合条件。没有办法，所以，我就应承下来。既然做了（主席），就有责任有义务。我本人是很愿意做工作，但是单位工作很忙，怕效果不好。

他还坦陈当主席对自己孩子有好处。这很正常，每个家长都期望自己的孩子得到学校、老师更多的关爱，让孩子更好地成长。

张主席的成长道路并不顺利，在一次访谈中，他毫不掩饰地做了自述：

我是农民出身，父亲母亲都务农，家境贫寒。父亲年仅15岁时，祖父就去世了，上有母亲和一个哥哥，下有两个妹妹和一个弟弟，由于聪明，家中重担就落在父亲一人身上。父亲当时已经考上了象山一中，但是只能辍学。父亲的一生非常坎坷（他的眼睛有些亮晶晶），虽然没有上过高中，但是自学成材，成了当地的"小"知识分子。自学针灸，在自己身上练习，成了很多人信服的赤脚医生，还当过夜校老师。我很敬佩自己的父亲（由衷地，眼睛再次亮晶晶），自己许多品质的养成受到父亲潜移默化的影响，比如：自学与奋斗、与人为善、忍让为先，靠自己的努力改变自己的命运，特别是农村的孩子靠教育改变自己的生活，等等。

我9岁读书，没有上过幼儿园，上的是南庄中心小学，班主任是一个民办教师，教语文，她一直教到我们5年级。我考上大学时，父亲特意拿了两包糖去表示感谢，她很自豪，逢人就说。她对我要求很严格，每一篇课文无论长短，都要能够背诵出来。她喜欢用长长的鞭子抽打表现不好的学生，我只被打过一回，很疼的，额头上起了一个包（他比画了一下）。这个，不像现在，当时，如果孩子被学校留下补课到五六点钟，家长都没有怨言，孩子被打也是觉得应该的。全班只有一个人没有被打，那个人是班长，我是副班长，那个女孩家境很贫寒，她吃的、穿的全部是老师给的，完全像老师自己的女儿一样。所以，老师其实很有爱心。她教育方法是不对，打归打，但是家访什么的她都很

认真负责。

后来张云建以第一名的成绩，考上乡中学和县二中，期间，还评上当时的全大市的优秀"三好学生"，最后考上了山东大学。

在笔者的追问下，他才报出了很值得自豪的高考分数，是县二中状元的成绩。

其实，不得不这样，生活所迫，那时我很苦的，什么事情没有干过呀。我记得回家作业做完，马上要"搓绳"，父亲很严格，一天有工作量的，要做好一"绞"，冬天的话一般要干到八点钟。不过，我很讲究效率，一般是一边搓绳一边看书学习。我自己探索了一套适合自己的学习方法，将一天的学习、生活、做工时间安排得很科学。

成长经历中小插曲：初中毕业，当时被卫校中专先录取了，后来县中学的校长硬去挖过来的，卫校一直留着我的学籍和座位。为什么会改变主意考大学呢？因为我的堂哥是村里的第一个大学生，后来我就是第二个大学生。

从张主席的成长经历可以看出，他是一个极有毅力与责任心的人，这个首先得益于他父亲的熏陶。小小年纪就学会承担家庭的责任：他做完作业，马上要"搓绳"。父亲管教严格，规定一天工作量。而作为一个学生，学生的责任就是完成学习任务，成绩要优异："其实当时也没有什么很用功，只是觉得自己很认真，不偏科，上课很认真，做作业认真仔细，速度很快"。能够做到学习责任和家庭责任两不误："一般是一边搓绳一边看书学习"。

作为一个有责任心的男人，他认为自己对父母家庭也有责任，经常接父母来宁波玩，也常回家看看。他为自己的姐姐放弃学业而可惜，也有内疚的心理，所以他想尽力补偿姐姐的孩子，给外甥女买书，希望她提高学业成绩，让她改变自己的命运。

对于自己的老师，他也觉得应该回报，甚至带一些礼物看望自己的老师。他既肯定老师们的长处，又对个别老师不合理的教学方法持宽容的态度。在对自己儿子老师的问题上，他也表现出一贯的宽容和谅解态度。比如说：

我儿子的班主任,大家都有意见,年纪这么大了,还当语文老师,普通话很不标准,一年级要教拼音,根本不准的。怎么办,家长委员会的人也准备要求学校换教师。

我老婆回家跟我商量,我说,学校不可能配两个最好的教师,否则不公平了。这个教师年纪是大点,但是管理班级有水平,而且我知道这个老师去年在总部刚刚被评为先进。再说,普通话又不是一个老师教的。你看,现在我的儿子普通话也很标准,因为其他老师也在说很标准的普通话。

还有组词方法,一位家长从词典里查出组词方法,结果被老师打叉叉,我认为,老师也是有道理的,因为老师觉得这个年龄阶段的孩子不适合这样的组词方法。

在整理原始资料时,发现社区王书记在评价张主席时,两次提到了"责任心"这个词,当初正烦恼归纳不出他的成长经历与他从事教育议事会工作之间的必然联系,正好发现"责任心"。确实,张云建对工作的负责很说明问题。

二、议事会的文本建制

教育议事会正式成立了,如果说 2005 年的 3 月 1 日是教育议事会一个标志日、分水岭的话,那么,3 月 1 日之前一阶段的教育议事会工作都是探索时期的试运行,3 月 1 日之后的教育议事会工作就是正常运作了。

于是,产生了许多教育议事会的第一次。第一次文本形式的工作计划是在教育议事会成立不久出台的。在学校的推动下,3 月 5 日新任主席张云建召集了第一次会议,出台了第一份教育议事会的工作计划。

教育议事会试运行阶段,虽然第一任主席有明确的工作目标和具体任务,但是议事会成员没有拿到一份十分明确的工作计划。所以,真正意义上的第一份教育议事会工作计划是 2005 年 3 月制订,由协调部张越琼老师起草的。虽然文字很少,但已具历史意义,全文如下:

教育议事会 2005 年上半年工作计划

一、工作主题

了解孩子共同的学校,服务我们共同的孩子,完善我们共同的议事会。

二、具体工作要点及各部门工作方向

1.听取并审议广济中心小学五年规划(2005—2010)及本学年第二学期校区工作安排。(3 月 1 日)

2.以议事会章程为指导,制定各部门工作细则,设计相关工作纸。(2005 年 3 月)

3.在实验校区成立议事会办公室,实行议事会轮值制,充分了解学校日常教学活动。(负责部门:活动策划部 3 月 1 日起)

4.做好议事网的日常管理和维护工作,保证网站正常运行。(负责部门:网站站长及论坛版主)

5.建立议事信箱,利用议事网等多种渠道搜集整理各方对学校教育教学工作的点滴意见和建议,形成合理提案。(负责部门:提案部)

6.对实验校区本学年第二学期工作安排实施效果及校区家长学校、家长开放日、家长会等家校联系方式进行调研,提升实效。(负责部门:调研部、提案部)

7.组织义工队伍,拓展实验校区学生社团建设。(负责部门:社会联络部)

8.经常性联络各班家长委员会,获取他们协助班主任老师开展班级教育管理、活动策划等工作的信息。(负责部门:组织协调部)

9.全力支持实验校区各项学生活动。

在这份简明扼要的工作计划,体现了教育议事会务实的工作作风。

首先用简要的文字明确了议事会的工作主题;计划的第二部分是围绕工作主题规定了各个部门的具体工作任务,而且规定了完成的日期。具体工作任务只有九点,也没有中国人传统的"凑十"的惯例。

从总体的行文风格完全可以看出议事会组织者求实的工作态度,没有一丝虚伪的套话、空话。这种行文的风格似乎与张主席的个性颇为相似。工作计划再次强调了议事会的理念:"了解孩子共同的学校,服务我

们共同的孩子,完善我们共同的议事会。"并且开始了自身运作机制的探索与构建。

在 2005 年 3 月 22 日部门负责人会议上,确定的工作重心之一是拟定部门工作规程,而且规定各部 3 月底上交部门规程给秘书长。

到了截止日期,这些部门的负责人如期上交了文案。所有条文详见教育议事会网页。

提案部拟定规程总共三章十二条。第一章为总则,有两条;第二章是正文,有八条;第三章是附则,有两条。其中第二条规定提案部的工作宗旨:"全面贯彻党的教育方针,紧密围绕学校的办校规划和目标,以有利于学生发展、有利于学校教育为基本准则,协助教育议事会落实素质教育的基本要求,促进社区、家长与学校的有机互动,实现资源整合,同步教育,促进学生素质的全面提高。"第四条规定对提案部成员的要求。第五条阐述提案部的基本职能和根本任务:"在遵守教育法律法规,遵循教育教学规律的前提下,筛选有价值的议案成为提案,递交教育议事会讨论通过,由学校、社区、议事会成员落实办理"。第七条规定:"凡成为议案的一般均应由家长 5 人(或以上)联合提出,或班级家委会成员 3 人(或以上)提出,或议事会成员 2 人提出,书面填写《教育议事会议案表》递交提案部,就可以列为议案。"第八条规定:"议案经过提案部的审议,主要提案人填写《教育议事会提案表》,递交教育议事会成员大会,得到议事成员总人数的三分之二表决同意,方可成为提案。"

其他部门的规程相对简单,一般为六条,其中第二至第四条规定部门的具体职责,最后是说明本规程解释人、执行时间。

对外宣传部工作管理规程的主要内容:

第二条:对外宣传以教育议事会名义,通过新闻媒体进行各种宣传报道活动。

第三条:通过办好社区"小太阳俱乐部",体现教育议事会对外宣传部的具体作用。

第四条:"小太阳俱乐部"

（一）意义

1.努力解决学生放学无人接送的困难。

2.全面提高小学生的各方面素质。

3.努力挖掘有才能的学生参加"小太阳俱乐部"，建立各种兴趣团队。

4.通过"小手牵大手"的活动，让更多的学生家长参与社区教育活动。

（二）具体实施

1.聘请社区退休教师对"小太阳俱乐部"的学生进行教育管理。

2.由教育议事会对外宣传部进行组织、协调、管理。

（三）经费

1.先期由学校、教育议事会和区教委共同解决。

2.后期视情况发展而定。

活动策划部主要规程：

1.由活动策划部设计议事会年度活动计划，并制定出活动总目标。

2.活动策划部策划、组织计划中的各项活动。

3.活动策划部设立每月议事会轮值的具体目标，并负责跟踪及总结。

4.活动策划部应积极为校区的活动提供各类帮助及咨询。

组织协调部管理规程主要内容有：

第一，"沟通、协调校方、社区、家长和教育行政部门等各种社会关系，使学校、议事会有一个和谐、畅通的工作环境，主要包括：议事会各项决策实施时的组织协调、与班级家委会的沟通联络、协助议事会其他各部门的工作"。

第二，"为保证任务执行的质量，组织协调部的工作原则是：积极主动、热情诚恳、分工合作"。

调研部工作规程规定其职能是：

1.组织完成各种调查研究任务，为议事会决策提供参考，同时跟踪议事会的各项活动执行情况，主要包括：教育议事会布置的各类调研事项、事关学校改革与发展的重大问题、重大突发性事件、家长关注的有关教育教学的事项。

2.为保证调研任务执行的质量，调研部的工作原则是：实事求是原则（尊重事实，真实反映情况）、深入实际原则（亲自调查，获得多方数据）、时效性原

则(及时有效,确保调研效果)。

3.具体调研工作程序:

(1)确定调研课题或接受提案部的调研任务;

(2)议事会主席审批;

(3)拟定调研方案(组织调研力量、选定调研对象);

(4)实施调研方案,统计数据;

(5)撰写调研报告;

(6)报送教育议事会。

网络建设部没有提供具体的工作文档,他们的工作就是负责 BBS 论坛和网页建设。

从以上各部门规程的具体内容来看,还是偏重于规定各部门应该做什么事,相应的程序性的规定则显得薄弱,但是使用“规程”一词试图表明议事会正努力着手构建一种正式化、制度化、程序化的工作机制,以便更好地协调议事会内部及议事会与学校之间的关系。

可见,与家长委员会相比,教育议事会成员的参与性和组织度都大大地提高了,议事会已经从由学校推动的被动状态,转变到自觉行动的主动状态。

一组规程将教育议事会带入了一个新的发展阶段,从某种意义上说,这种寻求制度性解决问题的思维方式显示了社会的发展和进步,理性逐步地向社会的各个领域伸展,面向现代的学校制度建设着实需要这类的尝试与实践。

进入 2005 年 5 月,教育议事会的工作“果实”开始慢慢地成熟,议事会的成员之间也进一步熟悉,教育议事的意识也明显增强,大家开始将注意力更多地集中到家校沟通与合作,更多地探讨家庭与学校怎样互相补充、互相配合。

三、像模像样的议案与提案

前文已经提到教育议事会提出提案并能够有效落实,是教育议事会有效行使权利的表现。大家一致认为提案是承担和实现教育议事会功能和任务

的主要载体,对于提案的内容学校必须给予办理。这些条目的规定,给予议事会相当大的权力。

但是,怎样的意见和建议才能成为提案呢? 教育议事会设置了必要的门槛。

第一道门槛是议案,提案部的工作规程规定:"凡成为议案的一般均应由家长5人(或以上)联合提出,或班级家委会成员3人(或以上)提出,或议事会成员2人提出,书面填写《教育议事会议案表》递交提案部,就可以列为议案。"

这里需要说明的是,具体的人数是经过议事会成员讨论,在原来的基础上增加的。

议案的提出与搜集要兼顾两个方面。第一要容易,否则会打击意见提出人的积极性。其次,要有一定的水准,需要一定的附议者。否则意见太多、建议的质量也不高。所以,只要议案有价值,就很容易进入议案层,现在这样规定比较符合程序。

第二道门槛是提案部和调研部的审核调研。成为提案的条件:"议案经过提案部的审议,主要提案人填写《教育议事会提案表》,递交教育议事会成员大会,得到议事成员总人数的三分之二表决同意,方可成为提案。"

所以,到2005年年底,教育议事会总共提交了6个提案,这些提案还是比较有价值的,而且得到议事会的及时通过,学校也加以重视,认真对待,又是调查,又是整改,而且真正落实到行动。

当然,如果遇到意外情况,例如,"如果出于不可抗拒的客观原因,学校、社区不能办理的,必须及时答复,征求提议人的同意。"

那么到2005年12月,教育议事会的哪些议案成为提案由学校认真落实呢?

003 号议案

教育议事会的提案部虽然设计了专门的议案表,放在实验校区的门卫处,挂在议事会的网页上,但是到目前为止,还没有家长直接投递,所以议案工作还是由议事会的成员直接撰写。首先是提案部部长自己提交的一个议案,见表2-1。

表2-1　教育议事会议案

编号	003	建议人	302班议事会	建议时间	2005-03-23
议题			改革家长会		
建议具体内容	*colspan				
提案部意见					

议题： 改革家长会

建议具体内容：

　　家长会是促进家长和教师、家庭和学校相互交流信息,取得相互理解支持的重要渠道。但现今传统的家长会常常达不到预期效果。如今的一些家长会,出现了三多三少现象:会议主持者讲学校成绩多、教师告学生状多、给家长提要求多,教师肯定学生少、让家长说得少、相互交流和研究问题更少。实施新课程改革后,教育教学工作发生了巨大变化,家长会也应及时适应形势,进行改革,赋予其新的功能。

　　首先,必须改变家长会的功能。

　　让家长会成为沟通的桥梁。把学生请进家长会,和家长、老师在一个平等的环境中共同关注、探讨问题,少了告状,没了对立,孩子对家长会不再恐惧,尊重、平等、合作的精神在这种新型家长会中得到充分体现。

　　让家长会成为学习型组织。社会向学校教育提出了很高的要求,但如果没有社会尤其是家庭的配合,学校很难完成这个任务。鉴于家庭教育这一环节在整个教育中比较薄弱,利用家长会帮助家长改变和提高教育孩子的观念和能力,把家长会开成家长学习会,是一种创新。

　　让家长会成为孩子展示的舞台。将以往的"讲台"变成了展示自我的舞台。开家长会的目的,除了沟通和提高家长的认识,还应通过学生展示这种方式,增加学生的自信。当然,在这个过程中,父母对孩子的了解更直观、更真切。

　　其次,必须改变家长会的内容。

　　发现孩子们的潜质和特长,在家长会上校方与家长一起探讨学生的兴趣爱好,以及如何依据孩子兴趣特长指导他们学习、活动。为了孩子的全面发展,这就是家长会的第一主题。

　　再次,必须改变家长会的形式。

　　过去的家长会都是由班主任或任课教师控制,信息的交流是单向的,家长只有听的份儿。要求创新家长会的形式,力戒搞"一言堂"。让家长谈教子感受、谈困惑、谈经验,对教师的教育教学提要求,教师与家长共同交流。

　　最后,建议实验校区制定《改革家长会的实施意见》,制定家长委员会与家长会的规章制度,以体现上述理念和做法。

提案部意见：

　　同意列为提案。在5月13日的议事会讨论通过。

　　　　　　　　调研审核人签名：　　　　　　日期:5月13日

004 号议案

活动策划部的李蔷等人提出的 004 号议题为"拓展家长开放日的功能"的议案见表 2-2,提出时间也是 2005 年 3 月 23 日。

表 2-2　教育议事会议案

编号	004	建议人	李蔷等 3 人	建议时间	2005-03-23
议题	拓展家长开放日的功能				
建议具体内容	引子:一位男性家长对于前一学期开放日活动的意见: "我还以为听完课,会请家长坐下来畅谈畅谈,提提意见。……就这么算了?……这个算什么!家长开放日开过了有什么用?!听课有什么用?!" 家长的背景:大学毕业、认真听完所有课、孩子学业出色、家庭教育严格、对孩子的期望值很高…… 现在,学校的家长开放日,实际上只是班级家长的开放日。班级开放日也只是局限于听课,当然,这样总比不做好,而且有助于家长了解孩子在上课时的表现和教师教育教学工作。当然,后来学校下发了对家长开放日的调查意见书,但是并没有公布最后的结果。而且缺乏就教师的教育教学开展实质性互动。这就涉及对开放日的功能的认识了,下面是一学校的一次家长开放日的活动报道: "一大早各位家长就随着孩子们来到学校,三位家长志愿者——龚钊颖、季钧恺和宋淑楠的妈妈更是为大家当起了班级的引导员和接待员。开放日的活动主要在学校的观摩教室展开。家长们兴致勃勃地听了孩子们的三节课,第四节课学校值周行政虞大明老师还热情地接待了各位家长,大家进行了互动评课、教育教学意见交换和观点讨论等活动。家长们普遍反映这样的开放日活动很好,希望能继续开展下去。" 建议 1:形成义工制度,学校的经营,已不再是教育工作者能独立完成的;家长义工的加入可以弥补学校教育中人力不足的窘境,同时亦能增进家长、社区进一步对学校的了解,有助于学校教育的开展。 建议 2:将学校家长开放日活动反馈意见汇总,并张贴在学校的网站,建议其他的一些调查也能够汇总公布。 建议 3:家长开放日的功能必须拓展,建议学校结合现代学校制度课题研究制定相应的家长开放日制度,让这项工作好上加好!

该项议案也在 5 月 13 日的议事会讨论通过,同意列为提案。

005 号议案

建议人是提案部的何俊峻和主席、秘书长,议题为"丰富家长学校的内涵,创新家长学校形式",见表 2-3。

表 2-3　教育议事会议案表

编号	005	建议人	何俊峻等 3 人	建议时间	2005-03-23
议题			丰富家长学校的内涵,创新家长学校形式		
建议具体内容					

<table>
<tr><td>编号</td><td>005</td><td>建议人</td><td colspan="2">何俊峻等 3 人</td><td>建议时间</td><td>2005-03-23</td></tr>
<tr><td>议题</td><td colspan="6">丰富家长学校的内涵,创新家长学校形式</td></tr>
<tr><td>建议具体内容</td><td colspan="6">　　家长学校原来是教育局规定在小学一年级必须开设的,现在实验校区基本没有在二年级以上开设,除了上次孙云晓的讲座,建议借鉴台湾等地的"亲子教育"经验。
　　教育理念:教育是帮助小孩生理、心理充分发展的过程,教师和家长是小孩学习过程中的好伙伴。通过亲子讲座和亲师活动,促进家长成长及亲师合作关系,并分享彼此的教育经验、相互学习,为共同目的"教育小孩成为完整的人"而努力。
　　具体做法:
　　1.亲子共同学习:藉由举办亲子活动、讲座等,拉近家长与学生的距离;除可预防许多问题之发生,并能使亲子间通过共同的学习与成长,获得良好的家庭教育质量,更可创造和谐的教育生活空间。
　　2.亲师共同合作:教育工作预期发挥极致的效果,有赖教师与家长共同经营。在亲师共同合作过程中,结合家长参观日、家长开放日、义工制度等系列活动,让家长、小区人士更了解学校教育并愿意为学校教育贡献一己的心力。
　　建议:丰富家长学校的内涵,创新家长学校形式,制定相应的实验校区家长学校工作章程。</td></tr>
</table>

　　同样,该项议案在 5 月 13 日的议事会讨论通过,同意列为提案。

四、变革从家校沟通开始

　　为配合教育议事会提案部的工作,实验校区和议事会调研部于 2005 年 4 月 6 日设置表格,开展"改革家校沟通"调研工作。

　　这是调研部根据教育议事会 003 号议案(改革家长会)、004 号议案(拓展家长开放日的功能教育)、005 号议案(丰富家长学校的内涵,创新家长学校形式)的要求开展的。

　　调查表分发到校区每位学生的手中,对广济中心小学实验校区的家校沟通情况做了一次全面的普查。调查表的设计完全按照规范格式进行,时间控制在 10 分钟之内,包括导语、答题选项的设计与最后开放式的问题等。调查表还公示在学校议事会的网页上,见表 2-4。

表 2-4 改革家校沟通调查

亲爱的家长朋友,您好! 家校合作是促进学校教育,培养学生健康成长的重要渠道,一直以来受到家长的关注,感谢你们向学校提供了很多改进的建议。为了拓宽沟通的渠道,丰富家长学校的内涵,提高合作教育的效率,应教育议事会的要求,现做如下调查:

一、您对现在校区的家校沟通联系的方法是否满意?

满意( ) 基本满意( ) 不满意( )

二、您认为可行的家校沟通联系的方法是:

家长会( ) 家长学校( ) 家校联系册( ) 家访( ) 其他:

三、您觉得家长会应该改革的是:

内容( ) 形式( ) 次数( ) 功能( )

具体想法:

四、您希望在家长学校中收到哪些帮助?

学习咨询( ) 育子经验( ) 专家辅导( ) 心理教育( ) 其他:

五、您觉得家长学校的形式应该是:

由年级组为单位统一开展( ) 按学习需求分块选择( )

其他:

六、关于家长开放日活动的安排,您认为应该是:

时间:一学年一次( ) 一学期一次( ) 经常性开展( )

内容:展示课堂教学( ) 学生综合素质展示活动( ) 师生、家长共同交流活动( ) 其他:

七、您关注教育议事网吗?

经常浏览( ) 偶尔浏览( ) 还未浏览( )

八、请您谈谈对现任的家长委员会及教育议事会的看法。

当时,广济中心小学实验校区共有学生 426 人,回收有效调查表 361 份,对目前校区家校沟通联系方法表示满意的家长占 49%,基本满意的为 49%,不满意的为 2%。在调查中,很多家长对家校沟通联系的方式、家长会、家长学校、家长开放日的改革及教育议事会、各班家委会的实施工作提供了宝贵的建议。经意见反馈,多数家长的要求集中在增加家校沟通的次数、拓宽家校联系的渠道、丰富家校联系的形式、增进校方与家长之间的了解和合作等方面。

其实,从原始日期上看,这些议案的提出是 2、3 月份的事,这是提案部人员收集的内容。于是在还没有成为提案之前,提案部已经将这三项议案递交给调研部的戎老师。实验校区的领导很重视,马上在 4 月初进行涉及全体家

长的调查,虽然它们在 5 月 13 日的议事会集体表决才成为提案,但实质上进行调查,包括落实工作早在 4 月份就开始了。

以戎晓雁老师为首的调研部,总结此次调研结果,将其提交给学校,指导改进家长开放日活动。在调研部与协调部的共同努力下,校区及时采纳家长的建议,以家长开放日活动为尝试,进行改革。

比如一、二年级的家长开放日除了听基础课了解学生在校的学习情况外,晚上专门开设家长互动交流会,除对上午的课进行评价外,还请家长代表介绍教育培养孩子的经验,三年级开设综合素质展示会,以全新的形式让家长整体了解校区的素质教育质量。

于是,截至 6 月底,学校针对议案和提案进行落实,形成整改报告。

针对教育议事会提案的整改工作报告

实验校区采纳家长的建议,针对议案内容及时采取了相应的整改措施。

一、家长会的改革措施

在召开家长会前发"告家长书",告知会议的内容,以便于家长做好充分的准备。

家长会以互动交流为主,可以由教师介绍学生在校的学习情况、提出阶段要求,也可以由家长主持介绍教育教学经验,提出共同探讨的问题。

增加家长会的次数,校区规定每学期的期始与期末各召开一次,各班级还可以根据本班情况、家长的需求随机召开。

每学年至少召开一次由学生参与的家长会,为学生、家长、教师三者之间的沟通、理解提供交流的机会。

每个班级必须记录好每次家长会的内容和建议,待以后的教育中进一步改善。

二、家长开放日改革措施

每年级一学年一次开设汇报课,向家长展示各学科课堂学习实况。

举行综合素质的展示活动,以多种形式向家长展示学生全面素质的提高。

每次家长开放日后必须组织家长交流座谈或通过书面、网络交流,及时获取家长反馈意见。

三、家长学校改革措施

1.按家长的学习需求设计菜单式学习内容,由家长自愿参加,活动的形式可灵活多变。

2.每年级每学期必须举办一次家长学校活动。

3.充分利用家长、社区、网络资源为家长学校的开展提供方便。

在5月份一、二年级的家长开放日活动中,校区已根据整改意见进行落实。一、二年级的家长在开放日这天,除了听基础课了解学生在校的学习情况外,晚上还参加专门开设的家长互动交流会,除对上午的课进行评价外,家长代表还被邀请介绍教育培养孩子的经验。整个座谈会由家委会代表主持,打破了以往教师主讲的局面。

6月1日,三年级综合素质展示会,以全新的形式让家长整体了解校区的素质教育质量。会上,家长代表给孩子们颁发了各项竞赛活动的奖状,带给孩子们最真诚的祝贺与鼓励。三年级的学生则为家长、同学、老师献上了相声、跆拳道、铜管乐演奏、动画配音、古诗诵读、合唱、英语剧、即兴书画表演等精彩的节目,充分展示了他们在语言、音乐、体育、美术等方面的才艺特长。

以上是我们所做的改革与尝试,也希望我们的工作能得到更多家长的关注、支持和参与,使实验校区的教育教学工作更上一个台阶。

广济中心小学实验校区

2005年6月

虽然这份报告比较简洁,但是可以看出学校对于议事会提出的合理建议是十分重视的,议事会还促进了实验校区的素质教育改革。

比如三年级在传统的“六一”节,举办了综合素质展示会,以全新的形式让家长了解校区的素质教育质量。

这份整改报告是学校针对教育议事会提案的第一份整改工作报告。这份整改报告标志着教育议事会真正进入议事阶段,取得了巨大实效。

同时,也必须看到,教育议事会敦促学校改革的内容还只停留在家校沟通方面,还没有在学校教育教学的深层进行。

五、家长会正在悄悄变脸

无论你是家长，还是教师，记忆中的家长会一般总是如下场景：家长如约而至，坐在孩子的位置上，教师依然站在讲台前，介绍学校、班级工作，表扬一些孩子，对家长提点要求啥的。

根据前面教育议事会的提案，针对议事会提出改革家长会的要求，为了开好家长会，实验校区特意召开了专门研讨会议，最后在班主任层面进行了落实。

2005年9月14日晚上，新学期第一次家长会正式召开，下面是笔者由面及点的观察记录。

面上情况观察：

18:45　我的观察开始，家长会单是从座位形式上已经实现了改革，三年级、四年级改变传统的秧田式座位形式，基本上是圆形，大家围坐在一起，体现平等的理念。原来这种秧田式座位形式无形之中确立了班主任的绝对权威地位，家长无形中成了学生。

更值得一提的是304班的小组座位，小组座位体现了家长与家长的互动理念。

19:45　我借机会观察巡视了各班家长会，发现了四年级各班基本还是有家长发言的声音。

二年级的家长会，家长笑着，倾听老师用大屏幕播放出精心拍摄的关于全班每一个孩子的情况，班主任不是站在讲台上，居高临下，而是在离家长很近的地方。

点上情况观察：302班的家长会

大家围坐在一起，年轻娇小的美丽的班主任独坐一排，语文老师（原班主任）与家长坐在一起。

班主任老师说：1.学校最近的工作沟通，如四年级军训，每天下午一节课后进行，作业基本在校内完成。2.预防接种卡要上交。

接下来是请大家对班级提意见，她传达了上级校领导交代过的："老师少

讲,家长多讲。"的精神。

为了进一步落实教育议事会的提案,新学期学校改革中家长会必须有力度,王雷英校长在总部和实验校区的教师会议上专门强调布置这个工作。

确实,实验校区的家长会无论是从座位排序,还是议程安排,都出现了转变。大圆桌形的课桌排序,体现了圆桌会议平等民主的意识、博采广纳的姿态。

教育议事会不仅变革了传统意义上的家长会,而且更进一步建立自己的一个宣传阵地,这是毫无疑问的。一开始学校出于特色需要,也希望建立一个专门的议事会网站。

为什么要建立一个独立的网站呢?

张越琼老师在她的工作日志中提出过这些问题:

教育议事会的网站是由议事会办的实验校区网站,还是在校区网站中设立教育议事会的栏目?又或是单纯的教育议事会网站?那么它的实际作用又是什么呢?是宣传,宣传什么?宣传议事会,宣传教育方法,宣传实验校区?是沟通,谁和谁沟通,家长与家长?教师与家长?是服务,这似乎应该由学校网站来实现。

其实,教育议事会是否建独立网站的问题,跟议事会的宗旨似乎相关,就是教育议事会的定位,是为学校教育服务的,还是凌驾于学校之上呢?

显而易见,是前者,为学校教育服务!于是,有关这个网站的问题,议事会自己马上找准定位,自行解决了。

那就是:建一个从属于学校教育的网页,经常发布一些动态的活动信息。网页建设需要技术含量,更需要一定时间,于是张主席就先做出一个论坛。

六、互动开放的论坛与网页

首先开通的是 BBS 论坛,2 月 26 日试运行,3 月 1 日就正式运行了,议事会成立的那天还演示了一下。

教育议事会中由家长设计、开办的 BBS 论坛开辟了"教子有方""童心飞扬""议事沙龙"等 6 个栏目。

一位教育议事会成员反映:

3月18日碰到戎老师。发现论坛最近没有声音了。无人上论坛,为什么?怎么办?我觉得有必要发动孩子!于是首先发动自己的儿子。然后让儿子发动班级同学,加上计算机老师在电脑课上让学生积极主动学习,结果到4月15日,一个月的时间,论坛最热闹的恰恰是学生版块的"童心飞扬"。

起先倒没有想到让自己的儿子成为论坛版主,现在利用这个教育的形式,发现了儿子的才能和兴趣点。上论坛是一种很好的教育方式,能够激发学习的兴趣,培养自信心,也有一定教育作用。

"教子有方"栏目,"你说,我说,他说,说出你的心声、感受!交流育儿经验,探讨教育方法",顾名思义是为家长沟通孩子教育问题开设的。截至2006年2月13日有44个主题,380个回帖,帖子质量最高。

"童心飞扬"则是孩子的天下,"同学们来吧!说说我们心中的事,论论我们心中的结,放飞翅膀,展现我们的未来!分担同学的烦忧,共享大家的欢乐!反映学生的心事,同学间交流学习、生活、娱乐等方面的心得体会"。经过发动,这个栏目确实办得最好了。截至2006年2月13日已经有467个主题,5968篇帖子。

"议事沙龙"栏目的设计也很好,"学生、家长希望议事会和学校为孩子们的成长做些什么……"它的主旨是希望吸收一些意见和建议,家长们也在这个平台上开诚布公地发表一些意见:比如对于午餐问题、教室是否装空调、春游问题等的意见,教育议事会成员也在这里发布轮值等各种消息。截至2005年12月底有5页主题。

曾经一段时间,较糟糕的是"园丁真情"栏目,这个"老师们关于教育改革、教育新方法、在教育过程中的体验,在教学中的疑惑,与学生、家长的沟通平台"本来是为教师设置的平台,但是看起来,教师似乎最忙,似乎不领情,参与性最差。

后来在2006年年初的期末考试阶段,教育议事会建议让学科老师将期末复习要点在此地发布,赢得家长的欢迎。看起来,发动教师需要学校领导的支持,才能不让这个平台形同虚设。截至2005年12月底,有2页29个主题,帖子304篇。

"共同关注"栏目原来想聘请专家进行教育理念方面的指导,"校园风采"栏目,本来希望大家一起来营造校园文化,但这两个栏目参与效果最差。主要原因是这两个栏目的内容已经被其他的栏目涵盖了,比如"共同关注"的事件内容,一般在"教子有方"和"议事沙龙"发表,议事会又没有聘请到能够上网主持论坛的教育专家;学生的精力用在"童心飞扬"版块,无暇兼顾"校园风采";教师本来就很少参与到论坛中,所以,"校园风采"也就只有张越琼老师的帖子变成了经典内容了。

总而言之,尽管有些不足,但是 BBS 论坛还是起到很好的交流、沟通作用,开办 4 个月就有注册会员 352 人。

截至 2006 年 2 月 13 日,论坛总共存在了 408 天,有会员共 518 人,总帖数 8857 篇,其中主题总数 691 个,回帖总数是 8166 篇。这些数字就足以说明问题,小小的实验校区,总共才只有四个年级的学生,论坛热闹得已经让总部的网站维护老师发帖子来招呼了。

下面的故事就是议事会论坛上的一个德育教学案例。

我的心事

这是一个发生在议事会论坛上的真实故事,开头是我们大家都能看到的老师的心事:

"今天我曾经跟一个同学约好,他答应我 12∶45 会到我的地方来,但等了好久,他没有出现。后来他又对我说一节课后会来,我满怀希望地等待,他还是没来。我真的很失望,他辜负了我对他的信任,也使自己的信任度打了折扣。也许他有自己的原因,但我希望他能向我解释,我想让他知道,我还是一如既往地相信他,我知道,他一定会出现在我眼前的。"

2004 年 3 月 31 日学校议事会成员戎晓雁老师在网上以"我的心事"为题发了这样的一个帖子。

下面有许多学生家长在后面用各种颜色字体跟帖,如:

"晓,那个同学跟你道歉了吗?"

"希望那位同学能改正!"

"呵呵,那位同学小小年纪但是记性不太好,提前衰老的症状。"

事情原来是：在课堂上默写，那个同学写错了很多字，照例应该重新默写，但是该同学又说自己没有带默写本。虽然可能是事实，但是也有想逃脱默写的嫌疑，面对这个淘气、顽皮而又"狡黠"的男生，已经三年级了，考虑到最近他的母亲很忙，肯定又无暇顾及这些默写作业，于是，老师说：

"我送给你一本本子，你到我的办公室来默写。12点45分哦。"

到了约定的时间，结果孩子没有按照事先约定的来默写生字，上课时，老师还发现他满头大汗——"肯定又在操场上疯跑。"怎么办？

后来，戎老师还是用电话联系了他的家长，讲了这件事，请家校配合，希望要培养孩子信守诺言的品质。家长边听边应从，最后决定利用这个网站，先不点破这件事，家长先化名跟帖：

"希望他拿出具体行动来！"

然后，让孩子自己看这些帖子，发现孩子红了脸，只是辩解说："可能那个孩子确实有事，确实忘记了。"于是家长不失时机地强调了一下"言必信、行必果"的重要性。

终于，可以看到晓雁在4月7日发了帖子：

"我很高兴地看到他履行了自己的诺言，给了我一个满意的答复。我为他感到自豪，他长大了，是一个守信用的男子汉！"

看来，最后圆满地处理了这个问题。家长跟帖：

"我也很高兴！为每一个孩子的点滴成长！为老师成功的教育方法！"

有一个帖子很有趣，估计是那个同学自己说的：

"老师的信任很重要！"

在这个例子中，顽皮男生到老师办公室默写是司空见惯的事，老师并没有简单处理，直接叫来那个同学，或者马上派人叫那个同学来。老师觉得还是要培养学生的一种品质，于是以议事会网站发帖的形式，告诉这个孩子老师自己的心事，字里行间透露着关爱，非常到位地表达了对孩子的一种期望。

当然，考虑到学生并不一定马上会看到这个帖子，所以老师还是联系了家长。家校一起商量解决方法，既要维护孩子的自尊，又要让孩子改正错误。于是，家长让孩子自己看这个主题的帖子。

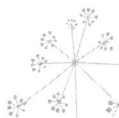

事实上第二天,孩子还是没有立即主动到老师那里,家长有点着急,主动提出押送孩子到老师办公室,但最后还是作罢。毕竟是三年级的孩子,需要克服很多成人难以想象的事,比如绝大多数男生认为到老师办公室很丢人,尤其是默写之类的事。

最后,在期望理论的引导下,这个学生终于战胜了自己,来到办公室。

无疑,教育需要智慧,有时,教育确实还需要等待。

在这个案例中,教育议事会的论坛不光提供了一个有效联系的平台,而且提供了一个等待孩子改正错误的空间,让顽皮的那个孩子用自己的行动赢回了自尊。

教育议事会主页

BBS 论坛运行了一段时间,论坛是热闹了,但是还是缺少议事会公告的内容。于是大家催呀催。

2005 年 4 月 8 日,教育议事会的主页终于出来了,正式开通的日期是:2005 年 4 月 10 日。教育议事会的网站建设部在原有的议事会 BBS 论坛的基础上推出了"广济中心小学实验校区教育议事会网页"。这个网页从属于广济中心小学的网站,在学校的网站主页中设计了一个"教育议事"的链接,点击"教育议事"这个栏目就进入了实验校区教育议事会网页。网页设置了"热点新闻""议事会简介""议事会工作""轮值日志""班级家委会""共同关注"六个栏目。

"议事会简介"栏目内有议事会的章程、学校成立议事会的筹备工作报告和议事会成员及分工名单等。"议事会工作"栏目有议事会的工作计划、工作总结、部门各种规程、每一期家庭教育沙龙的总结、议案等。"轮值日志"栏目连同轮值的排班安排在内有 6 篇内容。"班级家委会"栏目则刊登了班级家委会成员名单。

七、校园轮值工作的制度化

2004 年 12 月 2 日,张越琼老师接到笔者的通知,参加了在闻裕顺幼儿园

举行的幼儿园三结合网络经验交流会。

张越琼老师参观完幼儿园的家委会,幼儿园家长委员会的工作模式让张越琼老师很有感触,感觉很有必要学习他们的经验,认为闻裕顺幼儿园的家长值班制度可以借鉴。

为了让好经验本土化,议事会讨论通过了以部门为单位到广济中心实验校区开展轮值工作。这样以部门为单位,既不需要增加成员负担,又能够灵活机动。

张越琼老师在网上张贴了经各部门负责人开会讨论,主席通过,议事会轮执活动以部门为单位拟定的具体日程安排:

第五周(3月21日—3月25日)(已完成)、第十二周(5月8日—5月13日)策划部

第六周(3月28日—4月1日)(已完成)、第十三周(5月16日—5月20日)提案部

第七周(4月4日—4月8日)、第十四周(5月23日—5月27日)调研部

第八周(4月11日—4月15日)、第十五周(5月30—6月3日)对外联络部

第九周(4月18日—4月22日)、第十六周(6月6日—6月10日)网部建设部

第十周(4月25日—4月29日)、第十七周(6月13日—6月17日)组织协调部

自2005年3月23日开始,议事会成员中的7人参加了首轮轮值工作,他们通过观察、听课、沟通等方式加深了对学校工作的了解,提出了建设性的意见和建议。

李蔷在值班日志里写道:

3月23日　晴　轮执人员李蔷

本次轮执由活动策划部的我先行一步,无具体针对问题。大致看了一下学校的安全卫生状况,以及对学生的营养午餐进行了了解。发现个别学生保护环境意识不够,乱扔垃圾,有的在湿滑的楼道追逐奔跑,还有一年级的家长在帮助学生做值日。

对本次轮执提出以下建议:1.能否引导学生在操场上游戏,以免发生意

外？2.宣传栏的玻璃碎了，能否补上？3.能否建议午餐供应商提供一周的饮食清单，并注意合理搭配饮食？

3月31日星期四，轮职人是提案部何老师。

何老师很负责，也做了记录。她是下午去孩子学校的，当然也可以跟自己孩子的班主任老师沟通。她对校园及学生的学习、活动情况进行了总体了解，总体感觉较好。不过，作为大学教师的她，也提出一个值得探讨的问题：现在社会上要求"减负"，如何"减负"值得认真探讨。建议议事会与学校专题讨论一次。

4月1日，笔者值班，认真地写下了自己的轮值感受，并在文档和"议事沙龙"论坛上进行了详细记录。

当然我很认真，早上7：20就到学校了，一直观察到中午之后我不得不上班。我将自己设计的提案部的工作表放在了门卫处，以及议事会的办公室。不光把大学老师的值班日志输入电脑，粘贴在议事沙龙上，而且详细记录了我所观察到的现象，当然对于学校的意见，基本是个别交换了，或者存在心里了。这就是轮值家长的心态。

轮值让家长更加深入地了解了学校，增强了知情权和监督权，也更好地起到了沟通、协调的作用。

一方面，轮值的家长尽家长的职责，要关心自己孩子的在校表现，及时跟班主任等老师沟通情况。另一方面，他们正在尽议事的职责，要了解学校的各方面情况，提出合理化的建议。

通过这种轮值，我们似乎看到了家长作为公共的社会人关心学校教育，突破了一家一户的樊篱，转向更广的范围，这不正是现代社会的一种特质吗？

自然，轮值过程中遇到的主要矛盾是：家长因工作实在太忙难以现身，会导致轮值的空缺。寻找和培育更多的义工或许是解决这个矛盾的一个办法。

本节小结：

　　随着教育议事会外部组织形式的组建——召开成立大会和内部组织管理制度的构建——明确六大部门的功能和成员，加上 003、004、005 号议案和提案的提出和落实，议事会论坛的建立、轮值制度等，标志着教育议事会进入实质性的参与学校内部管理阶段。

　　虽然教育议事会发挥教育议事功能，监督学校改革的内容还只是在家校沟通方面，但任何事情总是循序渐进的，这也是初级阶段的必然结果，在教育议事会刚刚成立的第一学期，取得如此大的进展，教育议事会的每一个成员如此投入议事会的各项事业中，实属不易。

　　教育议事会在最初的酝酿、构建时，很多内容的设计、策划不是很明晰，也不可能很具体细致；参与人员包括课题研究人员、操作人员和议事会的成员，他们在思想认知上感觉这项工作很有意义，但也不可避免有任务观念的意识；在人员的互相配合上，由于成员的背景不同、性格不同，虽然大家相处很融洽，但在某些具体问题上，细节上观点也不是很统一，然而，不管怎么样，随着教育议事会的成立、运行和发展，教育议事会的成员用实际行动"倾情出演"，真正投入，所以，才有那么多的教育议事会的"第一次"。

第五节　高潮迭起：冲突与协调

本节解密点：教育议事会究竟发挥了什么作用？

虽然试点学校校长换了，实验校区负责人换了，议事会主席也换了，但是所谓"健而不息，天之运也；自强而成德者，君子之事也"。教育议事会照样运行了起来。

渐渐地，议事会的成员之间进一步熟悉了，大家参与议事的意识也明显增强，开始将注意力更多地集中到家校沟通与合作，更多地探讨家庭与学校怎样互相补充、互相配合。教育议事会的"舞台"上掀起了一个又一个的浪潮，而协调学生张海涛的家长与学校之间的冲突，把议事会推到了一个突出的位置，教育议事会工作也发展到了一个新的高潮。

一、拷问营养午餐

新任的教育议事会主席，会关注什么问题呢？

跟所有家长一样，他第一个关注的事是学生的午餐。

毋庸讳言，对于当时中小学生统一食用配送的福乐娃中餐，宁波市的家长普遍意见较大，主要问题集中在孩子吃不好，菜少、味道差，冬天饭菜到学生口中已经是冷的。

为此，宁波的媒体也时有报道与反映。在议事会 BBS 论坛里，偶尔家长也反映自己的意见。

2005 年 3 月 22 日，教育议事会正式成立不久，张主席决定自己请客吃饭。邀请了议事会部长等参加，一边吃饭，一边开会，他确定近期议事会工作重心：启动轮值工作；关注学生午餐；拟定部门工作规程。

显然，张主席有备而来，席间拿出有关于午餐问题报道的报纸，现场分发给在座各位成员，当即引起强烈的共鸣。

张主席顺势提出改革学生午餐配送的计划,得到绝大多数与会者的热烈赞同。于是,议事会成员热烈讨论解决方案,统一的意见是:一方面计划由议事会出面、社区负责,借学校地点办食堂,另一方面还决定到福乐娃公司实地考察。

于是,在 4 月 15 日,组织活动部部长在议事沙龙上贴出如下告示:

为了我们实验校区的学生能吃到既营养、可口又卫生的午餐。议事会决定下个星期带着以下几点问题前去参观午餐供应商"福乐娃"。

1. 了解具体的工作流程。

2. 能否提供合理的饮食搭配清单。

3. 能否根据不同年级的需求,提供不同餐量。

4. 能否每星期向学校提供午餐菜单。

5. 随着季节的变暖,如何保证午餐的新鲜度。

6. 反复使用的餐具是否经过严格的消毒。

不足之处,请各位家长补充。

议事会组织活动部

2005-04-15

考察福乐娃

4 月 22 日,教育议事会组织成员实地考察,在公司的食物制作流程上走了一圈。

出乎所有人的意料,调查发现福乐娃公司总体还是做得很规范,可以用"安全、卫生"来概括。在整个操作过程中,符合卫生、检疫部门的相关标准。

福乐娃公司是专业从事学生营养餐和商务餐制作与服务的大型配送中心。公司占地 5000 平方米,总投入 1200 多万元,拥有符合国际标准、工厂化生产的中心式厨房,并由大学营养学教授担任公司营养大师,全面参与营养餐的设计与调配,并建立了 ISO、HACCP、GMP 等规范管理系统。

公司领导包总经理给大家介绍完公司的业绩和通过的国际认证,接着对议事会成员提出许多问题给予了诚恳的回答;议事会成员也提出许多改进意见,包总也说了曾经的尝试和实际操作中的困难,也反映公司不止一次接待

了各种访问者、考察者。

包总经理一直很耐心,因为他知道这是一群特殊的来访者。

接下来,议事会成员去参观生产流水线,进去时还要换上消过毒的衣服。

包总仔细介绍,哪些地方有哪些先进的工具:消毒通道那里有感应水龙头;米饭制作车间有自动煮饭的设备;烹调制作车间有自动烤物机等。

总之,设备先进,消毒认真。

考察结束后,议事会在网站上发布了一则通告:

基于家长的共同目标,希望我们的孩子能吃上一顿营养、卫生的午餐,我们议事会于 4 月 22 日前往午餐供应商福乐娃进行参观。

首先由福乐娃的总经理介绍公司的情况,它是宁波市内唯一一家获得 ISO 9000 质量认证和 HACCP 食品认证的公司。公司的肉类供应商是双汇公司,大米由米氏厂供应,豆制品类由市豆制品厂供应,市蔬菜基地负责供应蔬菜及其他。我们则提出了以下几点问题。

1.营养成分如何搭配,才能保证学生成长所需。

福乐娃根据一套电脑软件,按每天所要提供的菜量输入电脑中,达到这套系统指标显示的良好,如蛋白质、维生素 C 等,就是我们孩子每天中午吃的饭菜的食材搭配。

2.关于数量的问题。

我们的孩子由于个体的差别,所以每个人吃的数量不同,但是福乐娃只能按目前的量提供。胃口大的孩子,可能会吃不饱,学校会多备些饭放在餐厅。

3.关于餐盒的问题。

孩子们的餐盒是重复使用的,福乐娃采取了四套工序:初洗→浸泡→洗碗机→热水冲洗。卫生部门检疫的合格率达到了 100%。

4.关于菜单的问题。

我们要求菜单公开,福乐娃表示近段时间会在网站公布,我们今后也会要求学校在校门口进行公示。

5.关于口味的问题。

很多孩子表示饭菜口味不如家里好,福乐娃表示他们也在改进当中,但

不可避免的是,他们是大锅炒菜而且又要快速打包,口味难免不好。最重要的是福乐娃把卫生放在第一位,而将菜的口味放在其次。

6.关于品种的问题。

家长普遍反映,学生午餐中肉类偏多。福乐娃表示主要考虑到学生的安全,鱼类刺多,虾类太麻烦。另外它其实有不同价格的午餐,故而品种也会不同。但担心学校里的学生会产生攀比心理,以及出现人多拿错等现象,所以采取了统一品种的做法。

议事会
2005-04-25

议事会的这次考察,促进了福乐娃公司在新学期开始改进服务:第一,公司每周提供菜单,张贴在学校的门口,供家长们监督;第二,饭可以自己打了,不存在学生吃不饱的情况。相对而言,也可以节约粮食,浪费的现象少了。

事后,张主席评价说:

第一,福乐娃公司还是有诚意的,这么隆重接待,其实,我们的身份也只不过是家长,可见教育议事会也算有点分量。第二,福乐娃公司听取过很多意见建议,相应的办法、措施也有的,我们发现福乐娃公司做得还是很规范、安全、卫生,在整个操作过程中,要受到许多卫生、检疫部门的检查,他们也有难处。有的问题确实众口难调,这么大的公司,这么多的客户,确实难解决。第三,新学期也有一点实质性改进。这个午餐问题,教育议事会也只能这样解决。

至于原先讨论时形成的由社区办食堂的想法,议事会成员逐步了解到,这不是开设一个简单的家庭式作坊可以解决的问题,涉及公众饮食安全的领域,有诸多严格的规定,目前条件还不成熟。

于是,家长们对学生吃营养午餐也就表示认同了。

被社会上议论得沸沸扬扬的学生营养午餐问题,通过教育议事会的一次考察活动,在实验校区得到了良好的解决,家长并没有将问题的矛头直指学校,家长们的建议也被午餐公司所吸纳,议事会发挥了作用。

学校后勤社会化过程中,肯定会遭遇各种问题,通过教育议事会被社会化地解决了,学校由此可以更加专注于正常的教育教学工作了。

二、主席又要开会

这是第一次真正意义的教育议事会议,为什么说是第一次? 特定含义是:完全由教育议事会自行组织,没有上级部门的催促,更没有任何"作秀"的成分。

所以,课题组认为,这在教育议事会发展史上具有划时代的意义。主席根据议事会发展的需要,委托组织协调部负责通知,于 2005 年 5 月 13 日召开了完全由教育议事会自行组织的会议,2/3 以上成员参加了会议。

主席的思路很明确:"各部门汇报工作及下一步的工作打算;学校汇报本学期的各项教学、管理工作。"其次,讨论提案部的各项议案,表决通过议案共 4 项。然后是活动组织部汇报了到福乐娃参观的内情;接着是,网页各版的版主确定,包括校园风采栏目的删除或调整。

谁先汇报,推让了一下,后来按照轮值的次序,即活动组织部打头,李蔷果然没有推辞,马上汇报开始:第一,轮值工作,五一节亲子活动……

其次提案部的工作:(1)几经修改论证,完成一份提案部工作规程。(2)设计并制作了议案工作表、提案工作表;提案跟踪评价表等,并印发放在门卫处。(3)征集一些议案递交议事会讨论通过。

接着调研部戎老师发言,完成一份调查,学校针对调查决定进行整改,已经写了一份整改报告。

组织协调部:(1)"小太阳俱乐部"的工作进展,已经完成的是部分学生在进行课外活动;(2)未完成的是……接着,对外联络部汇报。

最后是主席兼网络部部长总结发言,秘书长对于亲子活动的会议建议汇报。

本次会议的成功召开,显示出议事会的巨大沟通作用,表现在学校与家庭的沟通方面:第一,对家长意见最大的福乐娃午餐问题,议事会尽了最大的努力;第二,就近徒步的春游,原来在网站上学生和家长意见也比较多,利用 BBS 平台,有意见的家长都被说服了,而且一些议事会成员都参与到学生的春游活动中。所以,议事会又发挥了重大协调功能。

最重要的是在教育议事会这个平台上,三方互动整合成有效的社会支持系统。当然,会议中表现出人际关系微妙的变化,成员之间真正是彼此熟悉了,积极发言,议事会朝着主动、合作的积极态势发展。

社区的态度,终于开始有了积极的回应,原因一是"小太阳俱乐部"收费的解禁;二是彼此熟悉了;三是发现议事会能够帮助社区自己开展活动,并已经得到验证。

三、议事会开沙龙

教育议事会组织家庭教育沙龙的提议,最早是在 2005 年 5 月 13 日教育议事会工作会议上以提案部和对外联络部门的名义发出的,即 006 号《关于开展家庭教育沙龙的建议》的议案,内容是每月一次的家庭教育沙龙。

沙龙的召集人、主持人由学校方和教育议事会成员共同组成,家长自愿参加。具体的议题要切合家庭教育的热点和关键问题,由调研部、提案部等负责采集。

该议案一提出就得到主席等人的热烈支持,特别是受到身为代表社区的议事成员的大力支持,因为上级要求社区开办家长学校,这正好符合社区的需求,于是,这个提议变成了社区代表提名的议案,马上递交议事会表决通过,成为提案。

经过讨论决定于 2005 年 6 月 18 日组织家庭教育沙龙第一次的活动,并以当场表决的形式通过《教育议事会的家庭教育沙龙规则》,具体细则如下:

教育议事会的家庭教育沙龙规则

目的:搭建一个供实验校区家长们沟通、交流、分享家庭教育经验的平台。

场地:学校、社区的会议室、阶梯教室等。

时间:每月一到两次,1、2、8 月放假暂停,总共 9 次。

组织:教育议事会组织协调部出面排班,网上公布,并在每期沙龙的前几天在学校门口张贴告示。

参加者:至少由班主任 2 名和教育议事会成员 2 名。

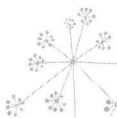

班主任是具体的会务召集人、组织者和沟通人，主持人由教育议事会成员和班主任协商产生。家长自愿参加。

议题：调研部、提案部等负责采集提供或者主持人召集议定。

规则：本着"尊重、沟通、提高"的原则，请在教育沙龙上积极发表自己的观点；请仔细倾听别人的发言和观点；请尊重每个发言人的人格；请委婉地反对别人的观点；提倡说"我的观点是这样的……"不提倡说"我反对！""这是错误的！"，遵守其他应该遵守的法律、法规。

按照计划，2005年6月18日举行首次家庭教育沙龙。本次教育沙龙由议事会提案部的徐晓虹和成员何先生共同召集，主题为"家长与教师的有效合作"，近四十位实验校区一至三年级的家长和教师参加了本次教育沙龙。

在每一个家长自我介绍后，主持人宣布了沙龙的规则。

围绕主题，主持人设计了四个议程：家长谈矛盾与冲突；家庭教育和学校教育的目标与责任；家长谈协调与整合；家庭教育和学校教育有效整合的方法。

在交流过程中不难发现，大家不约而同地将焦点集中到了"学习自觉性""学业压力源自何处""新教材难易度"一系列与孩子课业息息相关的问题上，有感叹孩子苦的，有赞同变压力为动力的，有无奈的，也有讲到兴起处还带出了稍许激昂情绪的。

谈到家庭教育和学校教育的目标与责任时，两位家长分别站在不同的角度发表了具有指导意义的观点。

302班的方爸爸站在宏观的角度为我们指出了教育应达到的高度与深度。他在发言中谈到了教育理应本着以人为本的理念，实施快乐教育。在小学阶段无论家庭和学校都应更为重视规则和方法教育，不断地激励和鼓励，激发孩子学习和生活的兴趣。除了关注学习以外，更应创设各种情境引领孩子去发现和体验生活中蕴藏着的多种乐趣……

104班学生家长冯女士则和大家分享了她在教育孩子时一些方法与经验……她主张无论是家庭还是学校都不能忽视分数，但是这一份关注不能只停留在每一次的测试上，而应分散在平时……针对一位爷爷家长提出的新教

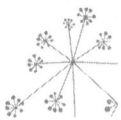

材难度太大的问题,她认为教材是发展的,无论难易如何,作为家长只要能培养孩子良好的学习习惯,掌握学习的方法就能提高学习的效率和质量。她的发言把沙龙氛围引向了高潮。

教育议事会首次教育沙龙取得了理想的效果,期待今后有更多的老师家长参与教育沙龙。

从此,议事会的家庭教育沙龙拉开了序幕,每个月有条不紊地组织进行。

2005 年 7 月 20 日,由议事会社区代表召集举行第二次教育沙龙,主题为"未成年人的心理教育"。校区各班家委会成员及部分云丰社区居民参加了本次活动。

2005 年 9 月 20 日由张家长等召集举行了第三次教育沙龙:如何让孩子适应学校生活。

2005 年 10 月 21 日举行第四次教育沙龙:中韩家庭教育漫谈——习惯的培养。本次教育沙龙吸取了前三次的经验,改张贴通告为有针对性地发放邀请函,邀请在培养习惯方面有好经验的家长与孩子的习惯尚需加强的家长共同参与讨论。

随着各项工作慢慢步入正轨,教育议事会又开始自己许多的第一次实践,比如:

教育议事会第一次对学校规划进行审议。2005 年 8 月 30 日召开议事会2005 学年第一学期首次工作会议。会上审议了广济中心小学"十一五"规划、实验校区校园文化建设五年规划、校区本学期工作计划。议事会在充分肯定校方的工作设想的基础上提出了"广济特色需要进一步突显出来""怎样切实有效地完成规划设想"等建议。

一般来说,学校发展规划这类报告是向本校教职工和上级主管部门征求意见的,也就是说学校教育的运行是在教育系统内部自行运作的,外部的家长、社区人员很少能在事前有所了解。诸如学生军训这类事也都是由学校做出安排,家长们几乎插不上手。

然而在广济实验校区实施教育议事会制度后,这种情形发生了变化,家长、社区参与学校的工作比以往更为广泛和深入。学校的工作得到了家长的支持与参与,家长的意见得到了学校的采纳,一种教育双赢的格局初步形成。

教育议事会第一次参与学生在校管理。

2005 年 9 月 7 日,教育议事会活动策划部协助校区策划组织了四年级学生军训活动,体现了教育议事会对学生管理的促进作用,丰富了校区活动资源。

从此,四年级的军训活动变成了实验校区的一项常规性学生工作。

四、向议事会讨救兵

把议事会推到了一个新位置的是一次偶然的事件——张海涛事件。教育议事会出面,成功协调家校之间的冲突,就此教育议事会的作用与地位明显地昭示出来。

事情是这样的:2005 年 10 月 21 日,议事会成员举行第四次教育沙龙:中韩家庭教育漫谈——习惯的培养。沙龙结束后,实验校区负责人向议事会汇报了前几天在实验校区 302 班发生的一件令人不愉快的事情,并表示实验校区已经很难解决与家长的沟通问题,询问主席、秘书长可否参与此事。

10 月 20 日星期四,校区发生了一件不应该发生的教育管理失误事件。张越琼老师在一份文字材料上这样叙述道:

三年级 1 班的班主任老师为了学生集会排队的行为规范,再一次向全班明确了立正排队的规范及要求。在早晨的列队仪式上,在班级列队面貌大为改进的同时,仍有两名同学没有按要求站队,从而引起了其他同学的不满。为了让这两位同学改掉坏习惯,列队仪式结束后,老师请这两名同学继续练习,但收效甚微。这时上课铃响起,正是班主任的课,老师就将两位同学带回了教室。因为两位同学对问题的认识不足,依然如故,所以为了使他们认识到错误的严重性,也为了在班集体中建立正确的行为导向,老师请这两名同学在上课的同时继续学习如何站立。

由于他们一直未能达到立正的要求,所以,老师一直没有让他们坐下。这两个孩子断断续续地站到了下午放学。放学前,班主任老师把他们两人叫到跟前,进行了再一次教育,当时两个学生也表示认识到了错误,保证以后不会再有类似的错误发生。

该教师的教学行为,到底是不是体罚或者是变相体罚?

总体上看,校方承认"校区发生了一件不应该发生的事",张越琼老师将之命名为"教育管理失误"。从文字上看,校方的工作汇报,自然是站在教师角度,比较强调该教学行为的正确性。比如"请"字的运用,在描述该教师的教学行为时,没有用一个中性的词语"让""叫"或者"要求",至于该教师是否一定用"请"来发布自己的教育命令,一般人不会去考证,除非请学生回忆当时情景。

鲁迅曾经说过这样的一句话:"一部《红楼梦》,道学家看出了淫,才子佳人看出了缠绵,革命家看出了排满,易学家看出了八卦……"确实,一千个读者眼中有一千个哈姆雷特,更何况发生在生活中真实的事件。对于同样的事件,不同身份的人,教师、家长、学校负责人、学生、当事人会有不同的阐述。

根据笔者的访谈,作为第三方,议事会的张主席认为:

小孩子顽皮,早操没有站好,在捉蟋蟀,老师面对着两个屡教不改、平时问题很多的学生,就让其罚站了。结果那天老师只上了一节课,孩子也就整整站了一天。其实学生也蛮可怜,如果我的孩子站一天,我当然也要心疼的。从家长的角度,当然火冒三丈:

第一,这是体罚现象,从早到晚站了一天。老师,你自己试试看! 所以,要换班主任。第二,这个老师对我们孩子有成见,没有爱心倒也罢了,但是整整一天,其他老师到哪里去了?! 他们没看见? 不关心,还是熟视无睹?! 所以,最好能换到总部。

这个张海涛回家后给自己的评价:"我罪有应得。"

家长不肯了,认为这是体罚学生,对班主任老师的解释很不满,其实,我认为那个老师也没有技巧,打电话说:"家长,这个事情,我解释一下……"其实,电话里道歉又怎么样呢? 家长很气,老师的用词证明对问题认识不足嘛。在班里,老师倒是道歉了,在班级道歉其实倒是需要勇气,在学生面前,很没有面子,会降低威信的。家长对学校的处理也不满意。

这个张海涛平常蛮老实,成绩中等,动作很慢,作业每天要做到9点、10点钟,还要阿姆(母亲)陪着。其实,家长也没办法了,真是累死了,于是有了这个导火线,就把气撒在老师身上了。

显然,一开始议事会的张主席在述说这件事时,是站在当事人家长的位

置上,同情的成分占了上风,将心比心:其实学生也蛮可怜,如果我的孩子整整站一天,当然也要心疼的,从家长的角度,当然火冒三丈。两个"当然"说明张主席的态度……

对于这个学生回家后对自己的评价:"我罪有应得。"张主席重复了两次,流露出深深的惋惜,其实,这个孩子有什么罪?! 不光家长听了,其实所有人听了心里都不是滋味!

主席对这个教师的态度是怒其不争,用本地话说"小娘太嫩势了"(宁波话:不够成熟的意思),道歉的对象、时间都选择得很不好。

问题是事情已经发生了,总归需要解决。

其实,主席那种设身处地、将心比心的态度,在后来成功协调家校冲突过程中起了关键的作用。不仅对家长,而且对当事教师,主席也是这个态度。

学生罚站一天的事件发生了,学校报告的措辞上,似乎有点偏袒当事老师的嫌疑,但是,学校确实严肃认真地处理了这件事。比如,在教师会议上对该教师做了批评,要求其他教师引以为戒,这个做法已经很严肃了。以下是笔者对实验校区班主任周蓉的访谈记录:

在实验校区的教师大会上,张越琼老师说了这件事,让我们引以为戒,不要靠这个方法来教育学生,而且这个方法用处也不大。本来老师私下里已经在议论了,但是我们不是同一个办公室的,也没怎么关心,暗中议论说,这种教育方法不好。另外的老师也没有关注这个学生。教育方法是不对,教育好了就坐下,人还小,可以教育过来的。不过,家长提出,要求换班主任、换学校,有点过分,提出这个要求好像对班主任有意见。

学校处理也厉害的,好像那个老师交了一份检讨书,相关老师也写了一份材料,张越琼老师很重视这件事,对当事老师提出要求,对其他老师也提出建议,像我没遇到这件事,平常也要注意一点。

我忖忖(想),这事情老师蛮难为情的,触动肯定很大,任何人遇到这样的事情,心里肯定很烦。其他老师也反映,现在老师难做了,重不得轻不得,有的家长在说,老师,学生交给你了,什么变相体罚,就是打也可以,随你……

看来,实验校区的教师还是很有是非观念,一致认为教师的教育方法不对,无意中也认同"体罚"的性质;虽然这种定性在张越琼老师的报告中只字

未提。但同时,教师们觉得家长提出的要求不可理解,也是认为不妥当的。

可是,家长当然认为"冰冻三尺非一日之寒",站在家长的角度分析家长的心理活动:老师,你今天让我儿子站一天,过去肯定对我儿子也采取过不当的教育手段,只不过我们不晓得罢了;如果将来再采取一系列的方法对待我的儿子,我的儿子怎么办? 所以,不行,无论如何,要换!

学校与家长产生了分歧与矛盾:

虽然事后这位老师也深刻地意识到了自己运用了一种不科学的、简单无效的教育方法,最终不但没有解决实际问题,相反地不利于学生的成长。但是因为没有及时与家长进行沟通,老师的这种行为还引起了其中一位学生的家长的强烈不满,家长表现出了对这位班主任的极度失望和极度不信任,并将此事投诉到校区管理层。

对当事老师的这一过失,校方非常震惊,当时校区负责人张越琼老师马上诚恳地向家长做了道歉,并表示会严肃处理这一事件。首先让当事老师向这两名学生道歉,向全班学生道歉,以尽力弥补对当事学生所造成的心理上的影响;进而努力改进自身的教育教学方法,拉近师生之间的心理距离,重新建立起一个民主、愉快、健康的班集体。面对校方的处理意见,家长在并不反对的同时也提出了自己的要求:鉴于该班主任老师接班以来的教育教学方法与家长的教育理念不相符,对他孩子的教育效果也不明显,又发生了这样一件令人不愉快的事件,所以从孩子的角度出发,要求立即更换班主任或将孩子转入总部就读。面对这样的要求,校区负责人表示无法给予明确的答复,要上报校长讨论决定,同时一再希望家长能从另一个角度看待这位教师的行为,肯定她的责任心和所做的努力,给老师一个改正的机会。当时两位家长的态度比较坚决,定下下周三校方就此事给出一份书面处理意见。

将此事请示校长后,王雷英校长也相当重视,但表示家长的要求的确难以满足,为了更好地解决这个问题,学校请教育议事会介入调解。

当时,议事会成员在听了张越琼老师的汇报、了解事情经过后,普遍认为教师能向全班学生道歉,已经充分地表明该老师对问题的深刻认识,并认为家长的要求是缺乏周全考虑的。

后来,主席决定先由教育议事会出面与家长进行沟通,从第三方的角度

进行劝说,随后,要根据事态的发展再决定,是否需要校方、家长、议事会共同商议处理意见。

学校向教育议事会发出"讨救兵"的信号。

教育议事会果然应承了下来,其实主席心中也没有底,不知道怎样处理最恰当。张主席说:"当时我也问了学校的张越琼老师,学校的底线到底是什么?她很策略地回答说难讲,不好说,不知道。"

所以,学校实质上没有什么底线给主席,那么教育议事会怎样处理这个事件?结果又会怎样呢?

五、议事会做"娘舅"

"娘舅",是浙江一带人对母亲兄弟的称呼,本地人对"老娘舅"是比较尊敬的,有句老话:"窝(家)里分家积(财产),娘舅做主意。"这句话证明"娘舅"是非常有地位的,浙江民生休闲频道就有一档收视率很高的节目叫"老娘舅",处理一些公说公有理、婆说婆有理的家长里短。

可是说实在话,学校搬来的这个"救兵"到底有多大的权力,谁心中都没有答案。出于一种责任,教育议事会要来扮演"娘舅"的角色了。

2005年10月25日晚上,教育议事会主席、秘书长与对外联络部部长(云丰社区王书记)3人代表教育议事会出面协调此事,与当事家长进行了面对面的沟通与交流。

非常有意思的是,现代的家长处理问题选择的地点也很有讲究,认为不应该在学校,更不应该在学生家里,而是选择了一个西式的咖啡厅。接下来是张主席的叙述:

10月25日周二晚上,在伊丽咖啡屋,王书记、邵先生和我三个人去的,结果他们全家除了孩子全来了,蛮重视的。刚开始,他们态度很恶劣,发泄了对学校、对老师的强烈不满。

我们先倾听,同情地说,老师的教育方法肯定有问题。但是说,老师素质差吗,我们说也不差,表现在老师经常放弃自己的休息时间为你的孩子补课,站在老师的角度,老师也在努力,老师是新手,也要允许她成长;新老师也有自

己的优势,普通话好呀。老教师的话,比如我儿子的班,普通话很差的不下 20人,包括我的妻子要求换年轻的。但是我劝她,这个老教师是优秀教师,去年刚评的,肯定有自己的一套比较成熟的教育经验,既然选择了这个学校,就应该相信校长,相信老师,一定会把自己的孩子教好的。

我问家长:你们去学校吵,到底要达到什么目的?家长的要求是:要么换老师、要么换班级、要么换到总部。

议事会不知道学校的底线,但是要了解家长的要求和期望,最后家长的要求是"三个要么、三个换"。问题是"换"的办法似乎是不可能实现,也没有先例。

既然家长得理,要求也就提出来了,那么家长与学校冲突的焦点出来了!

于是,教育议事会的建议令家长非常吃惊——最好换个地区!第四个换!

于是,我们建议最好(孩子)换个地区。因为我们分析给他听:

你的孩子现在很有名了,换老师又不可能,因为那个老师犯了很大的错误吗?没有。给她个处分,对你们、对你的孩子有好处吗?没有,相反有副作用。学校的意见是不会换老师。要么换班级,要么换到总部,你的孩子的情况别人都知道了,换个班级有用吗?(停顿)总归大家知道的,其他老师还会用有色眼镜看你的儿子和你们,更不好。(停顿)所以最好换个地区,离开本地,才会完全不同。(停顿)那么,换个环境对孩子好吗?(停顿)孩子要熟悉新的环境、新的人际关系,所以也不一定好。

这样一说,家长的情绪、态度马上缓和下来了。

其实,最后归根结底,家长的要求是学校、老师对孩子好一点,让孩子的成绩更好一点,让他有相对好的成长发展的环境。

结果咖啡屋的会谈,就演变成了家庭教育方法的探讨。邵杰秘书长更是传授了教育孩子的方法,留下电子信箱地址,准备今后发电子邮件给他们。所以这里的关键就是家长的家庭教育方法问题。

这位家长,在孩子身上花的工夫很多,但是效率很差,管的太宽。我们议事会马上准备邀请幼教节目的主持人,给家长做一个专题的家庭教育讲座,探讨有效的教育方法。

现在议事会作为中间的人,不会维护你和学校每一边。你说,现在你的

想法是什么？

最后家长说，班主任是否认识到了自己的错误？

我们说，人在屋檐下，不能不低头，本质上，你是想让班主任老师关心你的孩子。原来你的要求是要挟老师（停顿），其实呢，这是最差的一种策略，是下下策。另外换一种思路，换位思考一下，如果什么也不换，反而让老师感激你，这多好。（停顿）到现在为止，你没有说过一句老师的好话，全盘否定了她的成绩，实际上老师难道一点也没有关心过你的孩子？不可能的。根据我们的了解，老师在你的孩子身上花了很多工夫的。（家长点头了。）

现在，议事会的王书记出面，找老师谈话，指出老师的教育方法不对，要吸取教训，要坚决改正。对于张海涛，要花更多的精力，把小孩的坏习惯改正。

最后，家长笑了，一开始面孔一直是板一样的，这时候，家长已经表现出一种姿态：原谅老师了。特别是讲到，一些话家长很难讲，议事会可以去讲时，家长就提出要求：儿子有点胖，同学总嘲笑他，自尊心总受到伤害，请老师在班级里教育一下其他同学。王书记说，这没有任何问题的。我们说每个月的家庭教育沙龙欢迎参加，还留下联系电话、地址，为了以后加强联络。王书记第二天一早就到学校找老师谈话。告诫（老师）面子要拉下一点，对孩子关心一点。

以上是对张主席的访谈记录，对于这件事，同样是议事会成员的社区王书记，发挥自己的特长和能量，进行了有效的干预。社区王书记说：

在沙龙结束的时候，张越琼老师要求议事会成员全部留下来，商量一件事。当初我问这个家长是住在哪里，讲是玫瑰苑的，哦，是安丰社区的，后来说到是原来住在208弄，那么谈话更好说了。家长提出换的要求，我认为是不明智的，也是行不通的，没有这个先例，也开不了这个先例。

现在，所有的老师都知道此事，这个家长在某种程度上很烦，换了班主任，也许老师会不理孩子，不管孩子，孤立孩子，这样家长就不好说什么了吧。如果不换老师，这个老师会不会对这件事有看法？不可能的。首先，大家很重视这件事的发展，学校、教育议事会、教育局等方面在关注这件事的处理结果，议事会也会督促这件事；其次，老师年轻，事业上总想上进，不存在报复心理，如果从成绩上、心理上、习惯上对你的孩子确实有促进，而且能够有明显的成效，这个对她的事业也很有帮助，老师不会拿自己的前途冒险。

以后你的孩子尽管来找我，社区就在隔壁，尽量让孩子多在寒暑假参加社区活动，我总比你大点，我的孩子六年级，总比你的孩子大点，有一点经验，不过呢，教育孩子还是要根据自己孩子的性情、特点、爱好等，才能取得最好的效果。

社区王书记从另外的角度，第一从大环境角度，表明家长不是孤立的，有学校、教育议事会、教育局等方面在关注这件事的处理结果，议事会也会督促这件事；第二从教师成长的角度，认为"老师年轻，事业上总想上进，不存在报复心理，如果从成绩上、心理上、习惯上对你的孩子确实拿出教育方案，而且能够有明显的成效，这个对她的事业也很有帮助的，老师不会拿自己的前途冒险"。

这些干脆利落、丝丝入扣的分析，无疑给家长吃了一颗定心丸。

这样，教育议事会的三个人核心人物，既代表家长，站在家长的角度，又代表教育专家或者有教育经验的教师，还代表社区工作者，在整个谈话过程中，鉴于成员各自身份，议事会可以转换多重角色，全方位给家长分析利弊，如果换成学校方与家长谈判，肯定没有这种优势。

显然，教育议事会利用成员多重角色的优势，第一次"做娘舅"还很像模像样，而且一次成功！

这样，实验校区的这个家校矛盾，再也不用递交到上级教育行政部门处理了。

"啃完了最难的一根骨头"，家长方面是做好了思想工作，但是这件事还没有完，必须由教育议事会出面，代表家长的利益跟教师沟通，以真正提升年轻教师的教育水平。

六、这事还没有完

10月26日，在实验校区负责人办公室里，由社区王书记代表教育议事会，跟当事教师做了一次深入的教育谈话。社区书记向当事教师反馈了议事会的处理意见，并提出下一步的工作要求。

应该说，这位年轻教师也是一个称职的老师，就是年纪比较轻。我说，昨

天在家长面前,我也是这样讲,要理解老师那种恨铁不成钢的心情,但是呢,让孩子站了一天,这个行为确实有点过了,不过,这个老师已经写了一份认识之类、检讨性质的材料交给张老师了。我讲,年轻教师,教语文很有水平,但作为班主任要从各个方面提高。现在,校方蛮重视你的,当班主任,你要珍惜这个工作岗位,这件事对以后的工作是一个前车之鉴和督促,坏事变成好事,变成人生的转折点也不是不可能的。

我和你,也是很有缘分的,比你长了几岁,社会经验上估计要多一点,有些教育小孩子的事情可以互相探讨。你拿出一个方案,对张同学,今后怎样教育,在心理上、学习上、习惯上怎样帮教。现在三方在关注这件事的发展,如果将来取得成绩,表明教师的教育有成效,将经过写出来,可以作为一个典型。她也听得进去。

社区王书记这样的评价和谈话到位吗?

王书记首先是站在肯定老师、理解老师的立场上,其次又站在中立的立场上,也不偏袒老师,对问题本身的界定用一个简单的词语"过了",然后从教师发展的角度分析问题,让老师很好接受。

听到这里,笔者由衷地赞美了一下王书记,说她运用了心理咨询的技巧——自我揭示法,拉近与教师的距离,显得非常真诚。老师自然听得进去。

对,我也讲,对待学生也好,对待家长也好,包括对待社区居民,都要付出真诚。

你想,别人在不了解情况的条件下,对我的处理方式有误会蛮正常的,我是宽容、理解,还是报复?报复,以后来来回回,没有尽头,也没有一点好处的;宽容呢,最后会原谅,得到好处。老实说,有时付出不一定得到回报,也不要求有回报。我只是将自己对人生的一些感悟,讲给她听。她蛮听得进去。我对家长也有交代。我也启发老师,提了建议。对于动作慢的小孩,要规定:这些作业20分钟做好,完成了加一个五角星,鼓励他。第二天,15分钟完成,加两个五角星,促进他。这样一个星期下来,很自然地给家长打电话,不要现在就打电话,表扬小孩有很大的进步。请家长在家里也采用同样的方法,家长会很感激的。这样一来,家长和老师做朋友也有可能的。当然,我的方法供参考,也许老师你会拿出更好的方法来。

最后，为了解决根本的问题，为了每一个孩子的健康成长，王书记委婉地提出了建设性的意见。

社区王书记发挥了自己过去在企业中的工作水平，和现在从事社区调解工作积累起来的经验，讲话的技巧和水平符合心理咨询师的谈话咨询技巧。比如，她经常变换角色做思想工作，分析时也经常变换角度，目标当然只有一个，让教师心服口服并拿出实际行动。

王书记希望，老师在教育教学过程中加强与家长的沟通和交流，如果老师能在事发的第一时间与家长联系，表明自己的想法，就能对家长的情感有所弥补。平时孩子的学习过程中，也应该多和家长交流，指导家长培养孩子习惯的方式与方法，让家长能有效地进行辅导，共同提高孩子的学习能力。同时，要求当事老师不要因此事对该学生和家长心存芥蒂，相反，应该更为关注这个孩子的变化，让家长能从孩子身上感受到老师的变化与努力，进而消除成见，甚至成为朋友。为了能更好地帮助孩子成长，请老师将这个孩子作为一个个案研究内容，制定一份详细的帮教计划。

对于事件的处理，张越琼老师认为："作为校方，对教育议事会为此事做出的努力深表感动，也又一次真切地体验到：教育议事会的影响力与强大的协调功能。"

无独有偶，第四次教育沙龙和议事会讨论张海涛事件后，一位议事会成员又单独向实验校区负责人讲述了他孩子所在班的班主任老师向家委会反映，该班级杨同学欺负别的同学，破坏课堂纪律等问题，但是因为家长与老师意见不同，无法妥善解决。

巧的是王书记对此事也有所了解，因为这位学生的母亲正是她辖区的居民，这位妈妈因为儿子成绩不理想经常打骂孩子，事后往往又心痛不已，为此经常来找社区工作人员唠叨。

王书记以她的工作经验判断，这位妈妈的心理健康状况存在一定问题。这是一个新的信息，要让该班的班主任老师，从孩子角度出发，努力去接受这位妈妈的言行，改善家长与老师的关系。

10月份的教育议事会，举办家庭教育沙龙，在开完议事大会后又开了一个议事小会，着手准备处理两件家校冲突事件，直到临近晚上十点钟才结束，

教育议事会的工作效率可见一斑。

广济学校实验校区教育议事会的故事,至此算是告一段落。

教育议事会从组建到试运行,从制定规则到开展活动,从沟通家校教育到协调家校冲突,原先的构想正在转化为现实,一个学校、家庭、社区之间开放、平等、参与、互动的平台一步一步地走向实验校区的全体家长、全体教师和所在的社区。

本节小结:

教育议事会的这个协调功能,还是符合最早的设计者对教育议事会内涵的设计的,只是没有想到这么快体现出来,可以说是教育议事会建立、运行、发展以来的一个小高潮。参与人员在行动中发展并丰富了教育议事会的内涵,设计者、策划者在这些投入行为中更深层次地理解了教育议事会,许多人转变了态度,改变了原来对教育议事会的看法。

事实上,在当前的家庭教育中,存在着家庭教育的高期望和家长教育的低水平之间的矛盾,使家庭教育与学校教育脱节,家校之间不能形成教育的合力。类似事件中,由于不同家庭背景、不同的教育理念、不同的教育方法等各种因素造成,包括教师与家长不恰当、不正确的做法。不能否认矛盾和冲突还会继续出现,教育议事会不可避免还会充当组织者的角色、协调者的角色、仲裁者的角色……

第六节 不言谢幕：台上与台下

本节解密点：

大家对教育议事会有何真实的评价？教育议事会在实验校区正坚定地迈着自己的脚步，它能否迈出实验校区，复制到整个海曙区乃至更多的学校呢？

教育议事会的首批成员，已经成了《人民教育》杂志上的封面人物。这是一出没有谢幕的"演出"，其实它也不应该谢幕。

为"不言谢幕"，我们需要倾听这个特殊"舞台"台上和台下不同的评价声音。

一、部分人的担心

也有人对议事会有担心，比如华女士，她是一位大学老师，教育背景是计算机专业，看问题一贯很严谨，相对来说对各方面要求也很高：

现在议事会还没有发挥真正的功能，因为大家很忙，因为真正做起来，要很多精力，凭单纯几次开会，也解决不了什么问题。议事会与家长、议事会与班级家长委员会脱节，老师很忙，日常工作很多。议事会也只能做一些日常工作。

其实，作为一般的议事成员，议事会干的许多事情她不知道，很多事没有深入参与，比如午餐问题的解决、"小太阳俱乐部"的筹备，包括她自己对教育议事会的宗旨、责任的理解存在差异，加上议事会成员之间的沟通缺乏，结果就是她所说的"忙"字。

无论如何，她的观点也代表了一部分家长的心声。

虽然后来组织家庭教育沙龙，她作为主持人之一，深度参与了一次议事会活动，所以她首肯议事会，不过，依然改变不了她的担心与疑虑。

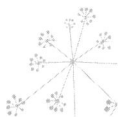

二、张老师的评述

教育议事会另一位关键人物——张越琼（现在她已经成长为一名有创新精神的校长），无论在私人访谈中，还是在公开场合介绍经验时，始终认为：

我作为学校方的代表介入议事会的工作之后，当然收获很多。说到我个人思想的转变。这件事不是我提出，教育议事会是前任校长提出的，可以说完全是"政府"行为，并不是出于我的自觉行为，但既然坐了这个位置，就要担起责任，把事情做好，说实话，虽然也是不得已而为之的一件事，但我发现也确实收到了实效，所以我也是非常乐意做这件事情。

我介入议事会的工作之后收获很多，其一，大量优质社会资源的整合和利用……其二，关系融洽了。老师和家长间沟通渠道顺畅了，关系也就融洽多了。以前与老师相比，家长可以说是一个相对弱势的群体，如果哪个学生学习不好或犯错误，许多老师就会把他的家长叫到办公室来训一顿。后来又走向了另一个极端，家长占了上风，一旦对哪位老师不满意就向上级部门投诉。在我们的议事会里，上述现象都不会发生，因为我们有一个健全的沟通渠道。例如昨天家长轮值时，一位家长向我们反映，为什么某某班副班主任是音乐教师，人家别的班却都是数学老师、英语老师。议事会就向他解释，之所以我们考虑选派这位音乐老师当副班主任，第一点考虑是因为年龄搭配，第二点原因是……最后，家长完全接受了我们的解释。如果没有议事会这个沟通平台，家长有问题没地方反映，久而久之对学校的不满就会越来越多，势必最后造成对学校的完全不信任，学校的各项工作也会很难开展。

目前议事会各项工作运转非常顺利。

议事会的功能：例如，如果发生伤害事故，责任可能在教师一方，也可能在学生自己一方，但家长往往不通过学校而是直接向上级部门反映，这样学校经常是接到上级电话时才知道原来出了这样一件事，这就使学校工作非常被动。曾经出过这样的事，冬天，放学后，学生不回家在外面玩，不小心掉到河里，家长把这事闹得很大，为了平息事端，学校就让班主任老师上门道歉，但严格来说这件事并不是班主任的责任。从此，班主任老师和这位家长之间

的关系就不好，双方一直心存芥蒂，互相猜疑，教师认为多一事不如少一事，家长觉得老师对我的孩子有成见、不关心我的孩子，这些意见在家校联系本上也有体现。于是为了化解双方的矛盾，我们就让班主任主动与家长进行沟通，虽然老师当时觉得矛盾委屈，但是站在孩子的角度上考虑把这些委屈克服一下，然后虽然问题已经解决了，但我们认为解决的还不够圆满，因为有些心结可能在短时间内无法打开。这学期，也发生了类似的事情，家长提出的条件我们学校不能接受，于是我们把事情交给了议事会的主席，让他帮助我们去解决。学校有的话不能说，但是同为家长的议事会成员去说，效果可能就不一样了，家长可能明白如果事情不能顺利解决对双方都没有好处，这些话其实家长都明白但是在气头上就不考虑了，经人适当点拨之后，冷静下来，就明白了双方协商解决事端才是最好的办法。最终，双方皆大欢喜。

议事会目前已深入学校的管理方面，我们有家长轮值制度。就是在学校教师完全不知情的情况下，家长到学校进行全方位观察。昨天活动策划部的部长就来了学校，她不光看了各班级上课情况，还与东方跆拳道馆的老师进行了交谈，了解到了201班的学生以前上跆拳道课不认真，从这学期开始学习风气有了较大变化。此外，对活动课、体育课及学校环境地都做了细致的观察。而教师因为根本不知道谁会来，什么时候来，所以在家长面前都不加修饰地将最自然的状态呈现出来，所有工作计划、上课、下课状态，议事会可以随时来监督，我们也愿意将我们的问题、矛盾、困惑呈现给议事会，使他们能更加理解我们。

成立议事会以后，教师的工作热情提高不少，和我一起来实验校区的一位老师，以前因为和家长的关系总是处不好，不仅影响在学校里的威信，也影响了学校领导对他的看法，成立了议事会以后，他现在与家长的关系非常好，再比如，老师发现有更多人帮助他处理班级事务了。如果家长发现自己的孩子经常在校门口的商店买东西，他们不但能及时与班主任联系，而且会联系议事会成员，让议事会帮助班主任共同解决问题。

学校与社区关系改善了。以前学校和社区之间更多是一种单向关系，一到节日，社区就会到学校来，让学校组织学生帮助表演节目。现在社区可以参与学校管理，例如，上面我提到的学生掉到河里的事情，因为学生家长住在这个社区里，社区主任参与了对家长的调解，并且对这位班主任的工作方式、管理方

法也作了相应指导,这对这位年轻教师的帮助就非常大。不仅社区向学校提供帮助,学校也向社区提供服务,比如开放场地。现在我们学校的舞蹈房就向社区老年大学的舞蹈班开放,而且还是在我们的上课时间,当然这些老人的素质也非常好,如果不是这样,我们可能就会在非上课时间,也许是星期六、星期天向社区开放。下一步我们还与社区逐步商谈开放运动场的事宜。

当然,作为深度参与者的张老师,也向笔者真实袒露了她所期望的议事会今后的理想状态和改进之处:

目前学校的事情太多,我和戎老师在教学工作以外,为议事会搭进去了不少自己的时间,我希望议事会各部门以后可以各司其职,不过我也理解有些成员工作实在太忙,也没有时间完全将精力投入在上面,活动部部长向我提议多吸引全职妈妈参加,因为她们空余时间较多,但实话说,可寻找范围很小。

希望议事会今后可以影响学校的管理层面,虽然目前也涉及了管理层面的某一块,但我认为还不够。实际上,在现行的管理体制下,为议事会所留的参与空间并不多,现在每年的工作计划,议事会已经完全参与,那么我认为评价,议事会也是可以参与的。如果议事会成员不能了解每一位老师的表现和工作情况,参与学校评价,那完全可以先从班级开始,由班级家委会先评价班级任课教师,毕竟作为家长,对自己孩子的任课教师还是非常熟悉的。我们下一步的工作就是探索如何让家长参与评价。其实作为公立学校来说,在许多方面都受限制,如果按照我们最初的设想,议事会可以决定教师的去留、监督学校管理人员的管理水平等,具有更大监督权,但是在现阶段都不可能实现,这也是我的遗憾之处。

三、戎教导的冷静

戎老师是议事会中教师成员代表,她同时又是学生的家长。在访谈中,戎老师非常坦率,对议事会的一些问题和不足,提出了非常有见地的批评意见,中肯、客观的分析可谓一针见血:

议事会成立对学校方作用肯定是有的,最大的帮助是督促作用,无论在轮值过程中,还是家长开放日过程中,以及对学生的生活、家校沟通联系方面的作用都

很大。区别于以往家长只关心个人的事情、自己的孩子,议事会家长成员能够从整体、宏观的角度认识教育问题,联系家庭与学校,很有必要,作用不一样。

至于存在问题,我想:(1)本身制度不完善,对议事会权力的界定,其实也很难,说到底,议事会自己没有什么真正的权力,只能起到督促的作用。(2)许多很好的设想只是提出来,由于没有权力,所以无法真正落实。比如说,家长极其关心的午餐问题、"小太阳俱乐部"的问题并没有解决。这个跟议事会的权力有关,许多东西受到局限。(3)另外,领导的能力问题,议事会成员主动性的发挥,驱动力又在哪里?(4)沟通渠道不多,除了议事会与学校,议事成员之间沟通、议事会成员与班级家委会成员之间缺乏沟通,就几个人在热心,个别家长并不了解也不熟悉。需要改进。(5)议事会利用资源不够,当然跟权限不足有关。联系学校、督促学校议事会做得好,但是联系、利用社会上的一些资源呢?比如四年级教室的多媒体配备问题,比如军训问题。其他议事会参与者太少。(6)议事会关注内容还不够宏观,只是侧重学生的生活、班级管理、家校沟通,关注点还是很局限。(7)议事会与老师的沟通太少。(8)议事会的部门设置还不尽合理,部门工作职责还是不明确,议事成员每个人的积极性还没有充分发挥。调研部和提案部可以合并,网络部除了主席在工作实际没有其他什么人,帖子上传的权限不明确。应设学校教育部。我认为主席应该宏观调控,出思路,秘书长应该组织召集会议,具体实施操作,部门负责人落实。

跟笔者一样,戎教导在课题研究中有多重身份,既是深度参与者,又是家长,意见与建议非常准确。在总体评价上,还是肯定了议事会的作用。

四、旁观者的访谈

王瑶教师是广济中心小学另一个校区的普通教师,一个偶然的机会,她被笔者随机抽到,谈了自己对教育议事会的看法:

议事会好的!一开始不晓得,听学校领导讲,最早是周校长就开始讲了,在全体教师会议上,听听介绍就觉得很好。后来到实验校区,在一年级家长会上,张越琼老师就介绍得很详细,许多家长问这个议事会的网站怎么进去,另外,这个家庭教育沙龙很好。

蛮好的,作用体现在哪里?学校、家庭、社区之间的桥梁作用蛮明显。对教师的帮助也蛮大的。对老师的作用呀,我原来在总部,本学期才调到分部,过去知道实验校区二年级搞过了,班会课家长一起参加,请家长来,利用家长的资源,讲医务、卫生方面的知识。春游也一起帮助维持安全,总部的老师很羡慕,特别是运动会,实验校区401班本来是倒数第一,现在议事会的家长参与现场指导,变成第二名了,这次运动会成绩单出来,前几名都被实验校区包了。

当我向社区干部成员和刘家长咨询他们如何评判教育议事会的问题时,回答很简练。社区成员说:"原来觉得这个教育议事会跟原来的三结合差不多,现在参与了、知道了原来是这样的,整合资源、优势互补,共同提高,确实是很好哦!"

有一位家长只是简单地做了反推理:"应该讲,教育议事会肯定是一件很创新的事,否则领导不会这么重视,教育部也不会这么表扬。"

宁波市教育局关心下一代工作委员会主任、议事会顾问夏明华老先生认为:"家长委员会主要是以学校为主体,家长是配合学校开展工作,是被动的;但教育议事会的提出,是家长作为主体,学校向他们汇报工作。这是个新的起点,是个创新。它跟家长会有着本质的区别。"

五、张主席如是说

非常奇怪地,应笔者采访,要让张主席评价教育议事会时,身为重要角色的他,反而不会说话了,或许是因为感觉已经无须多言。

"这是一件好事。"他总结道,同时认为议事会应保持相对的独立性,处在公平、公正的位置:

我们毕竟不是教育专家,不能干涉学校正常的教育教学活动。

其实,教育议事会不能参与教学和学校的管理工作,因为无资格去评价学校教师的教学过程……老师有他们自己的教学理由和规程,我们不是教师、专家,很难科学评价。

最终教育议事会要得到家长们的认可,要解决一些实际性问题,开展工作要做实事。

他提出的三点思考,也确实很值得深思。

六、王校长的总结

2005年11月,笔者专题采访了王雷英校长。王雷英校长颇有总结性地说："作用么,在许多内容新闻报道中我已经说了。教育议事会这个平台,有助于整个学校的管理,对我个人帮助也很大,能更好地管理学校。家长委员会只是停留在班级管理的层面,而议事会关注的问题就更宏观一点,关注整个学生层面。……比较好:(1)轮值;(2)议案提案方面;教育沙龙;学生的教育活动参与,确实符合教育议事会的宗旨:为了我们共同的孩子。……对于家长,本质上要提高家庭教育理念和水平。家长的参与性大、互动性强,这是与其他家长会、家长学校不同的地方。……目前议事会各项工作运转非常顺利。"

当然,在论及教育议事会存在的问题与提升的空间时,作为特级教师的她,也毫不讳言地说:"(1)议事网的日常更新和维护是个问题,在大家比较忙的情况下,议事网的重要性不言而喻,这是家长提意见建议、学校倾听呼声的地方,方便沟通交流的平台,现在,议事网主页很旧,怎么更新内容?日常维护怎么办?不知道主席晓得吗?(2)各个部门的设置问题,有的设置不仅不合理,职责也不是很明确。"

年轻的校长也客观分析了教育议事会在运行过程中具体的困难:(1)成员参加活动的积极性、主动性问题,第一大家比较忙,其次,可能有思想顾虑,一个是怕自己忙不过来,不能参加,二是怕工作会牵涉学校、家长的利益,所以很难。(2)议事会更多考虑办实事,要够多、够好,数量多、质量好。(3)有些问题,学校无能为力,受到上级行政的制约。比如,收费问题,课程设置问题,教师编制、配备问题,学生活动组织春游哪里去问题,等等。"

教育议事会对学校可能存在的麻烦或者弊端,她更实事求是地评述:

当然增加了教师压力!比如这个轮值的制度,议事会的成员走来走去,监督力度大,接下来关注课堂,要随堂听课压力更大。议事会的舆论也很有压力,议事会网的意见,是一种无形的压力,很开放、很直接、很尖锐哦,虽然有的家长不了解情况。工作量是肯定增加了。包括学校领导、教师的工作量。

七、众媒体的报道

《浙江教育报》曾经发文——《海曙区被评为现代学校制度实验研究全国先进实验区》《海曙区首创教育议事会制度"在中国教育史上很了不起"》,报道教育议事会制度实验研究最新进展与取得的成果。

2005 年 6 月 15 日《现代教育报》第 7 版整版刊登了记者谢凡采写的《"政协"走进小学校:探访浙江省宁波市海曙区广济中心小学"教育议事会"》一文。

现在任职于核心期刊《中小学管理》杂志的谢凡评论道:这种尚属全国首例的教育议事会(以下简称议事会)被称为专管学校办学的"政协",是现代学校制度的新模式。如今,作为学校与家长、社区沟通的一个平台,它正在发挥着越来越重要的作用。

《"政协"走进小学校》文章从"参政议政",行使权力;"议""监"统一,深度参与;开放办学,教育民主化等三个方面,对教育议事会进行专题报道。文中,谢凡论述道:"根据章程,议事会的职能是'参政议政',主要行使以下权力:对学校工作进行评议,提出改进学校工作的意见建议;对学校的工作思路、培养目标和其他重大事项进行决策及监督、指导和咨询。它的功能定位在'监督、协调、促进'。副校长陈老师说,'教育议事会'其实是对学校办学重大事务进行咨询和审议的外部监督组织。"

报道的最后,引用了时任中央教科所科研管理处处长陈如平博士发表在《人民教育》中的文章:

该举措体现了民主办学、开放办学的全新理念,将议事会定位于"政协"功能,这是一种巧妙的制度设计,从实际效果看,教育议事会在这方面已经取得新的突破。具体而言,这种新的学校管理机制包括五个方面。

第一,参与机制。从教育议事会的人员构成看,虽然仍是家长代表占多数,但已超越家长委员会的范畴,而以利益相同或相近的社区成员为标准,参与人群大大扩充。

第二,合作机制。教育议事会是以合作为基础建立起来的,其原则是,所有参与者享有平等权利,维护共同利益,承担共同责任,完成共同目标。

第三,竞争机制。参与合作并不排斥学校成员之间健康的、正当的竞争,学校管理者应建立有效的竞争机制,鼓励并促进这种竞争,以推动学校成员和学校共同发展。

第四,制衡机制。(略,见报道)

第五,法治机制。现代学校制度应特别重视依法治校,可以通过制定学校章程等形式,将学校发展的大政方针和基本思路明确规定下来,以确保学校的全面、和谐与可持续的发展。

当然,教育议事会仍有许多亟待解决的问题和尚待改进、充实与完善的地方,但它作为一种制度创新,我们应予以积极的肯定。我们相信,这种尝试将会结出更为丰硕的果实。

八、专家们的观点

总课题组的副秘书长,中央教科所的李继星很了解海曙区实践的脚步,他这样评价:"海曙区的教育议事会在现代化民主管理制度上有所突破,关于现代化民主管理制度的探索,中国有 10 多个区域在进行,海曙区的模式一直稳步前进,走得很稳健,它调动了各个群体的积极性,也比较适合中国的传统文化,适合中国集权文化向民主法制文化转型时期,它的模式不保守,适合农业工业社会向信息社会转型的需要。"

时任教育部巡视员的郑增仪,在走访了海曙区之后表态:"我们的课题已经在海曙区取得成功,并且为其他实验区、全国现代学校制度的建设起到一个示范的作用。只要我们在突破口上有所建树,真正地把我们的制度从民主方面,再在其他方面逐渐扩大战果,建立起既符合我国国情,我国教育的实际情况的,又具有中国特色的现代学校管理制度。"

时任华东师范大学教科院院长的丁钢,手把手指导海曙区课题研究,提出这样的结论:"基础教育是全民教育,但是中国目前的状况是全民教育和全民社会脱节,现行的教育制度很难回答校长到底对谁负责和教育到底受谁监督这些问题,全民教育和全民社会的链条断开了,学校和家长会的关系是利益关系,学校的目的只是想让家长有钱出钱,有力出力,提供资源,只是单项

的服务。海曙区的教育议事会是在这样的背景下产生的,实际上目前的学校教育事务管理,好比是一个黑箱,校长只对教育局长负责,社会上没有监督,海曙区的教育议事会通过多种沟通方式把盖子打开了,这是一个很了不起的举措!"

在考察了海曙的现代学校制度建设后,总课题组长、时任中央教科所所长的朱小蔓认为:"海曙区的实验项目不是写几篇文章,去摘抄写些什么论文,它是要通过实验找到我们中国在自己这个特定的时期里所产生的本土化的经验,找到本土化的办法,最后在历史上可能是流芳百世,这是鼓舞大家也鼓舞我们的。什么叫流芳百世? 流芳百世就是要留下好的历史痕迹,中国 21 世纪初现代教育制度是这样讨论的,宁波市海曙区就是这样来处理:政府在政策上、投入上给学校既支持又有控制,在支持和控制上保持一种很好张力,这样的一种方式就是海曙区创造的。"

本节小结:

尽管教育议事会的作用已经显现,但是议事会的不足与问题也是明显的,主要的原因是作为新生事物,所有人都没有经验,包括设计策划人员和执行人员对它的认识均有不足,例如在推行过程中宣传不足,议事会成员时间投入不足等;其次是因为没有配套的保障机制,驱动力与后劲也是靠自发维持。

虽然,广济的教育议事会不很完美,特别是在运行中也存在很明显的问题。 但是这些问题有的是环境的问题或者设计本身的问题,有的则是操作层面上的问题;有的问题完全可以改进或者改正,有的问题确实值得思考和探讨。

所以,教育议事会的成员说,我们不会谢幕,这个"舞台"上,包括所有参与人员还在努力实践与探索,特别是新学期开始,关于教育议事会参与学校教育教学管理的内容、途径、方式等。 关于教育议事会制度,我们将上下而求索……

第三章

解密——校长担任主席的教育协作理事会

本章解密:达敏学校是怎样的一所学校？为什么达敏学校要成立教育协作理事会,而不是教育议事会？为什么由校长担任主席？成立教育协作理事会的过程遭遇了怎样的艰难？后来又取得怎样的成效？有何证据来证明其效果？

据不完全统计,目前中国的智力异常儿童数量高达 300 多万。政府认为普及智力异常儿童教育是高质量、高标准普及九年义务教育的重要组成部分,特殊教育成果也是一流城区、一流教育的重要标志,因为这一特殊群体综合素质的提高,有利于中国国民素质的整体优化。

虽然,各级政府对特殊教育的重视程度一再提高,但毋庸讳言,中国社会整体的重视程度还有待提高,特别是普通人对特殊人群的无形歧视和偏见,使得他们还处于"被遗忘的角落"。

与普通学校不同,作为一所特殊教育学校,宁波市达敏学校发展的每一步都极其艰辛,能够得到的社会有效帮助非常有限;但是,学校教育教学的每一个环节,仍离不开社会的支持和参与。"教育协作理事会"在此背景下应运而生,可以说,达敏学校成立教育协作理事会,既不靠行政指令,也不是赶时髦之举,而是为促进自身健康发展所走的一条必由之路,是特殊教育学校的一个必然选择。

在这个意义上,达敏学校成长为"中国样本"很具代表性和研讨价值,达敏案例所呈现出的理念和模式,不仅仅代表了达敏学校自身,也为处于与达敏学校同样生态环境中的学校提供了一些有益借鉴和相关启迪。

因此,完整、生动、真实地叙述达敏学校的故事非常有必要。

第一节　一步之遥：从排斥到接纳

本节解密点:达敏学校成立教育协作理事会的外部原因。作为特殊教育学校的达敏学校,有哪些跟普通学校不同的难言之隐?

达敏学校始创于 1987 年,是宁波市区唯一的全日制义务教育特殊学校,招收对象以智力异常儿童为主,学生多年来一直维持在 100 人左右。

自学校成立的三十多年里,从一个原来不为人所知、默默无闻的特殊学校,到现在成为深受社会各方关注的中心,乃至成为中国的"特殊教育样本",其中的酸甜苦辣、泪水与欢笑,局外人根本无法体会。

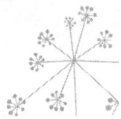

一、无形的墙：居民的非难和敌视

2003 年,为了进一步改善特殊教育学校办学条件,海曙区决定将达敏学校从原来的双桥街 19 号搬到孝闻巷 48 号(原孝闻街小学)。

可是谁也没有料到,学校还没有装修好,学生还没有开学,各种矛盾和冲突就已经很尖锐了!

学校周围居民的排斥和敌视,学校内部教师的不安和畏难情绪,以及家长对搬迁一事的强烈反对等不稳定因素汇合,使学校陷入了一种史无前例的困境!

在搬迁过程中,一些社区居民对学校百般"刁难",绞尽脑汁地使出种种手段,希望能将学校"赶走"!

1. 垃圾掀起风波

时光倒流。学校还没有正式装修时,因为一些垃圾就可以掀起很多场风波,这居然是当时达敏学校需要面对的主要困难。

有一天,刘佳芬校长接到社区电话,告诉她有居民向社区反映:"瞧瞧,外面垃圾堆那么高,学校太不讲卫生……"

于是,刘校长就与社区水书记一起过去,察看所谓的"垃圾",仔细一看,发现都是居民的琐细食物之类生活垃圾,这说明居民投诉的垃圾问题,实际上与学校根本无关。但是,为了社区整体的干净,学校仍然默默地将其清理掉了。

为了给智力异常学生营造一个更良好的学习环境,学校决定对原来的楼房进行一番整修。当然,装修不可避免地要进行一番敲敲打打,对周围住户造成或多或少的影响。

随后,居民又打电话向社区"告状":"学校装修那么脏,灰尘会影响到居民生活,现在又是'非典'时期,必须及时清理。"

于是,每天晚上学校总务主任都要组织车辆,将校园内仅有的一点点砖瓦、木屑等建筑垃圾及时清理干净。

对这些非分的要求,虽然学校以德报怨,采取隐忍的态度,但还是明显感

受到了居民和学校学生之间已经产生了一堵无形的墙。

那堵无形的墙，其实是对智力异常人士的歧视和根深蒂固的偏见态度，学校靠隐忍的方法，可以轻易拆除"无形的墙"吗？

中国有句老话说"一波未平一波又起"。此话所言非虚，在搬迁过程中，可以说学校是大事、小事一起出，麻烦事一桩桩接踵而至。

2. 一封没有被投递的人民来信

在搬迁之前，某些居民费尽心思想把学校从社区里赶出去；在搬迁之后，装修过程中，某些居民依然极力无理闹腾，学校和社区居民的矛盾就这样一点一滴慢慢累积，一步一步地不断激化，有些矛盾甚至已经升级成"严重冲突"。

而这些冲突仅仅依靠学校自身力量，已经远远不能解决。

终于，有一天长期郁积的矛盾爆发出来了——一些社区居民联合起来不让工程队装修，还有一些人写了人民来信，上交到社区，想把学校赶出社区……

面对如此恶劣的生存环境，学校一筹莫展，考虑到如果执意继续装修，将会把学校推到社区居民的对立面，将不利于学校今后工作的继续开展，因此只能寄希望于社区，希望社区干部出面为学校解决障碍。

于是，学校就找到了孝闻社区的水书记，本来是寻求帮助，结果却发现了"一块砸自己脚的石头"：一封状告学校的人民来信。以下是笔者进入社区对水书记的访谈记录：

在帮助学校协调解决问题的调解过程中，我了解到当时有两部分的居民对学校搬迁和装修提出强烈的不满。一是弄里的50多户老同志；二是矮平房的居民们。矮平房的同志理由很简单：呆头（傻瓜）来了，不光装修烦死了，日夜不安宁；只要呆头来了，其他事更加烦了。而那些老同志则主要有两个不安：不安宁和不安全。学校装修声音太吵了、太烦了，影响居民生活，使人日夜不得安宁；其次为了装修搭的脚手架影响了隔壁居民的安全，方便小偷随便爬了。而人民来信的内容就更直截了当：达敏学校的装修太烦、太吵，影响居民生活，居民烦死了，而且学校不能搬到这里来！！！

装修对居民生活造成一些影响的事实客观存在，这一点谁也不能否认。

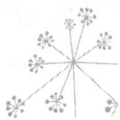

但是,是不是这种困难就不能忍受、不能克服,一定要把学校赶出去才肯罢休呢?

实际上,其中大部分人的理由都不是站在客观角度上提出的,而是一种"先入为主"或者"世俗"的观念在牢牢影响着他们,因此必定要"灭之而后快"。

手里捏着这封人民来信,我心想:"到底怎么办?居民把信交给我是让我寄出去,但是,我已经向达敏学校做出了承诺,向他们保证要帮助他们妥善解决这件事。况且,就是信寄出去,还是要转到下面来,最后还是要社区出面去解决的。"考虑到这些,我认为最好先在社区层面把事情解决。

于是,我马上行动起来。首先要进行的工作是要和那些老党员商谈。由于我刚调来,还不认识这些老党员,就先召集在居民中有号召力的三四个老干部开会。我对他们说:"我党龄不长(跟他们老同志比),讲话不大会讲,能力也不高,很需要老党员、老同志的帮助。"

"书记你讲话很实在。"

听了这句话,我非常高兴,觉得已经靠近目标了。

接着,我又进一步解说:"达敏学校是一所重点学校,也不能随便说搬就搬。肯定政府部门协调过了。搭脚手架确实对我们居民不安全,不过这是暂时的,希望大家帮忙做一下居民的思想工作。"

"工作很难做。"这些老党员马上回答。

因此,我向他们说明学校搬到本社区以后会给社区带来的种种好处:学校、社区要互助沟通,校长已经跟我说,学校有很好的会场,将来我们社区搞活动好用,学校的全部资源会向我们社区开放,以后只要是我们社区的居民到学校活动,学校会打开大门欢迎我们,不会收取任何费用,使资源与社区共享等等。最后,老干部们表态:"很难,三天后给你答复。"好了,其实老党员回去肯定做工作去了。我非常肯定。

从对水书记的访谈中可以看到,起初,这些老干部对达敏学校的到来也不欢迎,态度非常犹豫,开展工作不积极。同时也可以看出,水书记对社区工作非常有一套,方式方法非常到位,解决问题能够切中要点,抓住主要矛盾,适时出击。

学校与社区的互动,不仅体现在学校利用社区资源开展教育教学工作,

联合社区力量共同对学生进行教学活动,提高学习效果,也表现在社区可以利用学校各方面的设施包括硬件条件如操场、图书馆,以及软件储备例如高水平的师资力量等为社区建设服务。从这一点上说,学校与社区互动,双方会相得益彰。以下是水书记的回复:

果然,三天以后,他们进行了答复,答应学校可以继续装修。另外,居民们也向学校提出了一些合理要求,比如:泥水工随地撒尿很不卫生,要制止等。

面对居民们的通情达理,我也代替学校向他们做出了承诺:(1)尽量快点装修;(2)鉴于这些泥水工随地撒尿的现象,要保证民工素质,会解决他们的如厕问题。

任何事情的解决,需要当事双方的共同努力,不仅需要社区居民站在学校的立场考虑问题,学校也懂得适时退让,才能使分歧圆满解决。

3. 我要到法院去告你!

本以为麻烦就此过去了,一切都会风平浪静,学校的各方面工作恢复到昔日井然有序的局面,但随后发生的一件事,又让学校陷入矛盾的漩涡,站到了被众人指责的"风口浪尖",成为一些社区居民的攻击目标。

过了几天,一位约七十多岁的老大妈突然来到学校,对门卫师傅说要找校长。她住在学校后面一排的房子里,门卫师傅问她找校长有什么事,可她就是不说,只说一定要见到校长,事情也只能对校长说。

一见这种情形,门卫师傅就先给学校的陆教导打电话,让她先过来接待这位来访的大妈,但无论美丽温婉的教导老师如何追问,老人就是不说。无可奈何之下,教导老师只得给校长打了电话。以下是对校长的访谈:

在学校的接待室,当我询问老人到底有什么事的时候,老人说:"你们学校在装修的时候为什么自说自话加高了房子,把我们后面几幢楼的阳光全挡住了。还有,装修声音太吵,太响了,我有严重的心脏病,一听到"咚、咚"的声音,心就会"扑通、扑通"使劲跳。你这个校长是怎么当的,搬家也不好好找地方,怎么就搬到这里来了,这里本来就不能做学校。我告诉你,后面住的都不是普通人,他们对你们学校也都很有意见,如果你们学校再不终止装修的话,我就要到法院去告你,你就等着接法院的传票吧。

听到了老人的话,我心中感觉非常委屈和无辜。

实际上，这个情况我完全了解，学校在进行装修的时候，并没有对原来楼房的结构进行过任何改动，不存在没有经过有关政府部门的批准就擅自加盖、加高教学楼高度的事情。并且，为了慎重起见，学校在刚搬进来的时候还特地拍摄了楼房的原始照片。只要对照一下，就可以发现这幢楼原来和现在的高度是一样的。

而居民们这么说，主要原因就是因为不了解学校，不了解学生，固执地认为我们搬到这里来就会对他们的生活造成不好的影响。

于是，我就对她进行耐心解释。但她却说："我不管什么图纸和照片，如果你们再不停止施工，我们后面所有居民会联名到法院去告你！"

听了她的话，我也只好对她说："告谁、不告谁是你的权利，你要告我就尽管去告好了，但是如果你要说我随意加高了房子就要拿出证据，没有证据就不要随便乱说。"

"明明加高了房子，还死不认账，如果你们不拿钱出来补偿我们，那住在后面的居民就都要到学校来和你闹！"

结果下午三点，她果然就带了一个男人气势汹汹地到我的办公室来指责。面对这样的情况，我还是心平气和地与他们讲道理，他们也没有证据证明房屋高度变了，这两人就气呼呼走了。

当然，法律最重要的一点是讲究证据。可能他们自己也明白这一点，所以，这个事情也就不了了之了。但面对如此的捏造事实，刘校长心里的委屈、愤懑可想而知。

任何学校在装修过程中都会对周围居民造成影响，这不可避免，然而需要反问的是：所有学校都会面临类似达敏学校遇到的这么多问题吗？居民的意见都会这么大，矛盾和冲突都会这么激化吗？

如果今天要搬迁进来的不是达敏学校而是一所重点学校，居民的表现又是怎么样的呢？

一场装修风波就此平息了，经过了这件事，学校和居民间似乎也慢慢开始了解和熟悉，关系有所缓和改善。

刚搬进新校舍的第一个星期，学校的装修工程还没有结束，只有教学楼可以使用，而操场和大门仍旧处于整修状态。

老师和学生们只能从一个临时的侧门进入学校,而这个侧门也不是我们平时所说的实际意义上的门,它非常破旧,地上全都是泥土和砖块,学生们只能踩着一块木板一个个排着顺序走进校门。

考虑到学生的安全问题,每天,刘佳芬校长就和值周老师在侧门边迎接学生。

那段无序而杂乱的日子,虽然持续了很长时间,但和周围居民的关系应该说还算是"比较良好",双方的情绪都很"冷静"。但那只是"暂时的平静",就像是暴风雨来临之前天空的寂静无声,使人产生了看似非常祥和的错觉,实际上,更严重的事端纷至沓来。

4.这些学生应该带到山角里去!

九月底的一天,学校大门还是没有完全造好,早上大家还是和往常一样,由校长和值日老师在侧门旁边迎接学生,等学生全部来齐之后,就准备各自回办公室了。

这时,就听见从不远处传来一阵女人尖利的叫骂声:"这些学生都是神经病! 应该带到山角里去! 不能在这儿! 我们这儿的风水会变坏的!"以下都是笔者对刘校长的采访记录:

只看见一个大约四五十岁的中年女人在校门外指着学校的方向大声指责。值班的田芳老师听了这些话很生气,马上走上前和她理论:"你怎么可以这样说的,他们也是人啊。"其他老师也很气愤,王老师就认为:"这些居民的这种行为我非常不理解,对他们歧视智力异常学生和老师的行为感到很愤怒!"

那个指责的妇女就和田芳老师吵了起来:"你们看有这样的学生就有这样的老师,也是神经病,不让你们搬进这里。"听了这些话,我的感觉不仅是气愤,更多的是非常难过。一方面居民看不起我们的学生,另一方面他们更看不起我们的老师,虽然这种状况目前还是有所存在,但是我看到和听到他们直接在说我们的师生,那是我绝对不能忍受的。

于是,我走了过去,站在那个女人面前说:"这位阿姨,你也是一位母亲,扪心自问,这么骂这些孩子,你良心上过得去吗?"

听了我的话,这个女人接着说:"你们老师也是神经病,一群神经病学生

和神经病老师。"

那个时候，我非常恼火，但并没有发脾气，而是强忍住火气，和那个女人讲起了道理。"你现在是不了解这些孩子，如果你熟悉了他们，了解了他们，就会发现这些孩子其实非常纯朴、非常可爱。再说，家里如果有这样的孩子，做父母的已经非常痛苦了，你怎么可以再往他们的伤口上撒盐呢！你骂老师我可以不和你计较，但是如果骂我们学生，我就不会忍耐下去。"

在一旁围观的社区其他居民听到双方的争论，应该说，孰是孰非已经非常清楚了，于是都走了出来，纷纷上前指责那个女人无理取闹的行为。

看那么多人都在说自己的不对，这个女人就红着脸无趣地走了。校长刘佳芬忍着自己的愤怒情绪，拍拍田老师的肩膀，也劝老师们散了。

二、苦涩的心：老师的委屈和留恋

客观地说，居民普遍还是有一定的素质和思想觉悟的，对这些特殊人群也有抱同情态度的。但是，往往少数人的某些过激言语或行为，就会影响众人的价值取向和社会风气，因此，提高全民素质，树立正确的社会意识，提倡良好的社会行为，在今天这个价值取向多元的社会中就显得尤为重要。

当我气还未消，刚进办公室，电话铃就急促响起来了，一听是说昨晚住宿的学生在房间里吵闹，影响到他们的休息。

接到这个反映，我马上向学校后面房子住着的居民核实情况，一共访问了三个居民，当我问道"我们学生昨天晚上有没有大声吵闹，影响到你们休息"时，他们都非常吃惊，"学生已经住过来了？我怎么都一点也不知道？"我又再三追问学生有没有影响到他们，他们都肯定地表示说"没有，一点也没有影响到我们，我们休息的都很好"。看来那个电话是有意来阻挠我的，但是从此就再也没有接到这样的电话。

目前，虽然有"国际助残日"等节日，社会舆论也在不同场合大力宣传和呼吁公众要爱护残疾人，要关心和包容他们，使他们体会到社会的温暖和关怀。然而，坦率地说，即使在沿海地区大多数人的内心深处，对特殊人群的歧视心理还是根深蒂固，很难轻易消除。

根据达敏学校的教科室主任田芳老师所做的一项调查：在她任教的班级里，只有3名学生曾经去过宁波著名的CBD——天一广场，而被普通孩子视为寻常之地的"肯德基"，竟然全班没有一个学生去过。

智力异常的孩子的父母往往承受着精神和肉体上的双重打击，担负着来自社会、家庭的多重压力，不仅有沉重的经济负担，更多的是背负着严重的心理压力。周围人对他们投射的"目光"常常让他们感觉"不好意思"，甚至有些"无地自容"。这目光中不仅包含了同情和怜悯的意味，也掺杂进了一丝嘲笑和轻视。经常有些家长为了避免成为众人的"笑柄"，而将孩子关在家中，从来不带出去活动，使孩子不了解外部世界，处于"与世隔绝"的状态。

达敏学校是一所特殊教育学校，国家专门为从事特教的教师颁发了特殊教育津贴，教师工作的辛苦及承担的压力之大可想而知，除了职业的压力，更重要的是要面对旁人挑剔和鄙夷的眼光。

必须承认，长期以来，智力异常学生在大众的印象中都牢牢被刻上"傻瓜、呆子"的烙印，不受尊重，经常遭人耻笑，他们已经习以为常了，而对于教这些学生的老师，也总会有许多人用世俗的目光审视，认为"他们是普通学校进不去，正常孩子教不了，才去教这些智力异常学生的"。"学生是笨蛋，老师也好不到哪去，肯定智力也有问题。"甚至有些社区居民为了达到赶走学校的目的，就当着学校老师的面，用一些非常恶毒的言语来辱骂他们。

如此这种，对特教学校老师来说，很多是难以承受的，他们经常说的一句话就是"教学上无论多么辛苦，我们都不怕，最怕的就是别人的不理解"。

接到学校将被拆迁的消息，是我在达敏学校工作的第一年。就在这短短的时空中，校园每天记录着我吃、住、工作、生活的状况，每天见证着我点滴的成长与进步，囊括着作为新老师心中的全部喜、怒、哀、乐。这恐怕是不住在学校的老师及在这里工作了多年的老教师所不能体会到的。这里不仅是我脚步的停留地，还是心灵的栖息所。所以每个晚上，即使宿舍被新兴大酒店的华灯照个通彻，我也能安然入眠，因为这里就是我认定的家！

有时候也会觉得我们的校园有点狭窄，甚至客人来了，还会有"没什么地方好参观"的尴尬，但就是这"小"，才便于我们对智力异常孩子的管理，放眼一看，他们都在你的眼前，省却了许多担忧；虽然它也渐渐变得陈旧，却是由

海外华侨捐资建造,有着丰厚的可追寻的内涵与历史,也与我们的性质一致,这是一片充满爱的热土啊!

对于学校情感尚浅的我,都不能接受学校搬迁这一事实,何况那些与学校同风雨、共命运,将一辈子的心血、时间、精力用来呵护校园、学生的老师的心情呢?每天萦绕在身边的快乐的氛围,精心培育出的融洽的师生关系,家一样的闭眼可数的一花一草一木,触手可及的一杯一桌一椅……"舍不得",应该是这个时候每位达敏人的心情。

不知从什么时候起,大家都沉浸于对学校后面的孝闻街(小学)搬走后,我们达敏将打造新校园的憧憬中。有了一流的地理环境,加上宽阔、崭新的新校园……这个梦想成为泡沫了,怎能不失落?

以上是达敏学校王老师的一段日记,袒露了一个新教师的心迹。

达敏学校原来所在的位置,前面是大酒店,两边就是主干道,不仅交通非常便利,而且不需要和周围居民打交道,而现在却要搬到一个对他们明显存有歧视态度的社区中间,两者巨大的差别使老师们较难承受。同时,也不免有着对未来职业不确定因素的担心和怀疑。

事实上,搬迁一事不仅在校外引起"风波",在学生家长和教师中也有一些不同意见,遭遇过阻力。许多家长不同意学校搬迁,他们认为原来学校在西门口,有许多公交车,接送学生上学放学很方便,而现在只有一辆公交车到学校附近。无疑,这给学生和家长来说增添了很多负担。同时,不少教师也对学校搬迁反应激烈,也认为学校就是不应该搬。

根据马斯洛的需求层次理论,受人尊重和自尊是人的基本需要之一,只有受到别人尊重,个体才会感到自身存在的价值,才会有自尊心和自信心,甚至才能体会到生活的意义。而特教老师付出了努力,甚至在付出比别人更多的辛劳之后,却得不到一丝认可、一点支持,得到的反而是无穷的奚落和埋怨,老师们已经非常委屈了。加之,周边环境又突然发生了变化,他们不可避免会产生一些消极想法,其中既有对过去稳定生活的留恋,又有对新环境的适应性困难。

三、"压力山大"：刘校长居然哭了

其实,不仅是普通老师会有想法和委屈,就连刘校长也会有一种很强烈的失落感,也承受了很大压力,甚至想过要放弃。

虽然学校面积增加了,但装修前破败的校舍、简陋的陈设,依然狭小的空间,以及恶劣的人文环境,这样的教学硬件如何能促进学校发展? 如何能为智力异常学生营造良好的学习氛围?

当接到教育局的通知,知道要我们搬迁到一所老学校去以后,我一个人偷偷地跑去孝闻巷——呈现在我眼前的是出租的浴室、印刷厂……留下的一地痕迹;其他摇摇欲坠的几套旧房子也半塌在那里……

熟悉孝闻巷的人都在描述那里的环境:一排排破旧的老房子、中医院每天飘出的中药味……学校是在居民区里……是将老校舍翻新……不能扩建,搬到这样的环境里,怎能不灰心呢?

学生到陌生校舍后将有怎样的恐惧,居民看待我们的学生将是怎样的眼神、对待老师将是怎样的态度? 想到这些又怎么能不担忧呢?

白天在学校,我体验着被社区居民排斥的尴尬,面临着智力异常的孩子到陌生环境后难以适应环境的困难,看着教师们企盼我能让孝闻街小学另选地,而能让我们留下来的那种既希望又不信任的眼神,我只能强装轻松、挂着笑脸面对全体……这些情绪混杂在一起,凝聚成了巨大的压力,让我难以承载!

晚上回到家里,想着现实社会对特殊教育事业和残疾学生的关爱还有待提高,整夜整夜不能入睡……晚上想好了很多条途径,比如天一亮就去教育局找领导汇报,要另选校址;又比如送上辞呈,还是去做普通教师吧;不管了,要怎么样就怎么样吧……天亮了,擦干眼泪,照常上班,照样满脸笑容,照例热情接待,哎,路还是要走的。

任何人都没有想到,从来没有一所学校的搬迁,会遭遇如此众多风波,也正是这些搬迁风波折射出社会偏见和特殊学校学生之间有一堵无形而又确实存在的墙。

面对学校搬迁过程中连续出现的一桩接一桩的问题,尤其是与周边居民的尖锐冲突,学校领导班子陷入了沉思:矛盾不解决,学校今后工作要顺利开展,毋庸置疑是不现实的,因此,化解纠纷、缓解乃至解决矛盾,已经成为学校工作的当务之急。

那么,对达敏学校刘校长来说,其工作的重心,首先就是要消除社区居民的抵触情绪,那么如何才能改变居民落后的理念、化解这些消极的情绪呢?

必须使出浑身解数,使学校完全融入社区,从而使居民能够尽快了解和接纳特殊学生与特殊教育。

本节小结:

建设一所现代学校,必须有一个很好的外部生态环境,尤其是特殊教育学校。虽然政府给予达敏学校校舍、经费的支持,然而,搬迁后的达敏学校没有这样一个社会外部环境,反映了当时人们的普遍心态,但被冠之以"中国样本"的达敏学校最后成功逆袭,影响乃至改变社会认知。

第二节　艰难教改：瓶颈求突破

本节解密点：教育协作理事会成立的内部缘由。普通学校十年一轮教改，特殊教育学校需要改革课程教学吗？达敏学校的教改之路，学校内部、教师们改一下就可以，为什么需要教育协作理事会呢？

一、生活教育：教育究竟是为了什么？

是的，路总是要走的，面包也是会有的，如果你够努力、够用心。

不知道从何时开始，居民们发现了并不起眼的诸多变化：比如长长的横幅"特殊教育是全社会的事业"在学校门前出现了；双休日，装修一新的达敏学校还敞开校门，欢迎居民利用操场、图书室、礼堂等设施开展活动；进入学校以后人们发现还真不错呢，打球有了地方、厕所很干净；教师们洋溢着笑脸，很热情很主动地打招呼，特别是校长很有气质，电视上还看到过学校被市领导慰问呢；达敏学生看着很单纯，整天叔叔好、阿姨好、奶奶好、爷爷好，这样叫着也怪亲热的呢……

确实，要改变别人的观念，首先要改变自己的心态和行为。

学校首先改变自己形象，要求老师重视师德、师风，注意穿戴整洁、大方美观等，要求老师和学生在路上看到居民后都要热情问候，尽量要给居民留下正面良好的印象。

在学校的不懈努力，以及社区干部的全力配合下，居民和学校之间的冲突趋于平和，关系也趋于缓解，此后也并没有出现过大的纠纷。

如此看来，学校的生存环境似乎已大有改善，今后如果要开展什么活动，实施任何措施也一定会顺风顺水，但情况的确是这样吗？

从达敏学校开展教学改革之路开始观察：

在探寻达敏学校开展教学改革的轨迹，寻找他们成功原因的时候，会发

现 1997 年是学校的一个转折点。在那一年中,学校成功地进行了历史上的第一次教学改革——分层教学与单元教育相结合的研究与实践。

而促使对这一课题开展探索与实践的关键因素,其实是对一个简单问题的认真思索。

1. 会算"1＋1 等于几"重要,还是会洗脸重要?

1997 年,海曙区教育局公开招聘达敏学校校长,象山人刘佳芬就参加了竞聘,并成功胜出成为达敏学校的校长。8 月 24 日,在区教育局组织人事科科长和学区校长的引导下,刘佳芬第一次来到学校和老师们见面。这时,科长就问旁边的几位老师:如何来评估这些智力异常学生的教学质量?

从那一刻起,怎么去衡量、评估智力异常儿童的教学质量呢?这个问题一直盘绕在出身普教事业的刘佳芬校长的脑海里。以下都是笔者的采访记录:

有一天,大约是下午四点钟,学校放学了,我因有些事情要和一位老师商量,就准备去她的办公室。当我走到一个班级门口的时候,突然发现还有一个大约二十岁的学生在桌上写作业,班主任坐在前面陪着他写,于是我走进了教室,问班主任为什么这么晚了还不让学生回家,话还没说完,老师就开始向我连连诉苦,"校长,这个学生也太难教了,都二十几岁马上要毕业的人了,1＋1 等于几,就是搞不清楚,你说这以后要是离开学校他们该怎么办"。听完这番话,我低头看看这个在她眼中无疑是"差生"的学生,没有回答她的问题。

难道这些智力异常学生知道 1＋1 等于 2 就可以在社会上独立生存了吗?这些知识对他们的未来到底有多大的作用?就算学生掌握了这些知识,未来的路就一定平坦顺利吗?特殊教育的培养目标到底是什么?学校到底要教给学生什么才是这些智力异常儿童最需要的呢?

为此,我进行了一系列的调查走访,其中就有一部分是关于学生生活能力的调查,当我到一个学生家走访的时候,却发现这个快要毕业的孩子,还要爷爷奶奶帮他洗脸、刷牙。我感到非常奇怪,就问老人,孙子已经这么大了,洗脸还不会自己做吗?老人回答,一直都是这样的。不是爷爷奶奶就是外公外婆帮助,反正孩子一个人肯定是干不了的。回学校的路上,那一幕始终在我脑中盘旋。

九年教学训练后连穿衣洗脸等基本的生活技能都还不会,引发我们思考的是:培智学校教育应该是哪一种教育? 培智学校的教育为了什么?

为什么学校培养了这么多年的学生,连类似刷牙、洗脸这些小事还不会做,学生的生活能力这么差,难道作为学校就不要负一点责任吗? 培养必要的生活能力,提高他们的生活品质,难道就不是特殊教育的培养目标吗?

2.以生活为核心的教育与分层教学

通过观察、了解学生后,学校提出了"以生活为核心"的教育理念,从而积极开始了"生活教育"教育改革,并开始了初步行动。

首先,校长和学校的几位骨干教师商量具体改革思路与对策。老师们提出了一个问题:如果把智力异常程度重的学生和智力异常程度轻放在一起评价,不仅效果不好,也不科学,最好是分开来衡量教学质量。于是她就找了几位老师共同商量这个想法的可行性,并得到了他们的支持,在经过了一系列缜密的准备工作之后,11月全校通过了"分层教学与单元教学相结合"的教改方案。

达敏学校的分层教学实践,主要遵循三级分层的原则。一级分层:全校分班,打破适龄儿童的编班制,建立年龄段分班,实行相近智商、相近适应性行为的学生班级制。二级分层:班内分组,任课教师根据学生情况在自己的教学计划中划分A、B、C分组,按照不同组别开展教学活动。三级分层:课堂教学,任课教师根据本班级的学生情况制定教学计划、教学目标、教学评估、教学修正等要求,分层实施教学,以达到让各层次的学生都有一个更适合的学习环境,使他们的潜能得到更好挖掘的目的。

应该说,从教学目标、原则及方法等角度分析,分层教学模式是科学的,是遵循智力异常儿童心理及生理发展规律的。相较于既往培智学校所进行的"以学科为中心,以知识传授为目标"的"常规教育",它更能满足智力异常学生的个体发展需要,更适合培智学校的发展。

但是正如任何一个新生事物在出现伊始总是不被人理解,会受到抵制乃至会被扼杀于萌芽中一样,分层教改在实施之初也并不是一帆风顺。

主要有来自三方面的压力。一是教师内部,有一部分老师不想做中度班级的班主任;有一部分教师抱观望态度;有一小部分想做一点成绩出来的教

师则支持改革。二是家长方面,轻度班的学生家长开心,中重度智障学生的家长不乐意。三是主观原因,学校自我感觉自信心不足,所以把握不大。

针对上述情况,学校通过抓骨干、抓家长、抓作风、抓原则等几点主要措施,强而有效地贯彻了改革方案,解决了在教师、家长中间存在的各种问题,消除了各种人的思想顾虑,提高了教师们工作的积极性,争取了家长对教改的支持。

要教改就要分班,要分班学校就要面临最大的问题——重度智力异常班没人教。庆幸的是,在校长和一部分教师交流的时候,有两位骨干教师主动表示愿意承担重度班级的教学工作。

这一难题一旦解决,就跨过了改革之路上的最大障碍,分层教学改革就能顺利进行。

此外,因为当时透彻理解学校改革目的的教师也不多,本着要完全掌握家长的第一手资料的意图,刘校长通过各种途径亲自向家长解释,以获得他们的理解和认可。

同时,分层过程也坚持弹性原则,整个过程一直保持动态的过程,让家长有一个美好的期望,学生有一个发展的空间,教师有一种挖掘学生潜能的责任。

通过实施各种措施,"以生活为中心"的教育理念逐渐为人所理解和接受,分层教改的阻力小了,实施渠道顺畅了,教学效果也显而易见,这也使学校更坚定了一个信念——以学生为本才是教学的宗旨和出发点,必须从满足学生实际需要,促进学生发展的角度出发进行教育教学。

1997 年下半年,"分层教学与单元教学相结合的特殊教育新模式"立项成为省级课题,我为组长,各个层次的学生得到了比较好的发展;学校课程体现了以生活为中心的特点;很大一部分教师的观念有所改变。1998 年省特教分会决定在我们学校召开全省智力异常教育学校校长会议,讨论新一年的工作,要我们学校做一个中心发言,初生牛犊不怕虎,当时我在想智力异常学校的教育改革应该提出来讨论了,我就在该次会议上做了发言,我的发言赢得了全体校长的掌声。

掌声归掌声,由于刘校长是刚进入培智学校工作,大家对她的认识有些

疑惑也很正常,但是随后,大家的注意力很快转到了轰轰烈烈的课程改革上来了。

经过几个月的实践,几个实验班的教学初显成效,学生的学习兴趣明显提高,生活能力得到了发展,实验班教师的教学突破了传统的文化课教学。

2000 年 10 月,此项"分层教学与单元教学相结合的特殊教育新模式"课题获宁波市教育科研优秀成果三等奖。同年 12 月,获浙江省教育厅基础教育处、浙江省特教分会组织的浙江省特殊教育学校论文评比一等奖。

事实胜于雄辩,校长赢得了教师们的信任。同时,这次改革也让刘校长更加坚定了课程改革是培智学校发展的当务之急的决心。

3. 自己偷偷编写教材

当学校分班,进行分层教学及实施省级课题"分层教学和单元教学相结合的特殊教育新模式"后,校内开展了轰轰烈烈的以"生活为中心"的课程改革,并由此把"生活"正式设置为课程。但是,在此之际学校也遇到了没有教材的困难。

轻度班级有教育部编写的教材,而中度和重度班级没有教材。如果要让中度班级的任课老师按照教育部制定的《中度智力残疾儿童教育训练大纲》去组织课堂教学,就根本无法开展正常的课堂教学,教师教学的随意性很大,没有一个整体的生活课程概念,学校就很难了解学生的学习结果和教师的教学效果,很难给家长一个比较好的交代。

没有教材,成了教学改革的又一个绊脚石。

为此学校就在全国范围内寻找教材,但结果让人失望。1998 年 10 月,学校邀请了全国各地的特殊教育专家和教授,对他们的科研成果做鉴定,利用空闲时间刘校长就悄悄问北京师范大学特殊教育研究室主任,教育部什么时候可以编中度智力异常学生的教材?

主任回答说,国家已经出台教育教学大纲了,但最近几年还不会专门组织编写统一的教材,因为智力异常学生个体差异太大,无法用统一的教材组织教学。

短短几句话,就把学校等待教材的幻想完全打破了。

没有教材怎么办? 是不是就此放弃?

　　这给学校出了个难题。此时,我就产生了一个大胆的设想:我们要靠自己解决没有教材的困难,我们自己编教材!

　　1999 年 3 月,学校召开教职工代表大会,会上我就提出了这一动议,获得全体教师一致通过,同意编写教材,而且大家认为还要编出校本特色。根据"分层教学和单元教学相结合的特殊教育新模式"课题实施的经验和学生生存能力的需要,这套教材的编写内容就被定为:生活、语文、算术,其他不足部分由社会实践、少先队活动、兴趣小组活动等课程来补充。

　　这件事如果发生在现在,可能也有很大难度,也会引起一些争议,所以学校当时也有些顾虑。这在当时看起来好像有一点太狂,所以我们商量先不作声,偷偷地编,也不知道起什么名称(当时也不太清楚这就是校本教材),只想让老师们手里有教材,还没有考虑到学生人手一本。

　　学校邀请到浙江大学心理系的教授作为编写小组的顾问,并得到了他们的大力支持和指导。1999 学年度第一学期,编写人员和全体教师一字一句地推敲,一页一页地剪贴,一笔一笔地勾勒,自己印刷、校对、装订、修改,32 开黑白 1—6 册(6 本)教材,终于在低年段中度智力异常学生班级试行使用了。

　　本着边编写边实践的原则,让教材在教育教学实践中完善,在教学评估中充实的原则,除了要求几位编写人员认真总结经验、不断完善教材之外,学校也邀请了教材的使用人员、学生家长提建议来帮助完善教材。

　　2000 年教师节,区领导来学校慰问,刘校长就把编教材的事情向领导做了汇报。时任教育局局长王爱民很支持,就让校长把此内容申报成为省级课题,校长一开始还是非常犹豫,但后来还是申报了,结果课题立项申请马上被批准。

　　我有顾虑,不想报,认为编教材是专家的事情,我们编教材,被别人知道可能要被笑话的。但是,领导的提示又给了我们力量,我们准备申报省级课题。那时,我们请有关普通教学的科研专家来为我们编教材的课题进行开题论证。专家们的要求很高,怀疑我们的力量,结论模糊。当时我对他们的观点也有些置疑,因为他们不熟悉特殊教育,而且他们的要求不符合特殊学生的需要和发展,于是,我大着胆子申报了省级课题"中度弱智学生教材编写的理论与实践",当年就被立项了。

经过几年的艰苦努力,2002年学校终于完成了一套科学完整的供中度智力异常学生使用的教材。

这套教材以《纲要》精神为指导;以"生活即教育"的理论为体系;以"认知发展理论"的教学内容为进度和难度;以对智力异常儿童新定义的理解为基础,考虑中度智力异常儿童"知识和能力的关系,现时生活和未来生存的关系,身体发展和心理发展的关系,共性发展和个性发展的关系"来选定教材的内容;"以生活为中心"确定单元主题,每单元设置生活、语文、算术、生活乐园四个板块,每一板块中按认读、练习、活动编排学习内容。全套教材分十八册,每册四个单元,共七十二个单元,分低、中、高段。

经过多次修改和完善,如今这套教材已成为彩印的书本,内容更加丰厚,设计也更为科学。浙江省内外许多特殊教育学校都向达敏学校表达要求使用这套教材。宁波市特殊教育中心开设智力异常辅读班的学校全部使用了这套教材。他们认为,该套教材以人为本,形式新、内容实、方法活,学生易接受,教师可操作,家长可配合,解决了中度智力异常学生教学中的难题。达敏学校"以生活为中心"的科研成果被成功地推广出去,获得社会的普遍认可。

此后,达敏学校还开展了培智学校社会实践课程的研究,此课题为市级立项课题,并在2001年上半年召开的全国培智学校课程改革大会上做经验介绍。2002年10月,"中度弱智学生教材编写的理论与实践"获宁波市教育科研成果二等奖,在这项成果的基础上继续探索和努力,2004年12月又获宁波市人民政府颁发的基础教育教学优秀成果二等奖。

4. 回家的路又找不到了!

在三年的教育实践过程中,教师们想方设法通过模拟、设置情景、教具学具的制作等教学手段训练学生,使得特殊学生生活自理能力得到了很大的提高,但是新的问题也随之而来,由于教学训练都在学校内部进行,脱离了实际生活环境,学生的迁移能力又很差,在实际生活中实践,生活能力严重不足这个问题就暴露出来了。

记得那是在校本教材推广阶段的一节公开课,陈老师愉快地担任了重度生"认路"的一节生活课。教学任务是:让学生学会从西门口车站下车找到学校(西门口车站到学校有600米左右),为了让教学效果更好,陈老师动了很多

脑子,又是画画,又是模拟,从个别化到集体化练习,花了九牛二虎之力,最后在学生的一片"会了"之中结束了此课时的教学任务。在评课中得到了来自外地普通学校老师、教研室教研员和特殊学校教师的一致好评。

在还有几分钟的下课时间,我就对陈老师说:"我和你一起带学生去西门口车站,然后让学生按照上课的路线,让他们找到学校。"

当学生站在车站找学校时,他们傻了!全班8位学生站在那里,一个也不会按照刚才上课教的内容来完成任务。陈老师很难过地说:校长怎么办?我说,我们要对我们的教育理念和教学途径、方法等进行改革,找到一条更适合我们学生学习的有效捷径。

无独有偶,在校本教材实施过程中,学校以开展教学沙龙的形式来分析教材中存在的问题。有一次活动中,一位担任中度三班(相当于七年级)的班主任是刚从普通学校调过来的干老师,她说开了:有一节课的内容是"过马路"。在那天上完课后,我布置了一道家庭作业,明天来学校要自己过红绿灯。今天早上我从车站那边骑自行车来学校,看见我们班里的一个女生要从马路那边来学校,当我骑车过马路后回头看她,她还站在那里,我就下了车,就在她对面的马路等她。哪里知道,她一直站在那里不动,怎么回事?我就放好自行车来到她身旁,想带她过马路,只听见她一直振振有词地在念:"红灯亮,停一停,绿灯亮,向前行。"可是她红灯亮了站着,绿灯亮也不动脚。我让她跟着我一起过,结果我回身还是不见她走过来,还站在那里。没办法我又折回去,拉着她的手过斑马线,一碰到她的手,满手都是汗,再看她的脸,满脸都是汗珠,过了马路后,我问她为什么满身是汗?一直站在那里,是不是病了?她怯怯地说:"老师我怕,这么多人,还有这么多车。"我这才明白,原来是我在课堂上教过过马路的内容,学生不会应用。

看来我们的教学内容编排的是很好,但是如何教学,让学生掌握运用,这是需要研究的问题。

以上摘自《学校生涯教育社区化小故事选》。由上可见,学校已经迈出一步,以生活为核心的教学教材的内容非常符合学生的生活需要,然而这样的"关门教学",教学知识却不能使学生在实际生活中得以应用,教而无用,学到的知识不能内化成为生存的能力,教育目标不就落空,满足学生生活和发展

需要岂不是成了一句空话？

因此,学校充分意识到:教学从课程设置到教学内容都应该是生态的,都应该在他们的实际生活和自然生态中进行,完善生态课程的建设,才是培智学校的课程设置的出发点和归宿！

二、生存教育:一切为了学生的生存

在教育教学实践过程中,教师们看到学生遭遇情况而发自内心地要求进行教学改革,这是很好的改革基础和动力,它不同于任何硬性的行政命令,是发自内心的对改革的呼唤和渴求,只要学校对这种内在需求进行合理引导,势必会使更多教师积极投身于改革中,推动教改的顺利实施。

正在学校积极寻找对策和良方之时,一位专家的到来,使老师们从迷茫中逐渐清醒过来,找到了解决问题的方向。看来确实要有专家的专业引领。许家成教授是目前国内特殊教育界水平一流的专家。长期的指导和合作过程证明,无论人品,还是学术水平,他确实是学校的不二选择。

刘校长回忆道:

2001 年 3 月,我得知浙江省教育厅请许教授来杭州为特殊教育校长讲课,就马上想到邀请他来我们学校。但是他的行程是省教育厅安排的,安排会议的人已经明确拒绝我:不可能,因为没有这项内容安排,主要是许教授时间很紧,马上要回北京去的。在见到许教授后,我不死心,很坦率地表达了想法,诚恳地请求帮助。许教授看了为他安排的日程后,发现第二天是星期六,有一段时间让他参观游览,他就马上说:那就这么定了,不去参观了,晚上赶到宁波市。我当即和宁波市教育局领导取得联系,征求他们意见,请求由宁波市特教分会出面,通知全市特殊教育学校,第二天上午听许教授讲座。

那天,许教授讲完课已经是五点多了,我在大家羡慕的眼神中和许教授上车赶往宁波。到宁波已经是晚上八点多了,宁波市教育局的一位处长还在酒店等候许教授吃饭,许教授很感动。第二天的讲座地点在文昌大酒店,讲座内容为:特殊学生生活质量问题。听了讲座后,我更有感触,明确了学校后阶段的科研工作。上午讲完课以后,许教授到我们学校走访观察了一

番,由于时间仓促,我们没有涉及具体的研究和项目,但是已有合作的大致目标。

2002年10月晚上七点多,许教授从上海又一次来到了我们学校,那一次他是特意和我们商量课题的事情来了。在餐桌上,许教授问我有什么打算,学校准备如何发展,我说我也找不准具体发展方向,只是想通过科研工作,能让学校有一个持续的发展,找到学校发展的生命点。他详细地了解我们以前的科研情况,并且到我们学校附近的社区进行了察看,他就提出了学校要持续发展,教育社区化是必经之路。"特殊教育社区化研究"将是21世纪国际特教领域的新趋势,他也已经向国家教育部提出"十五"重点计划,基本已经确定,如果我们有意向,他就把我们作为沿海经济发达地区的样本参与实验,里面有六大块内容,要我们挑选其中一块。我考虑到我市的社区建设,以及我们中心城区的优势,我区教育内涵发展等有利条件,也考虑到我校"以生活为中心"课程已经为培养智力异常学生的生活能力起到了重要的作用,就认为其中生涯教育很适合我们,我就提出我们想搞那一块。许教授说那一块可是国际上最为领先的,宁波市有条件,你们学校也有实力,那就定下来,生涯教育就由达敏学校来开展研究。

通过许教授指引方向,以及进行理论指导之后,学校就开始着手进行"生涯教育社区化"这一课题的研究与实践。

但因为它牵涉范围较广,层面较多,仅依靠学校自身力量实践起来可能会有困难,因此,积极寻求政府的支持不仅非常现实也会非常有效。

许教授曾经对学校说过这样一句话:"刘校长,如果你要进行生涯教育社区化这个课题的研究,就必须得到政府政策的保证,市民要能够认识接纳包容特殊教育与这些存在智力障碍的孩子,社区形成支持、协助的氛围,你的事就会容易得多。"

于是,刘佳芬校长就直接找到了区政府分管文教的副区长叶正波,希望得到他的帮助。

学校一直受到市、区两级政府领导的关心和支持,以前分管区长就经常到访,有时开会或者下班以后就会到我们学校来转一圈,看看我们学生和老师,大家都已经习以为常,没有觉得好像区长来了是一件多隆重的事,我们应

该去迎接。我认为这一直以来都是我们区这些领导干部的优良传统。我和他是在市人大代表会议上认识,那时他就很关注我们学校,也曾到学校进行过调研,并递交过一些提案呼吁要多给我们这种特殊学校一些政策或资金上的扶持和倾斜。当了区长之后,我们学校仍是他关注的中心。于是我就把我的想法向叶区长作了汇报,叶区长听了以后非常高兴,表示如果今后许教授再来讲学一定要通知他,他要和许教授商量,如何在社区开展特殊教育。第二次,在许教授到来的时候,我就通知他,他正好在开会,听了我的电话,他匆匆把任务布置下去后,就驱车来到了许教授下榻处,和许教授就特殊教育如何在社区实施等一系列问题进行了交谈。当天两人交谈到非常晚。

那次谈话之后,叶区长就更了解特殊教育和我们所进行着的"生涯教育社区化"课题,并向我表示,如果以后有问题,一定要找他,他会想办法帮我们解决。后来,不管是请许教授来开讲座还是开课题鉴定论证会,只要有空他就会来。

所以我认为政府和领导的支持对学校帮助很大,有了他们的支持,我们的工作就注入了无限动力,我们就会有百倍和千倍的力量去努力工作,我们学校的全体教师都非常感谢我们的政府和领导。

本章节除了特别标注外,都是笔者对刘佳芬校长访谈记录。在刘校长的多次陈述中不难发现,当时叶正波副区长的支持,对达敏学校内涵发展具有巨大推动作用,也许这正是刘佳芬锐意创新改革的精神力量。

三、生涯教育:提高学生的生活质量

此时,海曙区的基础教育已经是全区的一个亮点,在被验收为教育强区以后,海曙区教育局进一步提出,教育要走内涵发展、均衡发展、持续发展道路,并采取了一系列措施。海曙区的特殊教育在"八五期间"就是全国先进,因而为特殊教育学校采取的措施就更有针对性。

比如区政府首先让特殊教育学校的学生享受上学全免费政策,这在当时开创了全国的先河。教学设备不断更新,学校的所有经费全部由政府承担。同时,海曙社区教育也轰轰烈烈,形成了较好的机制和比较完善的制度,全区

创设了一种良好的终身教育、大教育氛围。因此，在政府搭设的平台上，特殊学校不再是封闭的学校了，这是开展"生涯教育社区化"的先决条件和主要优势。

至此，学校的教育理念又有了进一步的提升，从"以生活为中心"过渡到"一切为了学生的生存和发展"，从"生活教育：培养生活自理能力"发展到"生存教育：培养生活自理社会适应能力"，以提高智力异常学生的生存能力，帮助学生们在社区中获得成功。

1.还是吃不到面条

经过课堂教学社区化课题中生存教育的实践，学生的生活自理和社会适应能力提高很快，但在不断的教学实践中，学校也发现智力异常学生仅有的生涯能力还是很难适应目前和以后的社区环境。

学校在开展课堂教学社区化的过程中，其中一项内容是"学会吃面条"。经过一个星期在学校所在社区的教学实践，张学生可以说已经很会操作吃面条的程序了，家长来学校亲眼看到自己的孩子吃面条，很满意。在暑假的某一天，家长因为有事情，中午不能回家里做饭，想到自己的儿子已经学会怎样买面条了，就给他10元钱，嘱咐他中午下楼去小区的一家面条店吃面条。那个学生到了小区附近的面条店，选面条种类，付钱，服务员给他一张票（那是领面条的票），结果那位学生不知道领面条是需要凭着这张票，还以为他给了钱人家就会给他一碗面条，于是他手里捏着票在店里坐了很长时间，发现没有人理会他，就回到了家里，当然面条也没有吃成。开学时，他妈妈把这件事的全过程告诉了我，原来是学校教学的时候只是根据学校所在小区的情况进行了教学，而没有想到每个学生所在小区的不同情况，导致他那天没有吃到面条，饿了肚子。

以上摘自《学校生涯教育社区化小故事选》，可见，学校在积极寻找教育持续发展的突破口，提高学生的生存能力。在特教专家的帮助指引下，达敏学校的教育理念又有了提升，提出"一切为了智力异常学生的生存和发展，提高他们的生活质量"，为此展开了"生涯教育"方面关于社区使用、社区工作、社区休闲、社区安全的课题。

迁移能力弱是智力异常学生的普遍特点，虽然达敏学校为此进行了"生

涯教育社区化"的实践,将课堂搬进社区,让学生在社区中学习各种必要的生存知识和技能,但因为范围有限,只能在学校所在社区进行,而学生又来自区内的各个社区,所以,当所处环境发生变化的时候,某些学生就会发生已经学会的、掌握的知识不会随着变化的实际情况做出调整,这就要求学校在教学时,要从学生出发,遵循学生的身心规律,不但要在学校所处的社区教学,还要多走几个社区,多为学生营造几所"社区学校",使他们能够适应各个社区的不同环境,才能真正达到"学以致用"的教学效果。

2.国际合作寻求提升

2002年5月,许教授要在全国选七所有代表性的学校,和美国特殊教育学者一起进行智障者"生活质量"跨文化研究工作,最后挑选达敏学校作为经济发达地区的代表参与该项实验。达敏学校积极配合,在学生、家长、教师中间开展了此项调查研究,最后把自己的数据送到美国,达敏学校的调查研究还获得了总课题组的书面表扬。

后来,达敏学校进行"整合社区家校资源构建现代特殊学校制度"这一课题的研究,它作为本课题的一个子课题,其意义就是整合社区、学校资源,使社区和学校产生有效互动,达到学校和社区的全面和谐,提高学生的生活质量。

2002年,学校去日本留学的裴虹老师回国,我们在交谈国际特教动向时,我说有意和她合作搞一个项目,她提出来,她正要进行一个生活质量的课题,她说可能在国内还很难有人接受,特殊人群的生活质量还没有引起关注。

我听了以后马上就说,我和你合作。就这样,我们学校、她和她的导师一起开展了"自我选择、自我决定、自我表现"提高智力异常学生生活质量的个案研究。这个研究很辛苦,每次要做好录像、诊断、经过的纪录,一个星期三次活动,每次都在社区开展,几位教师都是利用休息时间进行实验。经过一个学期对三个学生的个案跟踪,效果比较明显,为下一次科研工作的开展奠定了基础。

裴虹曾经是达敏学校的教科室主任,辞职去日本留学,考上了日本筑波大学(出过3个诺贝尔奖候选人)特教专家圆山繁树的研究生,是后来引领达敏学校发展的一个至关重要的人物。

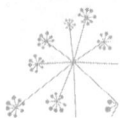

除了学校内部全体教师刻苦努力，努力探求教改之路外，学校积极向外寻求国际合作，外围的开拓视野与技术提升，更让达敏学校科研教改如虎添翼，学术水平大幅提高。

2004年12月，达敏学校"生涯教育社区化的行动研究"课题成果，又获浙江省特殊学校科研优秀论文一等奖。

四、陷入困顿：在夹缝中寻找出路

虽然学校的教育理念非常先进和科学，但如果想得到所有人的认可和支持，也是一项极为困难的任务。

在课题的实践过程中，不可避免地会碰到这样那样的困难，而这些困难有些来自教师们，例如：部分教师对新理念不适应或接受困难，以及一些家长存在对教学目标的理解偏差等问题，但更多的是来自学校外部，主要是其他社区不配合学校开展教学工作，而社区作为"生涯教育"的主要教学场所，其是否配合以及配合的程度将直接影响教育教学效果的好坏。一位老师曾经这样告诉笔者：

"唉，我肺要气炸了。"一位老教师带着学生从社区气冲冲地回来了。"在城隍庙认识地方小吃，让学生尝试着购买宁波汤圆，那位营业员不但不卖给我们，还说：'一帮傻冒学生会买东西吗？学生傻不说，老师比学生还要傻，带他们来买，怎么会有这样的老师和学生，这个老师是怎么当的啊，傻冒！'"这位老教师委屈得掉泪了，当了一辈子的老师，还没有让人这样说过。

因此，学校在内部矛盾和外部冲突的双重夹攻下，教学活动的开展就非常艰难，如果这些问题不及时解决，困难不加以克服，开展"生涯教育"对学校来说，无疑是一个"美丽的童话"。

1. 呆多*来干什么？

呆多，在宁波方言中就是傻瓜、傻子的意思。学校开展生涯教育之路，首先是确定教育教学目标，经过学校教师们自己的摸索与专家的指导，最后确

---

  * 宁波方言

定:高段生涯教育社区化的内容为"生涯准备"。例如,二班学生某一学期教学方案的主题是:品味地方小吃。

随着教学规划的落实,师生们忙开了。在师生们准备充分以后,那一天上午十二位学生、两位教师出发了。坐三路车到城隍庙车站下车,很近的路。这一队人员不多,但是在途中却引来了众人异样的目光和窃窃私语,好在两位教师都是三十几岁的中年教师,久经考验,别人的异议也无畏。

到了城隍庙小吃城了,学生很快进入了角色,忙于完成自己的学习任务:有些是用1元钱买不找零钱的食品;有些要用2元钱买一种要找零钱的小吃;有的要用5元钱买三样小吃……老师根据学生的不同能力制定了不同的教学目标方案。

就在这时候,摊主的话不断地传了过来:"啊,这是'呆多'(傻瓜),这样的人也要来这里吃东西,真是的""走开,到其他地方去买""'呆多'嘛待在家里,干嘛出来凑热闹""傻瓜来干什么?走走走,快出去,老师也真是的,你们是怎么教学的,带他们来这里,亏你们想得出来!"

这些大声的、粗鲁的指责……学生怕了,慢慢退下来了,他们在找老师了,涌向老师了,最可怜的是有一位智商比较低的学生还站在摊位前挑着、笑着,全然不知别人在侮辱他。

老师上前争理了,得到的结果却是:"呆多"学校出来的教师,也是有毛病的。

带着气愤、伤心、委屈……师生们回到了学校。两位教师直接到我办公室,诉说了满腔的苦衷,我让两位老师尽情地说出来,老师需要有地方发泄,并且我也和他们一起责备摊主。然后,我们大家坐下来,分析原因,商量对策。

一是学校没有和该小吃城取得联系;二是那里的摊主不了解我们的意图;三是摊主有一种见到残疾人怕影响生意的想法;四是支持残疾人教育的系统很不完善。由此想到的是:我们的教学开展要比一般学校艰难。

导致学校开展社区化教学步履维艰的原因很多:

一是社会普遍存在对智力异常人群的偏见和歧视;二是社区居民的文化程度普遍偏低;三是市民还不熟悉特殊人群;四是认同需要时间;五是接纳需要有和谐的社会环境、有效的制度保障……

因此，为了为营造文明社会做出贡献，让残疾人也享受高质量的生活，学校必须坚持不懈地开展类似教学，使社区尽快熟悉和认同学校和这些智力异常学生。同时，如果要整合社会资源为学校服务，就一定要有良好的运行机制和政府的相关规定为保障。学校运用和调动社区资源开展教学活动的路还有很长很长……

第一，有些单位直接拒绝。

学校教师想在超市拍摄一些商品的实物照片回去让学生认识和学习，可是当时超市的销售部经理不让教师拍照，与他们进行反复协商，可他们表现出来的不屑一顾的态度让教师感到很不舒服，不，简直可以说是非常生气和难过，你和他们好好说话，他们理都不理你，眼睛向上抬，还经常发出"哼、哼"的声音。

在后来的一次市级特教现场经验交流会上，后来转变的单位，比如新一佳超市自己也承认最原始的态度有问题：

记得那是 2002 年的时候，我们超市刚开业不久，负责摆放商品的员工对领导反映，每星期总有老师带一些头脑不大正常的学生来超市购物和学习，常常把商标和商品弄得七零八乱的，员工们都很厌烦。

为了不让这些学生损坏物品，在他们来超市时，保安人员都要紧紧盯住这些学生，生怕他们乱拿东西。有时在收银台，学生从口袋里半天也翻不出钱来；有时，手里的钱不够，收银员只好找到管理人员重新解开电脑密码，消除已输入的商品价格，时间就这样浪费过去了，而后面排了长队的顾客都怨声怨气……相关的工作人员也很恼火。

通过学校领导和老师的解释，我们才知道这群学生是达敏学校的，他们都是智力有障碍的孩子，为了让他们学习购物等自理生活能力，所以老师常常带他们来超市学习。

联系合作单位时，学校很自然就把就近的高档社区——中央花园列入学生的学习实践基地。一开始，校长派学校的两位普通老师去联系，被断然拒绝；后来，校长亲自上门与经理商谈，也毫无效果。经理给出的理由是：一旦让学生前去学习，会吓坏住客，会影响社区的声誉。

第二,即使同意进行教学活动,学生也会遭遇厌烦和鄙视。

无计可施之下,校长只好向社区求助。一接到校长的求助电话,社区的刘主任立刻行动起来,当即就去找物业经理协调,在她的努力之下,这个社区最后不仅同意学生去学习,还与学校签订了协议,成为协作单位,这就表明今后他们有义务协助做好学校的教学工作,可以说,如果没有社区的参与和支持,单靠学校自身力量则不可能这么顺利地解决问题。

记得我们刚带学生到新一佳超市的时候,超市还专门派了两个保安跟在后面,学生走一路,就跟一路,生怕学生会偷东西,明显表现出了对我们学生的歧视和不信任,这让我们很难过。

初职班去宾馆学习整理房间,学校终于联系到金帆宾馆作为我们的教学基地,但是当老师带着学生去教学时,他们的工作人员不顾老师教学的需要,不仅不配合老师的教学工作,还嫌我们妨碍他们的工作。

这是带队周老师的陈述。无疑,社会上某些人根深蒂固的偏见,给学校社区化教学带来了很大的困难。

比如每周三现场教学,教师带学生到中山广场、月湖公园时,总是有大堆居民围上来,对学生指指点点。“这个长得还挺正常嘛……”“那个有什么毛病呀……”“不知道这些老师正常不正常,会不会精神也有些毛病……”“肯定脑子也有问题,要不然怎么能成天和这种孩子在一道。”

听到这些话,不仅老师感到屈辱和难过,学生也非常不开心,轻度智力异常的孩子都能听懂这些话,比如有一个姓胡的学生,就哭着对老师说:“老师,老师,下次我再也不出去了,出去了,人家就说我智力异常……”

有一次我带学生乘521路到月湖春游,车到站了学生要从后门下车,忽然从前门涌进许多乘客,他们完全不顾我们一些学生手脚不便,使劲抢位子,学生被挤得东倒西歪,站立不稳,连和我一起的周老师都被挤到车厢尾部。于是周老师就指责这些乱抢位子的乘客“你们没看到我们学生手脚不方便,为什么还要乱挤?”谁知道这些乘客还理直气壮地回应“公交车都是这么挤,要怪就怪你们为什么要带这些神经病出来,活该!!!”

听到这里我真的是非常生气,很想找他们理论。

2.学生是傻子,那老师也是傻子吧?

实际上,当校长在学校里宣布要将课堂放到社区中,要全体教师走出教室到"社会大课堂"中进行教学的时候,就曾经引发了整个学校的大讨论,许多老师表示出了担心和忧虑。

记得在三年前,学校生涯教育社区化课题立项为省规划课题,为此学校实施了一系列措施。那时要到社区大课堂去上课的种种担心还在我的心头萦绕。

"每星期两个半天带学生到社区去上课?""我们老师每星期算上几节课?""两个老师一起出去,这不是每星期要多上半天的课吗?老师们的工作量又增加了。""带学生到社区去上课确实好吗?学生出去的安全谁负责?""很多学生有癫痫病,这样的学生也要带出去吗?"……

老师们有许许多多的疑问,接受不了。总之,带学生到社区的大课堂去上课,对每位老师没有一点的好处,弄不好还会有很多的麻烦。特别是安全问题,作为教导主任的我也心事重重,怎么办?

但既然学校已经做出了决定,就不会因为某些人的疑虑、担心和异议而发生更改,加之,一些老师也已经认识到了课堂教学对智力异常学生的局限性,而开始支持学校的教改方案。

于是,按照学校的规定,老师们冒着风险一次又一次地把学生带到社区中去教学。让老师们伤心和难过的是:

社区的各个场所不是都欢迎我们的,人们不屑于我们的教育,很多时候,老师们要实施的教学计划无法正常的开展。如:快餐店的老板嫌我们说了半天都不买东西、超市里的顾客嫌我们的学生妨碍他们购物、公交车的司机嫌我们上车下车的动作太慢。

"唉,今天,我们班和二班在公园找春天,还没有开始讲课,就被在公园里玩的人们围个水泄不通,议论纷纷,把我们当怪物一样看,议论了学生又议论老师,连赞扬老师的话也那么难听'这些傻老师倒长得蛮漂亮的嘛,也蛮有爱心的'。当时,恨不得自己马上消失……"

在第一次去超市的时候,很多人围着我们的学生议论。"瞧,这些都是傻子,达敏学校的学生,学生是傻子,那老师也是傻子吧?"

到现在我都无法形容自己当时的感受,就是有一段时间不敢去超市,更害怕别人知道自己是达敏学校的老师。

在超市里,只要老师一不注意,学生就拆开饼干来吃;学生在外一受到惊吓,癫痫病就发了;害怕过马路会大喊大叫;坐电梯时害怕得大小便解出了等等,现在说起来让平常人感到可笑的事情,我们的老师在当时是多么的尴尬、担惊受怕,让年轻的小姑娘感到难为情……

周老师继续陈述,看到自己付出了努力,奉献了爱心,却得不到社会的认可和肯定,许多老师产生了不去社区课堂上课的想法,学校规定要出去的时候,有的班级就找理由在校内上课。

针对这种情况,学校认为,首先要采取措施让全体教师接受社区化教育的思想。一方面,学校规定教导处要对每个班级每周两个半天去社区进行教学的情况予以登记,学校给每位教师每周多计 3 节课时,把到社区上课的情况与年度考核挂钩,但没有任何的补贴和奖励。

另一方面,每个月教研组组织教学研讨,每月一次校长教育教学专题讲座,定期请特教专家来学校讲座,让全校的教师外出听课,听课回来,结合本校的社区课堂教学的情况,交流听课的心得,老师们逐渐认识到课堂上的教学对智力异常儿童知识接受具有很大的局限性,带学生到社区去教学,为他们今后自理生活、融入社区打下良好基础。

就这样,全校的老师们逐渐统一认识,体会到了社区教学的必要性和意义,即使在社区教学活动中受到类似不公正对待的时候,也将委屈和难过放在一边,微笑地去面对,努力完成教学任务,实现教学目标。

3.我的孩子不需要去社区学习,只要会写字,会计算就行了。

应该说,达敏学校大部分家长的素质都很高,能够理解学校的教学意图,支持学校的教学行为,但也有一部分家长不支持学校的工作,在学校带学生到社区学习的问题上,态度总是有些漠视和冷淡,在调查"家长对社区教育生涯化的态度"时,总体汇总结果很不好。

学生家长情况大体分成三种:

第一种是有较高文化程度的家长。他们接受新观念比较快,在思想理念及行动方面转变较快,当我们提出将带学生进行社会实践时,他们非常支持

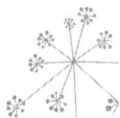

我们的教学活动,不仅主动给孩子买东西的钱,还向我们提出"你们把这么多孩子带出去,两个老师可能很难应付,需不需要帮忙?"有一次,学校开家长会,一位家长就激动地对校长说:"现在带孩子出去看病,不是孩子跟着我们,而是换成我们跟着孩子,从挂号到付费取药的一整套就医程序,他都非常熟悉,表现得很独立,我们现在非常放心让他一个人去医院,学校的这种做法很好,感谢你们让我们知道怎样去教育孩子!!"

另外一种家长的态度是无所谓,知道自己的孩子也考不上大学,随便怎么样教育都好,只要不出事情;最后一种家长认为他们的孩子不需要去社区学习,只要会写字,会计算就行了,家长拼命积钱,留给孩子养老。

所以,在这些观念支配下,家长很难配合学校的教学工作,应该说,他们这些做法和想法也挫伤了一部分达敏教师的积极性。

达敏学校的教学改革道路,顺应了特殊教育教学的未来趋势,但是万事开头难,严峻的现实使得教改之路异常艰难,教改遭遇瓶颈。好在主要症结与问题已经显现,最关键的就是找到解决问题的突破口,这样才能寻找到解决问题的途径和渠道。

对学校而言,内部矛盾比较容易解决。通过教育管理手段,比如一些硬性的行政命令、软性的情感同化和耐心教育等方式,就会扭转教师和家长的思想观念,促使敬业有爱心的教师们朝学校教改所希望的方向转变,理解并接受这一全新的教学理念,支持并融入自己日常的教学行为之中。

但是,要转变社区居民固有的陈旧观念,消除他们对学校和学生的敌视行为,转而支持学校所开展的教学活动,可能单凭学校的一己之力,困难重重。

本节小结:

教育协作理事会的产生,有特殊教育学校不得已的背景,是当时达敏学校面临的艰难困境所迫,更是现代学校制度遭遇现实问题之突围路径。

第三节　峰回路转：帮助与合作

本节解密点：*教育协作理事会成立的缘由与过程，协作理事会的关键人物有哪些*？

尖锐的内部矛盾和激烈的外界冲突纠结在一起，使得课题进展陷入停滞、社区教学走入低谷，学校又一次走到了"十字路口"。

前面只有两条路，勇敢地走过去就是平坦通途；而因畏难而裹足不前，其结果就意味着课题将不能顺利完成，"生涯教育"的理念不能充分贯彻、教学目标不能有效实现，特殊学生的基本需求不能满足、能力不能得到提高。

好在当地社区干部密切协助，特别是街道主任的鼎力支持，加上区教育局的适时点拨，才使得学校教育改革峰回路转。

那么，第一批教育协作理事会的关键单位——所在社区的居民们和辖区单位，对智力异常学生所持的态度到底是什么？是不是和普通居民的观点一样？他们是否能够帮助学校渡过危机？

一、热心肠：社区书记

孝闻社区是宁波市中心城区的中心社区，一个老街区其居民大多为中老年人，青壮年人口基数较小、年龄结构趋于老龄化是这类社区的显著特点。因此，长期以来，需要社区干部出面解决的事情很多，这也使得社区干部与居民接触较多，在他们中间很有威信和影响力。对新迁入的学校来说，人生地不熟，劣势多多，社区干部是最需要借助的外力。

孝闻社区水书记，约 50 岁左右，连她自己也没有想到，前面与达敏学校本来就是在一个社区，2003 年 6 月她调到孝闻社区，达敏学校也搬到这个社区来，更没有想到的是在原来社区还不熟悉的校长，只认识几位来社区报到联系的党员教师，到了孝闻社区与学校的联系会这么紧密。

如此看来,水书记和达敏学校确实非常"有缘"。后来,她对学校提供的这么多帮助,就可以用一个"缘"字解释啦。

正因对弱势群体怀着一份爱心,藏着一份关心,孕着一份责任心,所以水书记才会对达敏学校特别关爱,提供了这么多切实而有效的帮助和支持。

当然,好口碑使她在居民中有着很大的影响力,社区居民都非常拥护和尊重她,这也使学校找她解决问题的时候,结果都非常圆满。

在对刘校长的数次访谈中,她也多次提到过水书记这个人,使用的词语都是类似"感激、感动、非常感谢"等词汇,语气也很激动,认为水书记对学校的帮助和支持,是学校得以迅速发展的重要动力之一。

每当学校有困难,自己不能解决的时候,水书记总会及时出现,以己之力为学校解决问题。

学校周围环境之所以会有天壤之别的改变,水书记功不可没,而她也是达敏学校的教育协作理事会成立的关键人物之一。

二、变制度:连锁反应

可能,学校跟社区平时没有太多的联系,可被利用的资源相较普通学校要少得多,社区也没有必须配合学校教育进行教学的义务,在没有协作理事会的时候,社区支持学校教育教学,基本上就要靠社区干部的素质和社区单位负责人的良心。

当然,社区干部的关心和支持不是此时此刻才出现的。事实上,早在搬迁冲突爆发之际,社区干部就已经开始协助学校解决与居民之间的纷争了,并且一旦学校有需要,他们就会当仁不让地出面,尽力为学校排忧解难。

1. 奇怪的哭声哪里来?

社区干部还充当了学校和社区居民间沟通的桥梁,一触即发的事件在社区干部的介入下被圆满解决,这不仅充分体现了社区对学校的支持,更体现了在构建和谐社会的大背景下,全社会对特殊人群的关心和重视程度在不断提高。

秋季招生的时候,我们收了一位来自区外的学生,这个学生需要住宿,

但他平时就非常不稳定，因为从来没有离开过父母，所以住宿时感觉很不适应，子夜一两点钟醒了以后，他就开始在宿舍楼楼上楼下地跑，搞得住宿的其他学生和老师都不能休息；而且他还尿床，生活阿姨劝他睡觉，他就打阿姨，把阿姨的腰都打伤了。阿姨为了训练他，就睡在他床前的地板上，如果他醒了就哄他睡觉。可是不管怎么努力就是不管用，每当他醒来时就跑出宿舍，跑到宿舍楼的阳台上对着居民楼撕心裂肺地哭喊，声音非常凄惨，就像是有人在打他，后面住的老年人起床都非常早，每天早上都听到这个声音，他们就理所当然认为"这个孩子每天这么早就起来哭，肯定是我们的老师在打他"。

连续2个月的训练都不成功，生活阿姨就向我反映了情况，我也跟踪了一个星期，每天早上六点就到校，发现他果然是这样，然后我又找了他的班主任，嘱咐她要多多注意观察这个孩子，找出原因对症下药。为了训练他，我们又请了一位生活阿姨照顾他，同时全校老师也很关注这个学生，都在为他出谋划策，希望能找出什么好办法。但是这个学生一点都没有好转的迹象。

有一天，水书记给我打来了电话说"你等会千万不要出去，我马上就来"。听了她的话我就在办公室里等她。到了以后，她就告诉我有一个姓姚的阿姨，投诉反映老师虐待学生，并且十几个老人已决定写联名信到市政府，想向市里反映这个情况。她当时就向这位阿姨保证我们学校的老师是非常爱护学生的，肯定不会打学生。为了让居民了解实情，她就建议居民能够亲自到学校里来了解一下真实的情况。水书记来的时候，姚阿姨就和她一起来了，听完她们的来意之后，我就把这个学生的情况及采取的措施都告诉了她们，并且我还把她们带到了学生宿舍，当姚阿姨看到我们硬件设备以后，发出一阵阵感叹，"你们的住宿条件原来这么好，宿舍像宾馆一样，你们老师真的是太辛苦了，都非常关心学生，信我们不会写了，这儿的学生真是太幸福了"。

的确，社区干部就是这样一步一步地在帮助学校，在居民们不理解、做出一些过激行为以后，他们不仅仅是调解纠纷，因为纠纷只是一种外在表现，也可以说是矛盾激化之后的发泄，更主要是消除来自社会对智力异常学生长期

存在的偏见和歧视,这才是问题的实质。

于是为根除居民思想深处对特殊人群的芥蒂,给社区和学校营造一种和谐共处的氛围,将社区创设成为一个让其中生活的所有人都能感觉愉悦的场所,社区干部积极开动脑筋、寻找对策。

2.为啥去饭店要贝壳?

第一次到学校参观的人,总会发现在一楼的墙壁上挂着一些手工作品,非常漂亮,有毛线做的,也有贝壳制成的。只要问老师,这些作品的作者是谁,老师们就总是会非常自豪地回答:"全部都是我们学生亲手做的。"

是的,为了提高特殊学生的动手能力,提高他们的生存质量,学校开设了手工劳动课。课上,老师们会教给学生一些手工艺品的做法,例如纸花、毛线画、贝壳画,等等。这样,就需要一些材料,有的材料如毛线、纸张容易收集,而贝壳寻找起来就困难得多。

到底在什么地方,才能源源不断地找到贝壳呢?

老师们自然想到,可能在饭店这种东西比较多。但如果学校直接向饭店提出要求,却被他们一口拒绝该怎么办呢?并且,学校老师还有一个目的,就是要经常带学生到饭店参观,开展现场教学活动。

于是,经过充分考虑之后,学校找到了社区的水书记,希望能由她出面帮助学校与饭店联系。以下是笔者对水书记的访谈记录:

第一次周老师来找我,说要到饭店去,要贝壳,老师自己会来拿的。

我很奇怪,智力异常学生怎么去饭店?要贝壳派啥用场?后来,了解到学生要做手工,做艺术品,很好嘛。到饭店宾馆熟悉熟悉,难道这些学生不能去?

于是,我就到汉通大酒店,直接找老总。

一开始老总就对拿贝壳的事一口答应,觉得也是废物利用。老总蛮好的,让员工分捡出贝壳,冲洗一下,一个月学校派人来取一次。

于是谈到第二件事,什么?学校要带这些学生一个月一次实地看看!

这次老总不答应了!客人来吃饭了,被这些学生吓坏了怎么办?酒店形象会被这些学生破坏的!不可以的。

我说,达敏学校教育思想是对的,智力异常学生也是人,老师都非常好,

每次带过去老师会管好的,可以错开吃饭的时间。其他注意事项可以对学校提要求的,帮助帮助特殊群体,这样也是树立酒店形象。你不答应也要答应。

老总居然答应了,问:"那好,每次多少人?"

我忖(想)就多讲一点:20人。其实每次才一个班。

老总同意了! 马上指派一个负责人,每次有关学校的事情专门找她联系。

宁波汉通大酒店是一家民营企业,成立于1996年,后来发展为一家以经营管理大型餐饮连锁酒店为主体的民营企业,在上海、深圳、北京、南京等大城市都有分店,拥有员工1600余人,产业规模近4亿元。2001年至2005年连续五年蝉联"中国餐饮百强企业",作为宁波餐饮业老牌大佬,当然一开始有顾虑也很正常。

后来,在更多的接触中,第一批教育协作理事会的重点单位之一——汉通大酒店已经热心参与并积极融入学校的教育教学工作中,在2005年6月1日召开的"达敏学校社区教育理事受聘仪式"上,酒店的代表就热情表态:"以前学校上手工劳动课需要一些贝壳等材料,都是由学校和酒店联系以后,酒店才会提供。今后酒店将力所能及地主动提供学校所需要全部材料,为他们创造好的学习环境,体现出全社会对残疾人的爱护。"

3.居然学习拆被子!

从"生活教育"开始,学校的教育教学活动一直都围绕着"以生活为中心"这一宗旨进行,包括课程的设置、教学场所的选择、教学环节的设计,以及教学内容的安排等都无一不明显体现出这一点。既然是"以生活为中心",基本生活技能的教学就不可或缺,因此,学校把教育学生"如何拆被子"列入社区化教学的教学内容之中,但是,完成这项教学任务就要有宾馆或旅社作为教学实习基地,他们那里被子多,又有专业人员可以作为指导教师。

这样,学校就又派老师通过水书记联系教学实践场所。水书记首先联系了某旅社,已经跟经理说好了,但后来部门经理又对社区治保主任说,这些学生不能再进来了,很对不起。主要原因就是:只要这些学生走进来,旅社会没生意的。

在学校一筹莫展,左右为难的时候,水书记就和社区民警一起协调,帮助学校联系了金帆宾馆。教育协作理事会第一批重点单位——金帆宾馆的领

导思维非常灵活,经理一口就答应了,让这些学生在宾馆中学习折叠被子等打扫卫生的社会实践活动。

后来,学生要学习绿化护养,还是社区水书记帮助学校联系了中央花园物业公司,它也是教育协作理事会第一批重点单位。

沟通非常重要,只有认识到位才能解开误会,化解矛盾,同时社区对学校的帮助作用真是非常大,本来一件可能会造成很大影响的事,可能会对学校发展造成困扰的事,在社区的参与下很快就圆满解决了。协作单位从误解到赞赏、到最后还要主动为学校宣传,这一系列态度的变化,折射出了宁波社会环境正在逐步发生变化,正在朝构建和谐社会的方向发展。

慢慢地,达敏学校和社区各单位和居民间都建立起了良好的关系,他们都非常关心学校发展和学生情况,并积极配合学校开展各项教学活动,以前那样被拒之门外或视若无睹的事情,已经很少再发生了。

于是,学校开始孕育第一批教育协作理事会的成员。

确实,社区干部固然能够帮助学校解决一些困难,然而,这种支持方式只能解决学校的"燃眉之急"。因为如果教学没有企业主动提供帮助,就不能从根本上解决问题。更何况,社区干部平时工作也很忙,工作量很大,而教学活动的开展又是经常性的,如果学校一有困难就去寻求支援,无疑社区日常工作就会受到极大影响。

如何能够吸引更多人、更多企业关注这些特殊人群,进而将热心参与学校教学的活动制度化呢?

在千丝万缕、错综复杂的困惑和矛盾中,清楚地整理出一条完整的头绪不是件容易的事情,若要找到答案就更难上加难,学校一时没有把握,更没有方向。

"衣带渐宽终不悔,为伊消得人憔悴",仅凭自身力量解决已无可能,在认清这一点以后,刘校长就向上级主管部门——海曙区教育局寻求帮助。在听取有关汇报后,局里非常重视,王飞副局长带着教科人员亲自到学校走访、调研,找问题,出主意,群策群力,为学校早日走出困境而出谋划策。

此时,海曙区已被教育部和中央教科所批准为"现代学校制度实验区",承担子课题——"基于学校社区家庭互动的现代学校管理制度的研究"工作。

广济中心小学实验校区作为课题的第一家试点学校,已经在校内建立了教育议事会组织。

在运行过程中,课题组已经发现议事会作为联系沟通家庭、学校和社区三者之间的一个平台,其强大的功能和广泛的作用使它在实践活动中产生了良好的效果,解决了学校遇到的许多棘手问题,为学校发展构建了和谐的外部环境。

基于此,在分析了达敏学校遇到的困难以后,王飞副局长在校长室明确提出,借鉴广济中心小学成立教育议事会的经验,并与学校的实际情况相结合,搭建达敏学校特色的议事会这一平台的设想。

假设通过这个平台,吸引有能力的个人和企业积极投身特殊教育事业之中,奉献他们的爱心,形成全社会共同关注特殊学生成长的良好氛围,为特殊学生的成长奠定基础,以适应现代特殊学校家长、学生的需求,适应新时期经济建设和社会发展的需要,适应区创建学习型社区及申报的国家级现代学校制度课题建设的要求。

经过王局长的点拨,刘佳芬校长茅塞顿开。

是呀,对学校而言,仅仅依靠社区干部的关心和支持远远不够,争取企业主动参与学校的教育教学活动才是学校发展的"长远之计"。那么,面对这些实际困难,学校跟企业的长期制度化合作问题,就靠现代学校制度来解决!

于是成立"达敏学校教育协作理事会"的构想应运而生,学校群策群力制订了一系列工作方案和程序。

正是"众里寻他千百度,蓦然回首,那人却在灯火阑珊处"。

三、理事长:加分校长

虽然目标已渐渐明晰,学校在设计考虑各个环节时既详尽又很缜密。但在具体实施过程中,碰到的困难也着实不少。

首先,学校就面临着理事会成员人选难以确定的问题。

跟普通学校有本地段学生不一样,达敏学校生源范围覆盖海曙全区,涉及的社区与街道不仅是孝闻社区及所属的鼓楼街道,还包括全区范围内的其

他街道和社区;而且学生来源复杂、背景差异明显、牵涉面也较广,因此,学校从实际出发,认为协作理事会的人员组成有必要涵盖区内各个街道,以吸纳更多社会资源支持学校建设,促进学生发展。

为此学校积极行动,通过不懈努力,取得了区内八个街道的领导的大力支持,一切准备工作也已经就绪,但是由于某些条件尚未成熟,有些设想还是不能实现。

但这还不是最困难的,最大的考验还是"理事长谁来当"的问题,人选长期悬而未决,曾经让协作理事会的工作一度陷入停滞状态。

按照学校刘校长最初的设想,由区领导担任理事长最合适。刘佳芬校长这样回忆:

最早,我们考虑的是让区领导,最好是叶区长来做这个协作理事会的主席,因为我们的学生来自整个区的各个街道和社区,如果要整合全区的优质社会资源来为我们服务,我想可能需要依靠权力的影响,因此,我们最初的设想是希望理事会的主席由领导担任,最好是区里的领导,政协领导也可以。

的确,站在达敏学校的角度,由于其本身所能利用的各种资源包括家长资源、学生资源和社会资源都非常有限,为办一件事"来来回回地跑上很多次,别人都未必理你""要受气、要看别人脸色"等痛苦经历经常发生,而如果由领导担任理事长,困难和阻力可能就会小得多,事情解决起来也会游刃有余。

但是从整体考虑,是否一定就得由区领导担任?还有没有更好的人选呢?

其实不然,一方面,现代学校制度要厘清政校关系。在议事会中政府领导只能起引导和协调作用,而不能包办全部工作,政府更不能"越位"。何况领导哪里有时间和精力,去为一所学校考虑和解决每件事情,具体细碎的事情还是要学校去做。

另一方面,这个主席既要了解特殊学生的各种需要,又要把握教育教学改革的前沿方向,临时性的不专业的家长,显然被排除在外了。那么,只剩下学校里的人最为合适,而且非要一个组织能力、学术专业水平都极其超凡的人担任不可!

因此,教育协作理事会的领导最合适的人选,应该是从学校专业人员内部产生。于是,关于理事长人选问题的讨论就此"尘埃落定",大家一致决定

由刘校长担任理事长最合适。

特级教师刘佳芬,在 2006 年全国先进性学习活动中作为"三个代表"的先进性人物在整个海曙区闻名。在随后的岁月里,佳芬校长一直在为达敏学校加分,为海曙区加分,为宁波市加分,为浙江省加分,为中国特殊教育事业加分,现在因为年龄关系已退居二线,依然还在为自闭症儿童的教育而加分。

"佳芬,佳芬,名字已经取好了,她就是加分校长。"

2012 年 4 月 21 日,由宁波市教育局、宁波市教育行政干训中心组织举办的"刘佳芬教育管理思想研讨会"上,笔者作为台上发言嘉宾,第一次用"加分校长"冠名这位后来全国闻名的风云校长。

受叶正波副区长之托,笔者蹲点观察达敏学校一个月,还是先分享一下她教育生涯成长轨迹中的几个故事吧,也可解释为什么冠名"加分校长"。

1992 年开始,刘佳芬就在聋哑学校当校长。根据她的回忆,当时主要是围绕以下三件事而努力工作。

第一件:筹建 15 万元的事业基金。

为什么要筹钱呢? 我们的学生可怜呀,全部是住校的,但是他们没有钱交费吃饭,有的家长看见自己的小孩这样,其实干脆就不要了,哪里来的经费呢。学生来自海岛山村,生活真的很困难,我去家访每一户学生家,下乡镇,上海岛,什么地方都跑。后来,跑的是企业,为了筹建这个基金,为了让孩子们有饭吃、有学上,我一个一个企业跑,结果也有好人的,良心好,想回报社会,而且资助不用回报,爵溪镇有一家企业出资 5 万人民币,另外是我的一个学生,她家办企业,得知我在聋哑学校就主动说要出资 10 万元,帮助经济困难的聋哑学生,后来举行了基金会仪式,县长亲自参加。

第二件:帮助解决特殊学生的就业问题。

这个就业问题,其实是解决一个学生出路的问题,刘佳芬认为,这是特殊学校教育的关键。要让学生有出路,找到工作,自己养活自己。这个问题在达敏学校也是同样存在的,一定要解决好,所以,达敏学校后来坚决要求办职业高中班,海曙区级财政没有这笔义务教育之外的经费也要办。

当时给学生找工作真的很辛苦的,别看这些特殊的孩子,有些人的智商很高,眼疾手快,水平很厉害,如果不解决他们的生计问题,会给社会造成很

大的负面影响,直接危害到社会的安定。所以,我先跑残联,跑民政局,跑教育局,后来终于有了眉目。香港陈先生真好,他在镇海有一家裘皮厂,我通过教育局钱副局长的介绍,就请他来学校参观,向他介绍了学校和学生的情况,并提出请求解决学生就业问题,他全面了解以后,就和我商量,同意先招收一部分学生。就这样我经常在象山和镇海之间来回,因为我们和陈先生有约,对就业的学生要进行跟踪教育。

为了掌握第一手材料,我都是自己亲自跟踪。那时也真笨,我和陆老师在暑假里为了省钱,到镇海下船以后再到裘皮厂,在那么大热天竟然走路的,有一次居然昏倒在镇海的街头。只有一次,为了女儿,为了当天赶回家,我狠狠心,坐了一回从镇海到宁波的摩托车,花了 40 元钱,而且这 40 元钱也是自己掏腰包的。就这样,解决了当时学生 100% 的就业率,保证了学校的声誉。

第三件:让学生到社区去。

刘校长无限感慨地回忆说,在那时很喜欢"人人为我,我为人人"的口号,为此想让更多的人了解这些特殊的孩子,就决定排练节目带学生到乡镇去演出。一方面,让乡镇的人了解学生、了解老师,扩大社会影响;另一方面,让学生更多地接触社会,锻炼学生的能力,培养学生的自信心。事实上,学生能参加这样的演出,很开心,这时恐怕是学校最兴旺的时候了。

当时县里领导看见我们的老师很辛苦、学校办得好,就解决了我们的办公经费,每位学生每年 500 元。我们到爵溪镇的明星企业演出,演出后还有其他好处,后来跟一个企业谈好,学生毕业去到这个企业当针织工人。

所以,从刘佳芬校长的办学经历来说,不难发现在她身上存在着某些特质,比如善良、富有爱心、善于学习、甘于奉献、有责任感、勇于开拓、创新、不断进取等,这些都决定了她对协作理事会的态度,以及能够在其中发挥巨大影响力。

比如对孝闻社区水书记的访谈记录里,笔者有这样的文字:

刘校长人蛮好,一直为学生考虑,一个人全心全意为这些学生着想,蛮难得的。她自己说:"学生很可怜,一进门就喊校长妈妈来了,校长妈妈来了,我很激动。"被她一讲,我听了也激动起来,校长的教育理念很对,好帮忙尽量好帮,又不用花钞票,我只是嘴巴讲讲,也不用花气力,我是动动嘴巴就够了。

刘校长一直是考虑学生,参与、融入社会各种活动,为"10多个人毕业"的事情想方设法。有一次,我也随口冲出声,社区组织包粽子活动,由年纪大的人教这些职高班的学生,刘校长说好的好的。一个小孩教两次就会,蛮聪明的,这个也是传统文化的学习。

我也接触了其他三个校长,比较几个校长,我认为刘校长更多考虑的是学生。

此外,一心为了学生,一切从学生角度出发去考虑问题,也是刘校长能够承担理事长一职的重要原因。

在对达敏学校的几位老师访谈过程中,在问及他们对校长印象最深的一点是什么的时候,他们都不约而同地谈到"最佩服的就是,校长的开创精神,总是能走在别人的前面,提出的观点和视角都非常新,接受新生事物比较快"。

在对水书记进行访谈时,也谈到了这一点:"刘校长专业知识丰富,观念总是很新。"

的确,不管是在1984年就首创家长会制度,还是在班级中进行社区教育实验,以及在达敏学校进行几次大规模教改等无不受"勇于创新、开拓,不断进取,不因循守旧"的特质驱动。协作理事会是一个新鲜事物,要做"第一个吃螃蟹的人",无疑要有很大的魄力,要有勇于承受失败的勇气,这就需要理事长——理事会的"灵魂人物"有很强的创新精神、开拓能力,而这种素质正是刘校长身上所具备的。

本节小结:

与教育议事会不能由校长担任主席的情况不同,特殊教育学校由专业的校长担任理事长反而比较合适。教育协作理事会的成功,在某种意义上,所在社区与社区干部是一个重要的相关变量,他们对这些特殊人群乃至整个特殊教育的态度与能力,决定了对学校的帮助力度大小。

第四节 豁然开朗：构建和运作

本节解密点：教育协作理事会的制度与运作。达敏学校的教育协作理事会内部究竟如何建构？ 该建立哪些有效的运作机制？

教育应该是幸福的,达敏学校正在追求一种开放的、民主的幸福教育；特殊教育应该是全民的,达敏学校正在追求一种和谐的、协作的、快乐的全社会的特殊教育。

2005 年 6 月至 7 月期间,成立"达敏学校社区教育协作理事会",并选举出理事会会长、秘书等,制定了理事会章程、工作计划等。2005 年 8 月至 9 月,理事会统计全区各社区有哪些资源能为特殊学校学生提供学习之便利。接下来,理事成员开展活动,联络本社区单位机构等为智力异常学生在社区学习提供支持平台。整合家校、社区资源,构建现代学校制度为达敏学校创设了良好的时机,而达敏学校社区教育协作理事会平台的成立,把特殊教育融入了全社会的教育之中。

一、敲定：一句话就够了

解决理事长人选分歧以后,成立教育协作理事会就变得顺理成章了。

2005 年 5 月至 6 月,由达敏学校牵头,跟前文铺垫顺序一致,联络原来的多家重点单位和热心人士组织建立"达敏学校社区教育协作理事会"。

首先,学校得到孝闻社区领导的支持,争取先联合学校所在社区的各家联系单位成立协作理事会,然后将范围逐渐扩大。

为了协作理事会正常运作,学校分为四步进行探索：

第一步,在学校内部开展,利用家长资源,营造校内氛围。虽然学生家长的可利用资源少得可怜,还是从学校先开始,一步一步摸索。

第二步,在学校所在社区,利用社区资源为学校的教育服务。在此过程

中得到了社区书记、主任的全程关注和积极建议，使得第二步工作开展得非常顺利，在儿童节聘请了社区协作理事单位和理事成员。

第三步，在学校所在的鼓楼街道开展，得到了鼓楼街道主要领导的高度重视，由街道忻副主任亲自负责此项工作。

第四步，面向全区以及社会各个方面，主要是利用学生生活的社区资源，更好地为智力异常人群提供支持系统。

至此，第一批的协作理事会理事单位有 17 个，理事成员 20 名，不包括家长和志愿者。

而在此时，学校的工作已引起了鼓楼街道领导的关注，街道领导亲自来征求意见，询问学校在社区教学中有何困难。

面对领导的善意，学校就直言不讳地提出自己的困难，坦言需要街道帮助。比如，在开展活动中，学校发现还有些涉及领导出面去做的工作，如有些设施被个人承包去的，在费用或门票上，学校希望能够适当便宜一点，给学校一点方便等。

学校的意见得到了街道主要领导的高度重视，由街道忻慧义副主任亲自负责此项工作，并会同街道文化站站长、事务科科长、民警协理员等相关人员，和学校班子成员召开达敏学校教育协作理事会调研会议，在此基础上决定首先在鼓楼街道成立一个社区教学点，忻副主任本人也作为协作理事会成员，街道下属的六个社区作为学校社区教育理事单位，而社区的书记（主任）作为理事成员，为此由街道出面召集六个社区的书记（主任）在达敏学校召开会议，讨论通过协作理事会的运作方案、协作理事会的章程等。

会议结束时，各个社区领导一致表示，只要达敏学校需要社区帮助，"就一句话好了"，这使达敏学校社区教育协作理事会的工作更为顺利。

这样，在街道与社区领导的大力支持和亲自落实下，第一阶段工作开展得很顺利，成立了第一批理事单位和理事成员：中央花园物业管理处、宁波汉通大酒店、金帆宾馆、新一佳超市、来必堡快餐店、宁波工程学院人文学院团总支、爱菊艺术学校、区城管局等单位。理事有：社区领导、包装店老板、市总工会任职的家长、市民进妇委会刘群女士、学生爸爸等，为学校开展教学活动和以后阶段的进程奠定了良好的实践基础。

2005 年 6 月 1 日,跟广济中心小学实验校区隆重的成立大会不一样,务实的达敏学校举办了简单而正式的"达敏学校社区教育理事授聘仪式"。

于是,街道和社区的教育协作理事会各项工作有条不紊地进行,各项机制都处于健康、有序的运作状态之中。

二、变革: 侧重协作功能

作为一个新生事物,达敏学校社区教育协作理事会的概念定性很重要。在海曙区教育局和学校的共同构想中,达敏学校教育协作理事会被认为是达敏学校与社区教育教学资源整合、教育教学活动互动、社区协助特殊学校教育教学活动、协助智力异常学生在社区完成学习、生活任务的协作组织。

1. 宗旨与任务

特殊学校社区教育协作理事会的宗旨是:努力建设现代新型的文明社区,发挥全区各社区资源的整体优势,充分调动社会各界人士的积极性,推进社区、家校教学资源的整合,提高达敏学校教育教学水平,提高各社区的文明程度,探索特殊学校与社区教育教学资源整合和应用的运作模式,促进特殊需要人群教学资源支持服务系统的建立。

其主要任务包括:

第一,以社区、学校、家长三结合的模式为切入口,构建关心支持特殊学校教育的互动平台,突破传统的单一封闭的办学模式,使社区各方人士协作、参与达敏学校的社区教学,为智力异常学生今后的社区使用、社区工作、社区参与、社区安全搭建平台。

第二,在社区各方人士的协助下,以教学活动为纽带探索新时期如何整合社区、家校资源,既促进学校的发展,又对建设和谐社区起到重要的作用,以提高市民的文明素质。

第三,充分发挥各理事单位和理事成员的作用,为促进达敏学校的教育以及共建和谐社区做出贡献。

第四,凡理事会成员应积极参与活动,联络社区有关单位,尽自己所能为智力异常学生在社区中学习提供方便,并对学校的社区教育提出合理的建议。

2.组织机构及分工

由上可见，跟广济学校的教育议事会不同的是，达敏的教育协作理事会侧重发挥理事单位的作用，以制度的形式保障理事单位支持学校开展社区化教育教学活动。

当然，达敏的教育协作理事会也不忽视各位理事成员的作用，更重视理事成员单位在支持达敏学校方面开展推动工作。

3.设置和分工

理事会设名誉理事长若干名，下设常务理事会负责日常工作，常务理事会设理事长一名，副理事长两名；常务理事会下设秘书长两名；理事单位若干个，理事若干名。

理事主要来自社区有关企事业单位、街道社区干部、社区志愿者、学生家长，以及学校教师等与学校发展密切相关的重要人群，如图 3-1 所示。

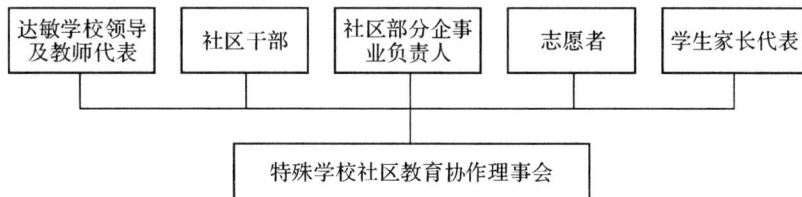

图 3-1 达敏学校教育协作理事会组织结构

其中，常务理事的主要工作是对"学校社区教育教学"的协作工作进行研究、审议、部署、实施，重大决策需提请"理事会"会议讨论通过。

常务理事长设想由区残联领导担任；两名副理事长的人选主要包括鼓楼街道领导和达敏学校校长，而多名常务理事由海曙区下属各街道领导等担任；两名秘书长具体负责"达敏学校教育协作理事会"的执行和协调工作，其职能是落实常务理事会制定的计划、有关协约及确定的相关工作，并根据"理事会"的规章对日常工作进行协调、管理和服务，以保证"达敏学校教育协作理事会"有效运行。

理事会成员的主要职责，是根据理事会的章程协调各社区机构、单位以及各企业事等关系，为特殊学生在社区学习提供无障碍通道。

三、架构：章程的那些事

以下摘取自《达敏学校教育协作理事会章程》第二、三、四章部分条款，以进一步解读有达敏学校特色的教育协作理事会。

第二章　职　责

第三条　本着共建文明和谐社区，推进教学资源共享的指导思想，对各会员单位与达敏学校的教学资源进行协调、互动，分工协作，探讨学校与社区互动的新机制。

第四条　结合教学模式改革探索，推进社区教学资源的应用。为会员单位提供教学资源信息发布、交流，协调解决教学资源应用指导和支持服务的相关问题。

第五条　组织开展和协调各会员单位之间的交流与合作，推动特殊学校和社区各单位、企业等方面的交流与合作，促进教学资源的整合。

第三章　会　员

第八条　协作会实行单位会员制。凡承认并愿意遵守本章程的社区、单位、企业、学校、家长、个人等，均可申请参加本会，经协作会常务理事会讨论通过成为会员。

会员退会应书面报协作会秘书处备案。

第九条　会员指派本单位相关负责人为协作会理事。会员指派专人负责日常工作联系。

（第十条、第十一条会员权利与会员义务略。）

第四章　组织机构

第十二条　协作会的组织原则是民主集中制。最高权力机构是理事会。

第十三条　理事会的职责

1.制订和修改协作会章程。

2.讨论并审议协作会年度工作计划。

3.审议和批准理事会的年度工作报告。

4.选举或改选常务理事会。

5.审议经费的使用报告。

6.讨论通过会员应共同遵守的有关工作规范、工作规程及流程等。

7.讨论通过会员共同参与的交流、合作和课题研究等重大活动的方案。

8.讨论通过特殊学校社区教育教学活动方案。

9.决定协作会的其他重大事项。

……

章程第十四条到十九条是关于召开理事会议、常务理事会机构及职责等内容,秘书处设在达敏学校内,秘书处在理事长领导下由秘书长主持日常工作。教育协作理事会会员单位工作重点显然是积极协助特殊学校在社区中完成教育教学任务,协助智力异常学生在社区完成生活、学习任务;宏观地说是,参与构建社区特殊需要人群教学资源支持服务系统。

有象征意义的会徽

课题组是这样设想的,会徽中的 D 既是"达敏学校"中"达"字的第一个声母又是"大地"中"大"的第一个声母,把达敏学校和大地的生命力融合在一起,绿色象征欣欣向荣的社区,达敏学校和社区的不断发展有机结合;上面的一个心,告诉人们宁波是一个爱心城市,而这个心字又是敏的第一个声母艺术化,很顽强地从地下钻出来,生长在一片绿色的大地上,达敏学校既是爱的摇篮又享受着全社会的爱心,如图 3-2 所示。

图 3-2　教育协作理事会会徽

总的意思就是说,达敏学校通过教育协作理事会组织在现代社区中沐浴着党的温暖阳光,享受着政府和市民的支持和仁慈,明天一定会更美好。

四、编程：运作程序图表

成立协作理事会后，理事会成员均参与学校社区教育教学协作、管理活动，学校在社区教学中有重大活动要提交协作理事会研究、讨论和定案，真正为特殊学生在社区生活、学习搭建平台。

协作理事会运作程序，如图 3-3 所示。

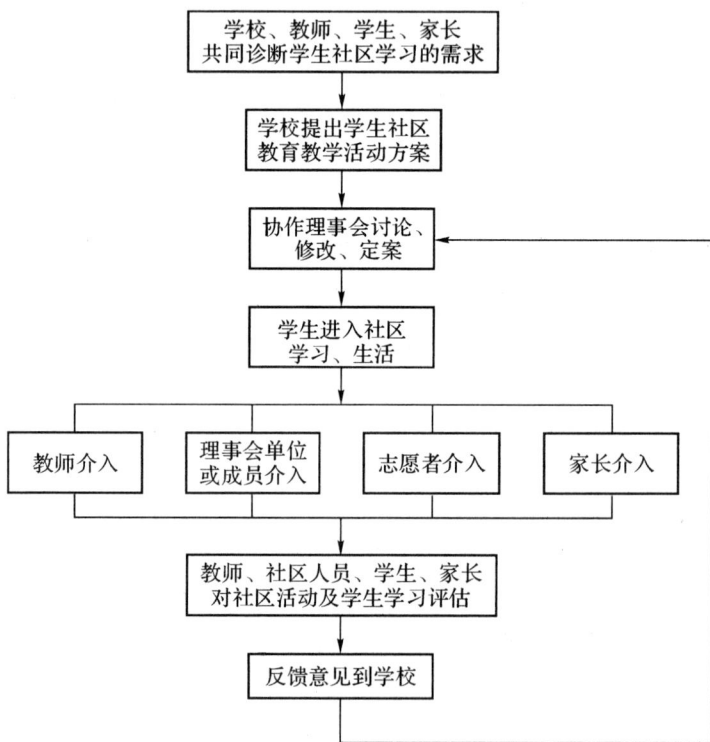

图 3-3　达敏学校教育协作理事会工作流程

由图 3-3 可见，协作理事会运作程序完全是围绕学生在社区的教育教学活动，正是有了教育协作理事会，教师的社区化教学压力减小，外出教学的顾虑已逐渐消失，学生的生存能力正得以切实而有效地提高，实施"生涯教育社区化"的教学效果已得到了充分显现。

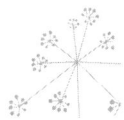

五、持续：更多会员加入

跟广济教育议事会有固定的成员明显不同的是，达敏的教育协作理事会具有开放、动态的特征，如果时机成熟，其主要组成部分——单位会员和个人会员都可以随时加入。为这些单位和个人点赞！

海曙区城建局与达敏学校签订了绿化护养地协议，点赞！

中山社区为达敏学生联系新一佳游乐场，点赞！

秀水社区为达敏联系包玉刚图书馆进行学习，为达敏的教师学习如何对图书编号提供了方便，点赞！

孝闻社区为达敏学校联络各企业单位的教学点，点赞！

包装店老板饶成先生经常为达敏学生手工作品制作包装，大大点赞！

青青草园林发展有限公司将花草盆景免费摆放到学校内部，美化校园环境并教授、丰富学生园林方面的知识，点赞！

……

这些事不胜枚举，接下来说具体一点的事例：

1. 特殊的英语课

2005 年 12 月 30 日，是达敏学校教育协作理事会举行元旦联欢会的日子。课题组尹黎受校长的邀请来学校与老师和学生们共同联欢。

坐在台下观赏节目的时候，我发现身后有一位年约四十岁左右、衣着时尚的女士显得非常活跃，总是举着相机为在台上表演的学生拍照，但显然她并不是学校的老师（笔者在学校整整一个月，对学校老师都有印象）。为什么她这么关心这些学生，我非常好奇。于是当她在座位上坐定后，我开始和她攀谈起来。经过交谈，我了解到，她是维恩英语培训学校的办公室主任，今天是作为达敏学校教育协作理事会理事单位代表受邀来学校参加联欢会。他们学校派老师每周五中午到达敏学校为轻度智力异常儿童上两个小时的英语课。

听她这么一说，我更加好奇了：这种不赚钱的亏本生意他们为什么会做？况且，维恩学校位于迎凤社区，属月湖街道管辖，和达敏学校根本是"井水不

犯河水""浑身不搭界",为什么他们会向学校提供帮助?因此,我产生了要采访他们校长的念头,想了解到底是什么会促使他们有这样一个举动。这样我就和她商量,希望她能帮我和曾校长联系,让我可以有机会认识这位校长,她爽快地答应了我的要求。

次日,我接到电话,电话里她告诉我,曾校长下午有空。于是,下午三点钟,我按约定时间准时来到了维恩学校。曾校长告诉我,因为学校在发展过程中曾得到社会各界的大力支持,所以很早的时候她就产生了要回报社会的想法,但苦于一直没有一个合适的机会,这时,有人向她介绍了达敏学校,当她到达敏学校与刘校长交谈以后,发现那里的孩子非常需要社会的关心。于是,她就派了一位老师定期到达敏学校为轻度智力异常学生上英语课。开始,是校长指派某位教师,现在,老师们都主动报名要求去学校上课,学校已经决定今后将轮流委派教师前去上课。应该说,学校也在这样的活动中有所收获。

长期以来,教师队伍不稳定,人员流动频繁是民办培训学校的"致命伤",往往一个有些名气的老师会有多所学校来挖角。于是,在高薪诱惑下,一些老师就会选择离开。当然,在学校工作一段时间,熟悉了管理经验后有些教师会自主创业,创办类似的培训学校,同时就会带走一批业务骨干。

因此,如何让年轻教师留下来,建立一支相对稳定的教师队伍是曾校长常常思考的问题。通过与达敏学校这样的互动活动,在和这些特殊孩子接触以后,老师们的爱心被激发出来,"许多人从心底真正爱上了教育、爱上了孩子。学校没有付出多少,却收获很多"。这也在无形中提高了学校的凝聚力,稳定了教师队伍,这是曾校长的感慨。

2.我们的课程真有趣

在从生活教育—生存教育—生涯教育的教育教学改革过程中,达敏学校经历着凤凰涅槃般的蜕变,全体教师形成了对课程理念的全新认识,编写出了实用、美观、系统的校本教材。

学校针对智力异常学生社区生活需要,设置了相应的生涯教育社区化课程内容,如果没有教育协作理事会的大力支持,就不可能把这些课程内容渗透在各教学活动中。如达敏学校《生涯教育社区化课程内容》:

中段课程

——关于社区地域环境：认识商店、医院、电影院、银行、邮电局、超市、体育馆、学校、照相馆、理发店、幼儿园、影剧院、公用电话、交通工具、社区维修部、歌舞厅、餐厅、美发店、健身房、社区活动站、茶馆、音乐厅、网吧、社区服务中心、街道居委会、社区物业管理等。

——关于社区机构：宁波市人民政府、公安局、派出所、民政局、残联、街道、居委会、社区办事处等。

高段课程

——关于使用社区：使用社区设施、机构等，诸如医院、银行、餐厅、美发店、公用电话、电梯、健身房、歌舞厅、体育场、茶馆、影剧院、室外健身器、社区活动站、网吧、交通工具、维修部、社区物业管理、街道居委会等。

——关于职业准备：学做宾馆服务员、学做园林管理员、认识几种职业、职业道德、应聘技能等。如：报刊服务、复印员、娱乐场检票员、巡逻员、绿化员、送奶员、勤杂工、送报工、存物管理员、经营小商品、搬运工、送水工、送信、陪护员、配钥匙、洗车工等。

不难发现要学习这些课程，学生要进入宁波市人民政府、公安局、派出所等场所，不仅仅是学生认识门口所挂的牌子就行了。学习这些课程就要深入一些特定场所，如学做宾馆服务员，到超市应聘店员、清洁工。

这些课程的教学，仅靠教师一方难以完成，教育协作理事会的出现就很好地解决了这一问题，根据章程第八条教育协作理事会实行的是单位会员制，凡承认并遵守章程的社区、单位、企业、学校、家长个人等，均可申请参加，没有名额限制的问题，于是只要能对学校发展有帮助的单位都被吸纳进教育协作理事会。

比如在教学汽车知识的时候，学校找到了专营宝马车的宝星公司，公司答应了学校的要求，让学生进店体验生活。学生非常高兴，一般情况下，学生根本没有机会摸汽车，居然还可以坐汽车，他们觉得上课真有趣！

家长也反映学校的课程非常丰富。其实另一方面，宝星公司也就此了解了达敏学校，了解了这批需要特殊教育的智力异常学生，至此成了达敏学校社区教育协作理事会的一员，类似的单位还有星通外语培训学校、中国农业

银行宁波总行、如家快捷酒店等单位。

3.要教育也要安全

马斯洛的需求层次论认为安全需求是人的基本需求,整个有机体就是一个追求安全的机制,人的感受器官、效应器官、智能和其他能量是寻求安全的工具,这其中最关键的就是人身安全,失去了生命,任何东西都是空谈。与正常儿童懂得趋利避害,自觉规避交通风险不同,智力异常儿童由于动作的灵敏性和协调性较差,又缺乏生活经验,所以他们在面对突发事件时往往不能做出准确的判断。当他们处于危险之中时,缺乏保护自己的能力,就会造成比较严重的后果。

没有安全的教育不是有效的教育,达敏的老师非常清楚这一点,所以在一开始当校长提出要实行课堂教学社区化模式时,老师们的顾虑就多集中在学生的安全如何保障上。为此,在社区教育协作理事会成立伊始,就把如何确保学生安全列入议题,群策群力,讨论、制定出了安全运行机制。

刘佳芬校长担任课堂教学社区化安全领导小组的组长,组员是学校的 4 名中层、法制校长,以及 1 名学生家长。教育协作理事会围绕预警、应急救援、责任追究三个方面制定了全员责任制、全程导护制、安全警示制等具体的三项长效机制,具体制定了《课堂教学社区化学生安全须知》《课堂教学社区化家长安全须知》《课堂教学社区化班主任、带班教师安全须知》。

这些制度规定了从校长到普通教师都要担负起安全职责,并认真实施;按学校规定到社区教学的课程由带班教师、职工全程负责,分管领导要在社区教学的时候进行巡视、督查、及时反馈、严格考核;领导要经常警示教师、职工注意在社区教学的安全,教师、职工则经常对学生进行安全教育,对部分"不安全"(因疾病或其他原因产生的不安全因素)学生,应及时与家长等取得联系并给出警示;对社区中的一些安全警示语,教师应及时引导学生认识和规范使用。

为减轻教师的心理压力,对特殊学生的安全负责,经教育协作理事会讨论规定,具有特殊情况的学生,可不参加社区课堂教学活动,留在学校由专门的教师负责对他们进行校内课堂教学,所以还人性化的制定了《关于不参加社区课堂教学留校学习学生的规定》。

由此看来,教育协作理事会成员不仅出力为学生安全保驾护航,而且也为学校献智慧出谋划策。

本节小结:

　　教育协作理事会的成功运作,有很多技术含量,得益于顶层设计的巧妙。

第五节　生态渐成：硕果加成效

本节解密点：教育协作理事会的功能。达敏学校组建的教育协作理事会，到底会发挥什么作用？可以拿什么样的事例来证明？

教育协作理事会成立以后，达敏学校开展社区教学活动的渠道，不仅拓宽了也愈发顺畅了。各理事单位和会员积极主动地为学校的教学活动搭建平台，为智力异常学生进入社区生活、学习提供场所，营造良好的学习环境。

在这一过程中，学校的教学空间逐步扩大，教学环境趋于改善，社区居民逐渐改变对学校和学生的看法。

一、转变：市民的态度从"傻瓜来干什么？"到"你们来啦！"

目前，社区居民对学校的态度较之以前，已有天壤之别，刁难和非难的行为和话语鲜有出现，很多人都开始慢慢关心学校的建设发展，近距离关注学生的点滴变化。

比如，之前所提到的那位在学校搬迁之前砸玻璃的居民，就主动向校长提出想为学校做点事。

端午节的时候，学生们还和社区中的老人一起包粽子，活动中，居民对学生的耐心、热情连口夸赞，他们互动活动的镜头被刊登在当地日报的头版。

秋游回来，居民们主动与学生进行交谈，问问他们名字、年龄、家庭所在地等情况，态度都很和善。

春节期间，天行书友会的会员还和学生们一起联欢。

寒暑假里，社区干部培训学生做纸花、学电脑。

安全周里，社区交警为学生作交通安全讲座。

三八妇女节，公安局女警察与师生们一起活动。

……

现在许多居民已能接纳和包容这些智力异常学生,用平等的态度来对待他们。

正因为居民们现在非常关心学校,他们才如此关注这些学生,关注他们的学习情况,关注他们的生活境遇等,这在以前简直是难以想象的。

1. 从"呆头为啥来?"到"你们来啦!"

对于这种强烈反差,刘校长有着切身体会:

记得为了迎接全国特殊教育社区化研究现场会在我校举行,我们对生涯教育社区化教学进行了全面的总结,并且对要在那一次现场会上作汇报的班级进行重点跟踪。也是那个班级,我跟着一起去了城隍庙小吃城,准备和这些摊主进行沟通。

那一天上午,场内顾客不多,我们学生很有秩序地进入了小吃城。迈进大门门槛,走到摊位前,"阿姨好,叔叔好!"学生不同的声音就发出来了。结果映在我眼前的是摊主笑嘻嘻的脸,和亲切的让人感动的话:你们来啦! 我无言了,只是感动。

在接下来的训练中,学生操作自然,店主热情招待……我放心了,师生开心了。在去年的现场会上,我们学校生涯教育社区化获得了全国特殊教育专家充分肯定和赞赏,全国各特殊学校教师们高度评价,争相学习。

宁波有名的城隍庙店家们,从开始的"傻瓜来干什么?""呆头为啥来?"到现在的"你们来啦!",摊主们的态度有了360度的转变。从怀疑、拒绝学生,到接纳、欢迎学生,这充分体现了广大市民的素质在不断提高,特殊人群的生存环境在不断好转,学校和社区之间的关系已逐渐趋于和谐。

学校先后被授予"社区共进、共享先进单位"及"人民满意学校"称号,根据海曙区教育局督导室的调查,家长对达敏学校的满意度为99.37%,而社区市民的满意度更高达100%。

2. 从"心里怕怕的"到"颠覆原来的想法"

社区干部也是普通人,社会对智力异常人群的固有陈旧观念在他们身上也会留下烙印,而要帮助学校,首先就要从思想上消除对他们的歧视,只有自己思想通了,才能去说服教育别人。因此,如何转变自己的思想就成了社区

干部们面临的问题。

2004年11月，来到孝闻社区的社区干部小倩，刚来就接到分配给她的文化教育这项工作，联系的学校就是达敏学校，接受采访时，她直言不讳：

当时，我很惊讶，达敏学校！怎么打交道啊？我忖（想）达敏学校的学生蛮傻，蛮呆，蛮脏，心里有抵触情绪，很不愿意搞。说老实话，对达敏学校的老师也有看法，还有担心，蛮难跟老师沟通的，工作怎么开展呢？从哪方面入手呢？压力很大。

这时候水书记就开导我，别看这些孩子，有些人其实是很可爱的，很会叫人，很亲的……当时也记不清她说了些什么了，因为我心里实在不以为然，也根本不相信，我想这是在安慰我呢，不就是做思想工作吗？

许多没有接触过达敏学校学生的人，一开始都抱着和小倩一样的态度，认为这些学生"蛮傻，蛮呆，蛮脏，心里有抵触情绪"，听到别人耐心开导，小倩也当是"安慰、做思想工作""不以为然、根本也不相信"。自己都是这种态度，又如何开展工作？

俗话说"实践出真知"，真实的体验只有在行动中才能获得。这点在小倩的身上就明显体现出来了。

我1月6日上班了，年底社区总是有很多活动，刚好碰到社区在达敏学校搞活动，我一进学校，就有学生拉我的手，一开始我的心里怕怕的，我故作镇定，问学生："礼堂在哪里？""老师在哪里？"同学很热情地指给我看，越是年纪小，孩子越是热情。

我看他们穿的干干净净，于是，"冰山"开始融化了。后来，搞活动多了，我自己也主持了两台节目，学生"阿姨、阿姨"来叫我，我们越来越融洽了。这里的民警，也是学校法制副校长也说，有一次他陪上级领导来检查工作，有学生看见了就"叔叔""叔叔"这样热情地叫，觉得孩子很亲切，说明自己的工作很深入，自己和所里领导都很有面子的。我们听了也很感动。

确实如此，我们每个社工都联系300户的居民，171弄的学生"胖子"就是我联系的，我越来越发现，他挺可爱的。这里的校舍感觉很好，温暖、活泼，教室里的桌子摆放、教师的教育理念，社区化的生涯教育等教育跟国外一样，把我原来的想法"颠覆"了！如果用色彩来表示达敏学校，原来印象中的"灰暗"

变成了"五颜六色",很阳光的! 老师其实在刻意营造一种环境。

回家我马上跟家里人反馈,经常在吃饭的时候说,也建议他们来一趟。但是老实说,大人开始也很不以为然,最多说:"这样的呀。"后来我多讲多讲,他们开始关心起来,开始提问了:"又发现了什么?"我甚至提出要求,因为我爸爸是学校的中层领导,让他们派学生过来;我还要求男朋友,他是进出口公司的,把东西捐一点出来,我还说,公司捐助还可以上报纸宣传公司,扩大声誉很好的。我经常和他要毛绒玩具,送给学生。

在与学生的不断接触中,小倩改变了原来的看法,现在她已经认为这些学生"很可爱",这个词,社区副书记也曾经用过。

"可爱"是褒义词,在心理学中代表一种喜欢、喜爱之情,形容喜欢的词语很多,例如好、不错,等等,但只有发自内心的喜欢才会使用"可爱"这个词。这表明,社区干部已经扭转了认识。意识支配行为,意识自觉就决定了行为自觉。

现在尽管小倩工作很忙,但还经常牵线搭建平台,"六一"节和学校一起筹划活动,为学校联系合作单位,争取社会在物质和精神上给予学校更多的支持,呼吁更多的人来关心、支持他们。

人心都是肉长的,小倩的转变只是一个缩影,不光代表那些社区干部,而且也预示了普通人也即将转变。实际上,像她这样关心和支持学校工作,为学校发展出谋划策的人还有很多,正是因为有这么一批人的努力,学校才会有如此大的前进动力。

二、给力:单位的支持——"对不起,请大家耐心等一下!"

社区教学离不开企事业单位的参与和支持。教育协作理事会成立之前,虽然学校不遗余力地争取有关单位的协助,但大多得不到学校所希望的回应,就算答应了学校的要求,为教育教学提供方便和支持的单位也是在社区干部的要求和干预之下的被动回应,较少有主动提出为社区教学尽"一臂之力"的单位和个人。成立教育协作理事会之后,根据理事会章程,所有理事单位和理事都有义务积极协助特殊学校在社区中完成教育教学任务,协助智力

异常学生在社区完成生活、学习任务；参与构建社区特殊需要人群教学资源支持服务系统。

也就是说，为学校教育教学提供帮助和支持，不仅是一种社会责任和爱心的奉献，更是他们作为理事会成员所必须遵守的义务。以下是摘自新一佳超市代表在现场会上的发言稿：

记得，有一次达敏学校的老师提出要在超市里拍照和摄像，这在我们超市是不允许的，因为这里面牵涉到商业机密等许多问题，后来经过学校领导和老师们的再三沟通，我们也看出了这些老师是真心实意地为学生服务，我们被老师的责任心打动了，同意了老师们的请求。

通过这一次次的接触和沟通，我们新一佳的全体员工对达敏学校的老师和学生有了一些了解，并被达敏学校老师的艰辛教学而感动。我想，我们也可以为他们做点什么。

所以，在达敏学校领导、社区领导来和我们签订教学协议时，我们毫不犹豫地同意了。以后学生来超市时，我们不再阻拦，也不再提出太多的要求，给师生最大、最自由的空间，在可能的情况下，要求相关员工都能积极配合老师们的教学。

如今员工们和以前的态度大不一样了，当达敏学校的学生付钱动作较慢，后面排队的顾客有怨言的时候，我们的员工会解释："对不起，请你们耐心等一下"；当看到学生弄乱东西、商标，咨询的时候，他们都会主动、耐心地帮助学生完成学习任务。在和达敏学生打交道的日子里，我们的员工也多了一份爱心，让每一位顾客满意，这将是我们超市永远的服务宗旨。

一块树根，在农民眼里是上好柴火，在植物学家眼里是生命的起源，在根雕家的眼里是完美的艺术。因为眼光、态度不同，一件事物的境遇就有这么大的差异！类似新一佳超市这样的单位，在教育协作理事会中还有很多，他们的工作人员转变了态度，从不理解抗拒，到支持配合，到提供实质性的帮助，确实也经历了一番考验。

教学环境的好转，教学活动的顺利开展，使得教师们的信心极大增强。目前，全校教师的思想已经基本统一，教师们不会再用各种理由推脱不带学生到社区学习。因为有了协作理事会这个平台，如果教学中遇到问题和困难

能够找到愿意帮忙的人。

周老师就说："不管是社区还是家长，只要我们需要他们的帮助，告诉他们我们的困难后，他们都非常乐意帮助我们，这就极大地方便了我们的教学工作。学生在社区学习过程中学到了许多东西，受益良多，巩固了教学效果。"以下摘自周老师的发言稿：

老师们都认为协作理事会这个平台为我们社区课堂教学沟通了方方面面。例如：新一佳超市成为我们学校社区教学点；刘老师是我们学校语言编外教师，常有园林师、面点师等来给学生们上课。又如：在孝闻社区领导的协调下，金帆宾馆成了学生的学习基地，他们的部分工作人员成了我们学校的编外教师，社区人们也逐渐接纳了我们的学生，等等。

教学环境的改善，教学思想的统一，极大地促进了学校的教育教学活动的开展，提高了教师的教学水平和科研能力。从 2001 年开始，学校每年都有教师在省青年教师基本功大赛中获一等奖；2004 年，一位老师获教育部颁发的学生手工作品优秀指导奖……更多的教师获得更多的奖项。例如，2005 年刘佳芬获浙江省教育科研先进个人；2006 年刘佳芬、陆雪萍获得省特级教师称号。

三、显著：学生的提高——"我家小囡会做家务了！"

学校教育的根本目的和出发点都是为了学生，为了一切学生，为了学生的一切。达敏学校始终将"为了智力异常学生的生存和发展能力，提升他们的生命质量"，作为学校的办学宗旨和指导思想。

毕竟，学生在学校学习的时间短短不过十多年，而成年后更多的时间，他们必须独自面对社会，克服各种未知的困难，需要学习必要的生活技能，掌握一些谋生的手段。重视学生的实际需要，满足他们的合理需求，为今后使用社区、服务社区、生活于社区奠定基础，并为实现生涯注意—生涯探索—生涯准备而提供必要的服务。

"生涯教育社区化"课题及随后成立的"教育协作理事会"就在这个理论背景的指导下应运而生。

那么,经过一系列的社区教学活动后,学生的学习效果究竟如何呢?学生已经掌握了什么技能呢?

从一节名为"美味在宁波"的社区教学活动课中,就可一窥究竟。

那天下午3点20分,笔者跟随达敏学校的师生和部分家长来到城隍庙小吃城,进行社区教学活动课的学习,这节课的主题是购买特色小吃,目标是使学生学会介绍自己所要购买的小吃,会计算买小吃所用的钱。很快,带班教师将所有学生分成四组,有两位义工妈妈帮助,加上两位老师,四人分别管一组。

活动前,按照分层教学的原则,任课教师对四组学生分别提出不同的教学要求:

第一组:1.会看价目表,认识快餐的名称和价格,会用"请问这是什么东西,多少钱一份?"的句式来询问认识各类小吃,能认读小吃的名称15个。2.每人选择自己喜欢的一至两种小吃,价钱在15元以内。3.能把自己吃的小吃名称记下来,每个同学能计算自己买小吃所用的钱款。4.每人点一份当地特色小吃向客人做介绍,请客人品尝。用"我给大家推荐的特色小吃是——"句式说话。

第二组:1.能认读小吃的名称10个。2.每人选择一种小吃,价钱在10元以内。3.要求一组同学买的小吃不重复,能把自己吃的小吃名称记下来,每个同学能计算自己买小吃所用的钱款。4.同学之间互相介绍自己购买的小吃。用"这是我购买的小吃,几元一份"句式说话。

第三组:1.能认读小吃名称8个,找出实物与名称对应。2.每人选择一种小吃,价钱在10元以内。3.会用"请问这是什么东西,多少钱一份?"的句式来询问认识各类小吃,会用"请帮我端一下,请让一下"等句式来获得别人的帮助。4.会用计算器辅助计算。

第四组:1.能指认食物说出小吃名称5个,实物与名称对应。2.能在指定的摊位挑选自己喜欢的小吃。3.能用"我喜欢什么小吃"的句式,说出挑选的小吃名称。

正式上课了,只听见老师对学生说:"同学们,今天我们又来到这里,你知道这是什么地方吗?这里的小吃品种很多,有面食类的、有油炸类的,还有许

多风味小吃,购买前老师再带你们四处走走看看,可以方便大家选择购买。"

然后老师就带着学生先到处看看,先熟悉周围的环境。走过一遍后,老师就对学生们交代了要完成的主要任务:

"今天大家要在这么多摊位里挑选自己喜欢的小吃,每组同学要根据自己所带钱的多少挑选一至两种小吃,购买完了集中在座位旁等,最后祝大家购买顺利!"

接下来,各组在老师和家长的带领下分头行动:第一、三组的同学购买的范围比较广,可以在整个小吃城里挑选购买,购买的小吃品种是一至两种,钱款在 10 至 15 元以内,要求独立完成。第二、四组的同学购买的范围小,在指定的摊位挑选一种小吃,钱款在 5 元至 10 元以内,教师要协助指导。同学之间也可以互动,可以多人一组合作购买。

小组自主活动时间:我跟从第二组,一位义工妈妈带着一组 5 人集体奔向右边的面食摊。组内最矮小的男生选择了雪菜肉丝面,比我还高的男生和女生一起选择了红烧大排面。他们能指认出挂在那里的各种面类名称和单价的商标牌子,4 元,然后耐心等待面点师傅给他装好,再端起托盘小心地搬到原来老师指定的地方。

在等待面条烧熟的间隙,我采访面食师傅和学生。他们的回答都是很简单的几个字,大意是:

学生:"很喜欢到城隍庙""喜欢吃雪菜肉丝面(或者自己点的面条)。"

面食师傅:"知道这是达敏学校的学生。这些学生经常来。他们能够自己买。很有必要让他们来。我们有时会特别照顾。"当然,现在这个时间段没有什么顾客。

很快,那个高个子男生端走了面条,那个女生似乎忘记自己究竟点了什么面食,只是等在我和矮个子学生后面。我发现这个面食师傅特意挑了最大一块的大排肉放在面条上面,又舀了一大勺肉酱给这个女生。女生小心地端走面食师傅给她的大排面,回到自己的座位上。最后,雪菜肉丝面也好了。

而今天义工妈妈基本上没有遇到什么大事,发现地滑的地方、上下阶梯时,最多提醒孩子走要当心,不要踩到水里。

第二组有一个高个子男生点的东西很特别,是铁板牛肉,看起来他已经

不是第一次,虽然铁板烧得牛肉、蔬菜呲呲作响、热气腾腾,但是他自己打理得井井有条,很熟练,丝毫看不出是中度智力异常学生。

集体交流会餐:回到原来的座位,发现很多同学已经回来了,有个同学还买了两份,桌上一碗炒面,手上还拿了一只油炸大鸡翅。老师问他:"你花了多少钱?"回答的思路很清楚:"炒面 5 元,鸡翅 4 元,总共给我 10 元,还剩 1元。"该学生已经初步完成了本节课的学习目标。桌子上琳琅满目,确实有点诱人。洁白玲珑剔透的是蒸饺,焦黄酥脆的是油炸鸡腿……

接下来人全部到齐后,按照既定教学安排,大家就开始介绍交流宁波特色点心。教师重点安排第一组学生回答。一个大眼睛穿红衣服的女生介绍的是宁波汤圆,讲得很流利,词语很丰富,已经倒背如流。

一个男生本来按老师要求是介绍宁波臭豆腐,结果,今天他买了 4 个南瓜饼,但是背诵的台词依然是介绍臭豆腐的,引得老师们笑了,他也有点不好意思。现场编出一段介绍南瓜饼的台词,对于他有点难度,于是在老师的提醒下,磕磕碰碰将介绍词讲完。

其中一个教学环节:学生将特色点心介绍完请客人品尝。笔者很荣幸,被好几个同学邀请,思考再三,不得已我吃了个南瓜饼。

以上是 2005 年 3 月 2 日笔者的观察记录。教师通过现场教学,教学生购买各类食品的一系列程序,学生在亲身体验、不断尝试以后,大部分人都能够掌握这项基本技能。

如前文所提,智力异常学生迁移能力比较弱,在封闭式的课堂环境或模拟情境下学习的知识和技能常常不能迁移到真实的场景中去,许多人可能换个地方甚至换个对象就不会了,学习效果不容易巩固。

而在社会这样开放性的大课堂中,教学情境很真实,学会的知识和技能是他们社会生活中所必须掌握的,在学习过程中遇到的问题也可能就是在今后生活中所面临的困难,因此,针对性比较强,教学效果比较好。

通过教师坚持不懈的努力及协作理事单位的积极配合,许多学生的知识和能力水平都有显著的进步和很大的提高。

达敏学校的学生能烤出香喷喷、油亮亮的面包了;能做出色香味俱全的四菜一汤了;还能在小吃城里向来自五湖四海的特教专家、教授、老师介绍宁

波特产,展示自己的技能;学生的工艺作品多次获得国家最高奖。创编的文艺节目音乐剧《飞翔的梦》,2004 年 12 月获浙江省特殊教育学校文艺汇演一等奖,并经常在社区演出;有 3 名学生的手工作品在 2004 年全国特殊教育学校手工大赛中获得好名次,还有一名学生在和普通学生同台竞技的舞台上也展示出了强大实力,取得了浙江省第五届工艺美术作品大赛三等奖。经过自己细心的折、剪、粘、贴、裹等复杂程序制作出来的五颜六色的蔷薇花在义卖中获得了 2 万元人民币,全部作为特困学生的就学补助;他们还参加了宁波电视台"七色花"组织的"天一广场大型义卖",将义卖的钱全部捐出,居然能帮助那些更困难的人!

对于孩子们身上出现的显著变化,家长深有体会,例如,张女士在 2005 年 6 月 29 日召开的区"社区、家庭与学校互动"科研成果推广会上祖露心迹:

自孩子一出生,我就背着沉重的心理包袱,生怕孩子会被别人看不起,以后在社会中难以生存。孩子到了上学的年级,没有一个普通小学愿意接收,别人介绍达敏学校是专门教育智力异常儿童的学校,因为对学校不是太了解,我还很不情愿地将孩子送到了这所学校。

经过学校将近十年的教育和培养,特别是学校实施"生涯教育社区化",孩子进步很大,不仅学会了很多知识技能,生活自理能力也有很大提高,在家每天都看报纸,还帮着父母烧饭、拖地、洗碗,自己安排洗澡、洗脚、睡觉;在外面能独立与人交流,有时还会引用成语"我会尽力而为……"来表达自己的意思等等,我常常看在眼里喜在心里。这些进步对正常孩子来说,是轻而易举的事情,但对我们的孩子来说,确实是件不容易的事。

笔者现场随机访谈其他同学的妈妈。例如,黄女士,她也开心地表示:现在孩子不仅上学可以自己乘公共汽车,还会自己烧饭、烧菜,上医院看病,看到孩子身上出现这么多可喜的改变,我真的是很开心。

辛勤的汗水浇灌出丰硕的果实,不懈的努力赢得了人们的理解和支持,"达敏学校教育协作理事会"的成立不仅提高了学校的教学质量、巩固了教学效果,提升了办学水平,为学校的发展开辟了更大的空间,也在潜移默化中转变了社会对智力异常人群的态度,提高了社会的道德意识和人文素养,促进了社会的全面和谐。

2015年4月1日,英国诺丁汉大学特殊教育专家Jackie携翻译来到达敏学校,听取了学校的社区融合教学成果,以及课堂教学模式,到排练场地观看学生排练《兵马俑》,与学生互动。2日,Jackie女士将全校的篮球操全程录像,准备带回英国去给同类的特殊教育学校的学生欣赏,她还与职高班学生一起按照节奏拍球,在快乐中运动。恰逢学校青年教师课堂教学比赛,Jackie女士听了生活语文、生活数学和生活适应课,虽然语言不通,但是课后她与授课教师交流,她非常喜欢这样的以学生为主的小步子个别化教学,能够让学生学的更好。

最后Jackie女士说,她们一直认为,中国的特殊教育是不能与国外的特殊教育画等号的,也就是不是处于并列地位的,而通过在达敏两天完整的调研和感受,她受到了震撼,感叹中国的特殊教育原来做得如此好,她也要把在达敏受到的启发带回去给英国的学校借鉴!

四、吃惊:就业的安排——"我的孩子居然能赚钱了!"

"生涯教育社区化"概念包含了很多内容,其中,通过充分利用社区资源、设置社区化的课程体系,不仅要使学生适应社区、使用社区,更重要的是能够在社区中实现就业、享受休闲等,以提高他们的生活质量。也就是说,帮助学生早日踏入社会,尽快独立,减轻家长的负担也是学校的办学目标和宗旨之一。

但要让智力异常学生真正自立谈何容易,综合统计资料显示:在毕业的30名学生之中,能够就业的只有6人,另外的24人就只能依靠父母抚养,无独立生活能力。然而从2005年开始,这个问题已经被达敏学校悄然解决了。

学校首创的初级职业班毕业的10名学生全部就业,就业率达100%。为什么会出现如此大的反差?究其原因就是因为有新增加的教育协作理事单位——金田铜业公司的大力支持。

作为全国500强企业,其对员工各方面素质的要求非常严格,知识水平、能力水平通常就是它考察、评价员工的普遍标准。这些智力有缺陷的孩子显然连企业的最低要求都不能达到,但金田铜业公司仍然聘用了他们。

到底是怎样的原因促使全国 500 强的大企业做出这样的行动呢？原来，其下属有两家福利企业可以招收残疾人。2005 年，金田铜业公司在招聘会上招收了几个达敏学校的学生。就业以后，其中一个学生家长就把信息透露给了学校。

于是校方就积极主动联系了企业，推荐学生就业，并且按照企业的用工要求训练学生。经过各方面考察和磨合，金田铜业的下属企业接受了一部分学生。

2005 年年底，达敏学校共有 10 名左右的学生在金田铜业工作，主要负责日常办公楼的清洁辅助工作，每个星期休息 1.5 天，平均每月有 650－800 元的薪金。据达敏学校学生就业反馈表有关信息显示：就业学生平时工作表现良好，能服从领导分配，其中还有三名学生被评价为工作积极、主动、上进。公司负责残疾人就业的相关人员也反映，达敏学校学生总的来说不错，今后只要达敏的学生有上岗能力，公司仍将会择优录取他们。

当然，这件事，按照家长感慨的话来说："真的不敢想，我的孩子居然还可以赚钱了！"

确实不可思议，教育协作理事会有强大功能，还解决了这些学生的就业生存难题。

2015 年达敏学生就业渠道有了新进展，以前毕业的学生从事比较多的是清洁工，后来有了糕饼店店员等。现在达敏学校的一个智力异常学生已经开始创业了，学校也为他资助了一部分创业资金。

从特殊儿童接受义务教育，到百分百就业，再到创业，达敏学校的学生非常了不起！

五、反转：社区的扬名——"领导媒体光顾不起眼的小区！"

随着时间的推移，达敏学校的积极效应逐渐显现出来。众所周知，社区社会工作有很重要的一条，就是发掘和利用社区内外资源，协助社区居民解决社区问题，提高他们的能力，以推动社区的发展。现在的学校较之以前，根本就是天壤之别，这么漂亮的学校，定会整体提升社区的人文环境。

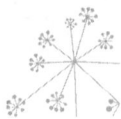

确实,达敏学校的到来,给社区带来了很多意想不到的宝贵资源,主要分为有形的和无形的两大资源。

一是有形的物质资源。给社区带来了大型礼堂、标准的跑道,以及电脑等一些硬件设施,解决了社区教育、活动资源不足的问题,并为社区的特殊儿童带来了福音,社区内的特殊儿童就学也变得更加方便了,解决了家长们的后顾之忧。

二是有形的人力资源。学校教师们个个都是人才,党支部、团支部等组织也积极参与到社区的两个文明建设当中,给社区注入了活力,促进了社区的文明与和谐。

而更重要的是无形资源,那正是社区最想得到而又得不到的。

达敏学校的特殊性,吸引了社会各方面的关注,市里的领导及各界知名人士经常来学校参加献爱心、慈善义卖等活动。达敏学校卓越的科研成绩,全国性、全省性的教育教学研讨会纷纷召开,外省市参观考察团纷至沓来,小区的大红横幅换了又换。

市委书记、副市长都来了,领导来了,新闻媒体也来了,领导们使社区的曝光率提高,大大提升了孝闻社区的知名度,为精品社区的创建提供了良好的外部环境。

其中,中国教科院基础教育中心主任陈如平博士,在达敏学校召开的海曙区现代学校制度现场会上,感谢社区的参与和支持,提出了三个"达敏高度":

第一,教育精神的高度。

普通学校要向特殊学校学习,向特殊教育工作者致敬。博爱到恒爱最后是心爱,这很好地诠释了爱的教育。这也是达敏成功的奥秘所在,达敏正是这样一个有奉献精神与长期坚持在特殊教育岗位上的团队。早在2007年达敏就提出"一切为了学生的生存与发展,提高他们的生活质量"的理念,高度概括了达敏学校的教育精神。

第二,专业技能的高度。

达敏学校组成了一个支持性教育系统,帮助残疾儿童。自主活动课程的开发,成为省级教材,《我有一双勤劳的手》《我有一双灵巧的手》及《我有一身

健美的本领》,达敏都做得非常精致。这些自主活动,很好地体现了人文观,更好地关注残障孩子的成长。社区化教学更应该成为社区课程,教育协作理事也应该加入社区课程,参与教材的编写。实现社区支持,全员参与。教育协作理事是现代化学校的体现,生态体验是达敏的核心体现,是让孩子回归正常社会生活的体现。这是尊重教育规律,遵循教育规律的。这一种理念是处于领先地位的,并且还具有无限的上升高度。

第三,社会合力的高度。

教育协作理事会是社会参与学校的体现,最理想的是社会参与学校管理。这解决了学校纳入社区的问题,提高了大家对教育的高度的认知。全社会通过教育协作理事会的平台要共同关心、支持特殊教育事业。

同时,达敏学校的到来,改变了居民对特殊儿童的态度,进而对提升居民正确认识社区内特殊人群也有极大的帮助,居民能用宽容平等的态度看人,这对"健康社区"的建设无疑有极大的促进作用,是社区文明的一次升华。

谁在为构建和谐社会而努力?谁在为争创文明城市而比拼,让城市的脉搏在澄净、新鲜的血液里跳得前所未有的动听?

……

助残日,达敏的师生在中山广场举行"伸出我的手,美化你的生活,伸出你的手,温暖我的生活"自制手工纸花义卖活动。社区干部来到现场为学生打气,买朵纸花献上自己的爱心,并代表居委会送来了500元现金,还带动了中央花园汉通大酒店等单位前来捐资,路过的市民不分老小,也都踊跃地献上了自己的一份心意。

端午节,小区组织包粽子活动,达敏的部分学生也在受邀之列,出人意料的是,孩子们礼貌地与每个人打招呼、不厌其烦地向老人学习包粽子的技巧、将饱满的粽子一一呈现的这一过程,得到了居民的连声夸赞:"蛮乖!蛮乖!"

这一和谐的画面也吸引了在场记者的镜头,成了第二天《宁波日报》的头版呢!

以上的文字,来源于社区志愿者乔军芳教师代表学校所在的孝闻社区撰写的《情牵特殊儿童——"社区托起明天的太阳"》一文。该文章参加中央文明办、民政部、新闻出版总署、国家广电总局联合举办的"社区托起明天的太

阳有奖征文比赛",荣获成年组金奖。这也是社区参加各级比赛获得的等级最高的荣誉。

"双赢"或者"多赢",是大家乐于看到的结果,只有付出,没有回报,付出就不会长久,相反,只有接受而没有付出,就总会有"一无所得"的一天。

学校和社区在互动过程中各有所得,不仅推动了学校发展,也带动了社区进步,提升了社区文明,这充分体现出了创建"和谐社会"的主旨。如此看来,"平等共享,提高生活质量"已不再是奢望。

每一扇门窗都映出真诚的笑脸,每一个楼道都充满浓浓的情意。每一个早晨都跃动着翩跹的舞姿,每一个夜晚都弥漫飘溢的琴声……在这美丽的花园、舒适的家园、文明的乐园里没有实现不了的梦——因为"和谐社会、文明城市"已是宁波城市一张亮丽的名片!

"月虽残,亮如雪,高挂天空谁笑缺!"正常的孩子容易得到爱,那些不漂亮的、残疾的孩子更需要爱。

截至 2006 年 12 月 30 日,不包括家长和义工,达敏学校的理事单位有 40 家,理事成员有 50 名。

六、后续成果

2013 年 3 月 3 日上午,达敏学校新校舍的大体育馆隆重举行了"宁波市达敏学校迁址仪式",同时举办香港泰昌祥集团顾国华、顾国和慈善基金会达敏康复中心落成典礼。

落成典礼由海曙区副区长国宇主持,香港泰昌祥集团代表、香港顾氏家族、宁波市副市长王仁洲、海曙区区长吴胜武参加了仪式,市、区两级侨办、教育局、红十字会、慈善总会、残联、妇联等单位领导也莅临现场。达敏学校最早的协作理事单位——海曙区 8 个街道的负责人、捐助单位代表、9 所兄弟学校校长及宁波各大媒体记者与达敏学校全体师生一起感受了达敏康复中心的落成和搬迁之喜,共同见证达敏翻开历史新篇章、踏上追梦新征程的动人时刻。

2012 年达敏学校再一次腾空换地开始装修,根本没有第一次换校址的烦

心事了。

因为自从 2011 年 10 月,宁波市教育局与海曙区政府联合举行"融合教育国际论坛"之后,海曙区构建的以融合教育为支撑的区域特殊教育体系,被国内外专家评为具有中国特色的、保护受教育者权益的特殊教育的"中国样本"。达敏学校的光辉事迹多次登上各级各类媒体杂志。宁波整个城市对达敏学校的知晓度,超过了任何一所普通的小学。

2012 年 11 月 28 日下午,海曙区教育局代表、21 世纪教育发展研究院院长杨东平、浙江省特殊教育专家刘佳芬、日本筑波大学研究员裴虹等专家做客腾讯微访谈栏目,共同探讨了海曙区特殊教育的"中国样本"。

12 月 15 日,由 21 世纪教育研究院、腾讯公益慈善基金会等多家机构联合发起的第三届"地方教育制度创新奖"公益评选活动落下帷幕,颁奖典礼在北京隆重举行。海曙区"构建以融合教育为支撑的区域特殊教育体系"案例捧回地方教育制度创新奖优秀奖。第三届地方教育制度创新奖,通过专家媒体推荐和地方政府自荐,在征集到的 120 多个案例中,经过组委会四轮评选,历时半年对 7 个省份进行实地调研,其中有 62 个案例成功入围,最终 25 个案例晋级获奖。

2014 年 8 月 2 日,首次被纳入甬港合作论坛的特殊教育专题交流会在宁波香格里拉大酒店隆重举行。作为受邀嘉宾之一,刘佳芬校长在会议上做了《走向融合——宁波市海曙区特殊教育工作概况》的报告,向甬港两地的特殊教育工作者介绍了海曙区融合教育走过的历程及创新举措等。

发言吸引了香港嘉宾的极大兴趣,同日下午,香港职训局、香港教育局、香港特殊教育团队一行 20 余人马上莅临达敏,听取学校特色的介绍,观看社区教学的视频,参观学校多功能楼,详细询问访谈教师。香港客人最后在恒爱园前合影,并一再说下次会再光临学习,深入探讨课程、教学等问题。

2014 年 11 月 19 日,在宁波诺丁汉大学国际会议中心举办的特殊教育国际高峰论坛上,论坛以分享英国不同类型的特殊教育实践为主要内容,邀请了英国诺丁汉 Oakfield Special School 校长大卫·斯图尔特和英国诺丁汉大学教育学院特殊教育研究院副教授杰姬·蒂尔登介绍当地的特殊教育,论坛特别留出 15 分钟时间让刘佳芬校长讲述特殊教育领域里的海曙经验。

2014年,宁波市很多媒体刊载了这样的消息,以下是记者朱尹莹、通讯员池瑞辉采写的海曙新闻:

近日(8月),2014年国家级教学成果奖评审揭晓,宁波市达敏学校报送的《培智学校社区融合教学模式的建构与应用》获得基础教育国家级教学成果奖一等奖。这是海曙获得的第一个国家级教学成果奖。教育部组织国内专家对该成果进行了调研,结论为:这个典型具有普遍的意义、极高的推广价值。这个典型如果能够广泛地复制、移植到其他地方,对我国特殊教育将起到革命性的作用,会极大地改变我国特殊教育状况,提高特殊孩子的培养质量,对于特殊孩子成功地融入社会、掌握生存所需要的各方面能力具有重要的意义。

2015年4月,来自全国11个省60多个县市特殊教育学校的校长和老师汇集宁波市达敏学校,进行为期两天的特殊教育学校社区融合教学共同体活动。活动由海曙区教育局副局长裘建浩主持,出席本次活动的嘉宾有北京联合大学特殊教育学院许家成教授、中国教育科学研究院基础教育研究中心陈如平主任、华东师范大学杨广学教授、陕西师范大学兰继军教授、台州学院孙小荣教授、杭州幼儿师范大学林云强博士。

14日上午,150多位教师观摩达敏学校社区融合教学课,教学地点分别在青林湾公园、海曙外国语学校、欧尚超市。老师们惊叹达敏这一社区教学模式,敢于把学生带出校园,带入社区。学生们在社区课堂里,与超市员工互动,超市人员和观摩老师也对学生进行实时评价。

下午,由达敏学校的三位教师分别开课:生活适应课——开关门窗、生活语文课——晚上要下雨、生活数学课——10以内加法的运用。兰继军教授和孙小荣教授进行课堂点评,随后进行现场问答。

15日上午,由达敏学校校长刘佳芬、北京联合大学特殊教育学院许家成教授和中国教育科学研究院基础教育研究中心陈如平主任对社区融合教学这一模式进行了深入细致的解读。活动的最后一项内容是达敏学校与华东师范大学合作的自闭症研究国家重点课题开题。

特殊教育社区融合教学共同体之所以能够吸引全国各地的老师前来观摩学习,是因为这一模式在达敏的土地上经过了实践的检验,是符合特殊儿

童发展需要的,是经过专家认证认可的,是未来中国特殊教育的必经之路。

2016年3月28日,江西省的50位骨干校长学习团、河北省冀州市教育局白局长带领特殊教育学校校长等一行7人,汇聚达敏学校参观、学习。上午,达敏学校的姚俊、李淼、邱婧三位教师分别展示了培智学校生活适应、生活数学、生活语文三节课,诠释了培智学校社区融合教学模式的课堂教学是如何开展的。

下午,刘佳芬校长结合上午的三节课,作了《特殊学校社区融合教学模式的建构与应用》的讲座,讲座理论联系实际,全方面解读达敏学校走社区融合教学的模式,使领导和骨干校长们受益匪浅。他们纷纷表示,达敏教学模式为他们如何办学,如何推进特殊学校融合教学指明了方向,达敏和社区融合教学成果无愧被誉为中国特殊教育的样本,它正在不断地改变着特殊教育的发展方向,并在全国范围推广与辐射。

截至2015年12月30日,达敏学校的理事单位有100多家,理事成员有100名,不包括很多一次性捐赠单位与临时志愿者,比如出国留学前的大学生等。这些单位和个人都以不同方式为达敏学校教学提供力所能及的支持,当然,这支队伍还在不断壮大。

本节小结:

教育协作理事会后续的斐然成果,不是一两个故事、三四条标题可以涵盖的,可以查阅网络信息以了解更多。

第四章

解读——现代学校制度课题的顶层设计

本章解读:宁波市海曙区有怎样一个区域背景?海曙
教育决策者,通过实施教育议事会来建设现代学校制度,
有什么理论支撑?

第一节 课题研究背景①

本章介绍的"课题研究背景"与一般社会科学研究报告所提供的"文献综述"不太一样。由于本研究所采纳的是叙事研究方法,就"讲故事"来说,课题研究路线是从下往上,而不是从上往下。

也就是说,本书从自己搜集到的原始材料出发,在进行分析整理的基础上,力图尊重原来真实的基础,得到"可能的结论"。之所以命名为"可能",说明"可能的结论"是开放的,允许读者见仁见智。

一、区域经济文化教育背景

在推介浙江省宁波市的视频里,拉长镜头,这颗璀璨的明珠在中国大陆海岸线的中段,长江三角洲的南翼,位于东海之滨,有天然的地理优势。这使得这座有着千年历史的古城,自唐代起就成为"海上丝绸之路"的起点之一,与扬州、广州并称为中国三大对外贸易港口。

追溯历史,宁波古时又称鄞县、明州,宋时与广州、泉州同时被列为对外贸易三大港口重镇。鸦片战争后被辟为"五大通商口岸"之一。如今的宁波市是浙江省的经济中心,也是中国经济最活跃的地区之一。

曾有数据显示:宁波人均收入居全国第四位,但是消费水平居全国第二位。2005 年国民生产总值 2446.4 亿元,人均生产总值超过 4700 美元。据长江三角洲城调信息交流网的统计数据显示:2005 年宁波市居民人均可支配收入为 17408 元,比上年增长 9.6%,仅次于上海和台州,位列 16 个交流城市中

① 本书涉及教育生态理论、社区家校一体化、现代学校制度等内容。在这方面已有的文献资料,为本课题提供了一个广阔的研究视野与背景。因此,本章介绍"研究背景"的目的,不是为了给本课题提供一个理论框架,然后按照这个框架从原始材料中挑选一些来验证研究者预定的假设。对前人的理论加以介绍,只是为了给本课题提供一个背景框架,标注本课题在所涉及的研究领域中所处的位置。

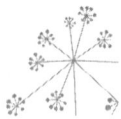

的第三位。

2014年宁波GDP增长7.6%,人均可支配收入增长9.2%。2015年,宁波市居民人均可支配收入为41650元。其中,宁波市城镇居民人均可支配收入47852元,同比增长8.4%,增幅较2014年回落0.8个百分点,高于全省0.2个百分点;农村居民人均可支配收入26469元,同比增长9.0%,增幅较2014年回落2个百分点。

随着经济的发展,社会流动频率的加快,城市中外来人口的数量也日益增多,他们大多集中在城郊接合部附近,工作、生活条件非常恶劣。因此,位于这些位置的学校就成为流动人口子女的天下。根据对这些学校的调查,目前此类学校的学生中有将近一半是外来民工子女,有的学校这一比例甚至达到了70%—80%。由于不同的生活、教育背景,大多数农民工家长和学校、城市家长格格不入,城市家长排斥农民工,农民工也不愿与教师和其他家长进行交流和沟通,也因此常常会引发一些矛盾和冲突。

1. 解读海曙区实验土壤

宁波市历史悠久、人文荟萃、文风鼎盛,不仅是具有7000多年文明史的"河姆渡文化"的发祥地,同时在这块孕育着灵性的土地上也孕育了王阳明、黄宗羲、全祖望等为后世所景仰的文学家、思想家和教育大家。他们所创立的"阳明心学"和"浙东学术"等思想学派至今都在影响着一代又一代的人。

王阳明提出的"天人合一论"和"合和论"都强调天道、人道必须和谐统一,保持"协和",使得受教育者的知、情、意、行都能得到统一、协调的发展。王阳明的"知行合一"这一教育观已初步贴近了现代社会所大力提倡和努力实施的素质教育与和谐教育的目标。

而以黄宗羲、全祖望为代表的"浙东学派"则积极宣扬"经世致用、实事求是"的精神,认为"所谓经世之学,就是取古今经国之大猷而一一详其始末,斟酌其确当者,定为一代之规模"。强调知识分子要把关注的目光从"游谈无根"的泥潭转向社会,转向现实,把学术研究与社会现实紧密联系起来。"学问必以六经为根底,游腹空谈,终无捞摸",而"经术所以经世,方不为迂儒之学"。要求"受业者必先穷经","兼令读史",即做学问必先穷经,经学可以经世,不通经,便是迂腐之儒,而学经必须同时学史。"经世致用"的思想不仅在

当时的中国形成了一股风潮,而且在历史上源远流长,是中国文化中一以贯之的思想传统,是中国知识分子实现其价值目标和道德理想的内在精神。

经过几百年的文化侵染,浙东学派"经世致用"的思想已经渗入当地人的血液骨髓中,当地人的身上已浑然不自觉中深深刻上了这一烙印,并渗透于生活的方方面面,强调个性、个体、能力、功利、注重实际已经成为一种思想和精神。

2005年年初,宁波市人民政府将宁波精神高度概括为"诚信、务实、开放、创新"。

"诚信",是我们中华民族固有的美德。"诚者,天之道也;诚之者,人之道也。""立身处事,诚信为本。"诚信是我们民族固有的美德,也是构建和谐社会必备的公德。只有在诚信、互信的基础上,学校才能和社区、家长取得信任、达成共识,教育议事会在这个基础上才能顺利推进实施。

"务实"是优良的文化传统,"知行合一""经世致用"都含有务本求实的精神。务实强调做事要从实际出发,脚踏实地,实事求是,反对虚夸,更反对弄虚作假。它提醒我们搞教育议事会不是走花架子,弄形式主义,是要实在地为学校解决具体问题。

"开放"是宁波精神的典型。早在唐、宋时期,宁波就已开始对外商贸活动。自明、清以来,宁波人外出经商者络绎不绝。"自古以来就体现了开放性的特征。"宁波虽然烙着儒家文化的印记,但宁波人崇尚开放、乐于接受和借鉴新事物、新东西,具有海纳百川的胸襟和气度,以及博采众长、兼容并蓄的智慧和力量。这体现在成立教育议事会过程中,因为对任何一个参与其中的人或是学校来说,教育议事会都是一个非常新鲜的事物,没有前人的经验也没有任何可以参照和学习的东西,成功和失败的概率并存,如果没有开放的意识,是没有勇气进行实践的。

"创新"意味着突破,意味着不因循守旧,不拘泥于常规。只有创新,才有社会进步、经济发展。教育议事会是创新的产物,是一种教育体制内部的微观改革,实践成功与否就取决于创新的步伐迈不迈出去。

2009年8月20日,宁波城市形象主题口号新闻发布会举行,"书·藏古今,港·通天下"为宁波精神注入了新内涵。

"书·藏古今"寓意着宁波历史悠久、文化厚重,是一座有着千年文明史的书香之城、文化之城。"港·通天下"则突出了宁波作为现代化国际港口城市的特色。

一"书"一"港",既有精神层面的意蕴,又有物质层面的具象,互为映衬,相得益彰。宁波早在汉代的时候,就江海相通,因水上交通枢纽而成为"港",因港之便利而成"市",由于"港"和"市"的发展,统治者才因势利导在此建"城",所以"港"与"市"是先于"城"的,"港通天下"是历史文化名城宁波的重要特色。

港口作为基础设施和支撑条件,勾勒了宁波城市发展的五个重要阶段:以句章港为代表的内河河运时期,以明州港为代表的宋元港市时期,以老外滩为代表的近代开埠时期,以甬江港为代表的新中国建设时期,以北仑港为代表的改革开放时期,呈现了从江河向大海的时空轨迹。随着港口的不断迁移,如今"港通天下"在宁波除了商业气息、开放包容、地理内涵、历史意蕴等,体现更多的是一种人文精神。

海曙区是宁波市政治、经济和文化中心城区,截至 2015 年 12 月,区域总面积 28.7 平方公里,常住人口约 30 万,流动人口超过 40 余万人,下辖 8 个街道,无农村乡镇。区内有市属中学(含职业中学)14 所,区属小学 24 所,其中九年一贯制学校 3 所,学生约 2 万人,区属公办幼儿园 12 所,各级各类幼儿园 50 所,专任教师约 2 千人。

2.解读海曙教育实际状况

较长一段时期以来,海曙区教育坚持走内涵发展之路,基础教育取得了跨越式发展。

1993 年,海曙区首批通过浙江省基本普及九年义务教育、基本扫除青壮年文盲(简称"两基")评估验收,受到省、市两级政府的表彰和奖励,被评为全国"普九"先进区;1997 年通过市级高标准普及九年义务教育、高标准扫除青壮年文盲(简称"两高")评估验收,被宁波市政府命名为教育"两高"区;1999年首批通过省教育强县(区)评估验收,被浙江省政府命名为省教育强县(区),是全省唯一首批通过教育强区测评的中心城区。2002 年又通过省教育强县(区)的复查。2003 年,成为省课改实验区,被评为省家庭教育工作先进

集体、省重视教育科研先进单位；2004 年教育的主要指标在全省处于领先地位：学前三年适龄幼儿毛入园率为 132.43％，义务段入学率为 100％，小学年巩固率为 100％，初中年巩固率为 100％，"三残"儿童入学率达 100％。全区现有省示范性校园 10 所，省文明单位 2 所，省示范性文明学校 3 所，市文明单位 4 所，市示范性文明学校 7 所，区文明单位 17 所，市现代教育技术示范学校 4 所，市现代化达纲校（园）23 所。2004 年，被教育部列为全国社区教育实验区。

海曙区教育经历了从"两基""两高"到创建省首批教育强区后，明确提出以"三个为本"作为教育工作的理念（政府要以学校发展为本、学校要以教师发展为本、教师要以开发学生潜能为本）。以"教育强区"创建为界限，全区教育正积极探索新的以内涵提高为主要特征的发展道路，即从发展方式上看，以量的增加为主的发展转向以质的提高和改善为主的发展；从发展动力上看，以体制外的改革为主转向体制内的改革（主要是管理制度与方法的变革）为主；从发展策略上看，以重点建设为主转向全面提高和整体优化——确立了基础教育内涵发展、均衡发展、持续发展的发展指导思想。

解读均衡发展是什么。海曙区教育局提出以"办好每一所学校、最大程度提供优质教育资源"为宗旨，以教育质量为中心，以在 3 所学校着力进行的"区域性学校全面教育质量管理探索与研究"为抓手，探索区域性学校教育质量管理机制的构建，在全面梳理原有的管理制度和评价方式的基础上，借鉴全面质量管理的基本思想，按照"人本性、民主性、全面性、全程性、全员性"的原则，尝试建立新的充满活力的教育管理机制，从而提高区域整体的教育质量，满足人民群众不断增长的多元的优质的教育需求。

解读内涵发展是什么。国务院批准的《2003—2007 年教育振兴行动计划》（以下简称《计划》）指出："继续深化学校内部管理体制改革，完善学校的法人制度。"《计划》进一步展开：要遵循"从严治教、规范管理"的原则，加强学校制度建设，逐步宣传"自主管理、自主发展、自我约束、社会监督"的机制，建设精简高效的学校管理机构，完善校务公开制度，深化人事制度和分配制度改革。这正是海曙区教育决策者思考的内容，也是内涵发展的要义。

从教育生态学的角度出发，社区是一个生态系统，学校必须与所在社区

的其他组成部分充分交流和互动,才能维持和促进这一系统的生态平衡,从而使学校效能得到最大程度的发挥。事实上,学校天然与社区、家庭存在着千丝万缕的联系,然而在相当一段时间内,人们习惯于将学校作为一个神圣的殿堂而将之孤立,学校在自我封闭的框架内自行运转。在学校中的学习者,朝夕接触书本世界而对发生在身边的多姿多彩的社会现实生活世界感到陌生,造成生态失调,从而影响人的培养。因此,需要通过学校管理制度的变革来促进学校与社区、家庭互动,在学校管理制度的层面使社会教育、家庭教育与学校教育有机结合,形成良好的学校教育生态结构,促进区域教育的生态化发展。

海曙区委、区政府历来高度重视教育的改革与发展,四套班子每年一次的专题议教活动已经开展近二十年,明确提出"三个为本"作为教育工作的理念,政府要以学校发展为本、学校要以教师发展为本、教师要以开发学生潜能为本。

1999年海曙区被评为浙江省首批教育强区,基础教育各项指标处于全省领先地位。区委、区政府要求学校在创强之后自我加压,走内涵发展、持续发展、均衡发展之路,并着力进行了"区域性学校教育质量管理探索与研究"的课题。2003年,海曙区成为浙江省课改实验区,投入新课程改革实验。2004年年初,又被教育部列为全国社区教育实验区。2008年3月,被教育部命名为全国社区教育示范区。

多年来的实践使海曙教育人深刻地认识到要全面推进素质教育,牢固地确立现代教育理念,切实提高教育质量,营造良好的育人氛围,必须以社区参与和家校合作为突破口,促进学校与社会环境的良性互动,破除体制性障碍,完善学校管理体制,创新工作机制,提高学校效能,提供人民满意的教育。

事实上,海曙区在"区域性学校全面教育质量管理探索与研究"课题研究中取得了阶段性成效,确立了先进的教育理念,营造了良好的育人氛围,建立了可行的制度和机制。但是,在实践中海曙区也逐渐认识到,要深入实施教育质量管理,推进素质教育的全面均衡提高,实现教育公平,必须针对不同层面学校的实际,以社区参与和家校合作为突破口,促进学校与社会环境的良性互动。完善学校管理体制,关键是积极探索现代学校制度建设,这样才能

提高学校效能，才能提供人民满意的教育。

从海曙区教育发展的历史轨迹和海曙区教育的当前战略决策而言，推进现代学校制度建设，是有其充分的内在的逻辑思路的。它是海曙区教育的历史、现状和内在要求的呼唤，也是历史的必然。

3.解读海曙社区建设情况

作为城区发展的一项基础工程，社区建设在海曙区获得了长足发展。海曙区的社区建设工作一直走在全省、全国前列，有较好的社区建设基础和经验。2002年，海曙成为民政部首次命名的148个"全国社区建设示范区"之一。从2003年开始，海曙区又脚踏实地、积极探索和建立起一条在经济较发达地区适应市场经济内在要求的、可持续发展的、真正为广大人民群众谋利益的社区建设之路。目前，社区建设基本形成了政府推动、社区自治、居民广泛参与的工作格局。

着眼于政府推动，完善社区建设的保障体系。区里建立了社区建设指导委员会，下设社区建设和文明社区创建两个办公室及6个专业指导组；加大社区建设投入，在市内率先推出社区居委会不搞三产，经费由市、区、街道三级按照每千户9万元/年的标准拨付，保证了社区居委会能集中精力做好社区管理和服务，仅此一项每年财政拨款就达1000万元。区里还采取公开招聘、强化培训、考核激励等一系列措施，提高了社区工作者队伍素质。

着眼于推进社区自治，建立和完善新型的社区治理结构。按照有利于服务管理、资源共享、居民自治的原则，对全区社区规模作了适度调整；按照"议行分设、精简效能"的原则，设立了社区党组织、社区成员代表大会和社区居委会；明确社区自治组织权责，理顺政府职能部门、街道办事处与社区的关系，规范社区运作机制；拓展社会参与渠道，让居民通过各种形式参与社区管理。社区居委会的设立思路是：社区居委会由本社区成员组成，经居民差额直选产生。社区居委会下设办公室，工作人员由专职社区工作者组成，社区居委会聘用，由政府提供成本，主要承担居委会交办的自治性工作及政府在社区层面的相关公共管理和服务工作。

尤其是在59个社区实行了社区居委会直接选举，由于这次直选中蕴含的种种价值，相关媒体对此给予了充分的关注。新华社、人民日报、中央电视

台、《中国社会报》《南方周末》《浙江日报》、浙江省电视台等国内各大媒体相继作了大力度的报道。中央电视台《东方时空》栏目曾连续三天播出直选的故事,在全国各地引起了热烈反响。这次社区居委会选举的方式是全体有选举权的居民直接选举,候选人由居民自己报名并由 10 名选民联名推荐,主任、副主任、委员均要差额选举,平均参选率达 88.5%。这种选聘分离的体制、直接选举制度、职业化社工基本勾画了海曙区探索现代社区制度的轨迹和行进方向,在这一制度结构中,三者互为关系,互为依托,互为促进。

着眼于居民广泛参与。在全面实行社区居委会直选的基础上,又确定了以内涵发展为主体、把社区建设成为具有"学习型、服务型、数字型、生态型、平安型"特色的新型社区的目标。通过营造社区学习氛围,加强社区教育投资,挖掘社区教育资源,拓宽学习教育途径,建设学习型社区。通过引进、建立社区服务机构或便民、利民服务联系点,以社区就业服务、社区医疗服务、社区便民服务为三大重点内容,建设服务型社区。通过社区办公自动化、社区服务网络化、社区事务信息管理电脑化,实现数字型、智慧化社区。

这种政府推动、社区自治、居民广泛参与的工作格局的形成,有力地促进了城区文明程度的提高,促进了社区各种资源的融合与和谐,为实现生态型社区打下了良好的基础,也为全区建立一个基于家庭、社会、学校三者互动的现代学校制度创造了良好的条件。

二、教育生态理论

在十多年前,借用生态学的理论架构来研究教育现象和教育问题,是当代教育研究中的一个新兴的领域;十年后的今天它早已不再新鲜。但考虑再三,还是不能舍弃这一部分。因为要准确理解与把握复杂的围绕在现代学校周边的种种教育现象,只能从教育生态角度出发,只能以整体、动态、结构性的视域,但本课题无论是对教育生态环境的研究综述,还是对教育内部诸要素及其相互关系的研究综述,都力图显现出独具匠心的分析。

"生态学"一词在教育研究中正式使用可能始于美国教育学者沃勒(Waller. W.)。1932 年,沃勒在著名的《教学社会学》中曾提出"课堂生态学"

（Ecology of classroom）的概念。

美国教育家、前哥伦比亚大学师范学院院长劳伦斯·克雷明（Lawrence Cremin，1925—1990）是教育生态学的首倡者。

1976 年，克雷明在其所著《公共教育》（*Public Education*）中率先提出教育生态学（Ecology of Education）概念，并列专章加以探讨。他提出：教育生态学依据生态学的原理，特别是生态系统、生态平衡和协同进化等原理与机制，研究各种教育现象及其成因，进而掌握教育发展规律，揭示教育的发展趋势和方向。

1978 年，在瑞典皇家科学院举行的庆祝斯德哥尔摩大学建校一百周年国际研讨会上，克雷明发表了《教育生态学中的变革：学校和其他教育者》的讲演，再论教育生态学研究的诸问题。他论及诸多为当代教育生态学研究者所共同关注的论题，如教育系统生态学、教育个体生态学、教育变革生态学等，克雷明教育生态学思想的核心在于把教育看成是一个有机的、复杂的、统一的系统，教育生态系统中的各因子——个体、教育机构及与之相关的社会，都有机地联系着，这种联系又动态地呈现为一致与矛盾、平衡与不平衡，这种联系观、平衡观、动态观，正是生态学的精义之所在，也是教育生态学区别于其他教育学分支学科的特点①。

教育生态学的研究思路，特别是克雷明的教育生态学思想，得到国际教育评价协会胡森的高度评价。胡森认为，过去的教育研究注意力集中在个别儿童及其经历和学校成绩上，而现在则已转向研究构成儿童成长的教育环境的一系列因素②。

与克雷明同时代的或稍后的学者的教育生态学研究范畴十分广泛，英国学者埃格尔斯顿（Eggleston，J.）专门研究教育资源分布问题；华盛顿大学的古德莱德（Goodlad，J L.）和斯坦福大学的艾斯纳（Eisner，E. W.）对教育改革的生态学研究兴趣浓厚，前者主编的美国教育研究协会第 86 期年鉴的主题即为"学校革

---

① 李鹏昊.劳伦斯·克雷明教育生态思想研究[D].硕士学位论文，燕山大学，2013：23-28.

② 崔高鹏.教育生态学理论的经典运用－劳伦斯·亚瑟克雷明[J].高校教育管理，2010(6)：48-50.

新的生态学(The Ecology of School Renewal)",后者则在哥伦比亚大学师范学院学报上发表专论《教育改革与学校教育生态学》(*Educational Reform and the Ecology of schooling*);而波特兰州立大学的鲍尔斯(Bowers,C,A.)教授等人则多年来一直坚持研究生态危机给文化、学校的教学、课程等带来的影响。①

中国最早出版的是维新书局的方炳林《生态环境与教育》和学生书局的李聪明《教育生态学导论》。

台湾师范大学教育学系方炳林的《生态环境与教育》分"社会生态与教育""文化生态与教育""家庭环境与教育""学校生态与教育"等章节,力求建立"教育生态学"学科体系。李聪明《教育生态学导论》主要侧重运用生态学原理,对各种教育问题进行反思。

20世纪80年代后期,出现一些教育生态学的专题研究,如香港的郑燕祥的关于教师素质的研究、台湾师范大学教育学系贾锐的关于校园生态环境的研究。②

大陆学者对教育生态学的系统研究,发端于20世纪80年代末90年代初,内地的三本生态教育学论著分别是江苏教育出版社的吴鼎福和诸文蔚《教育生态学》③、辽宁教育出版社的《教育生态学》④(任凯和白燕,1992)以及人民教育出版社的范国睿《教育生态学》⑤。

吴鼎福和诸文蔚的《教育生态学》,从分析各种教育生态环境及其生态因子对教育的作用和影响以及教育对生态环境的反作用入手,剖析教育的生态结构和教育的生态功能。对教育的生态环境、教育的生态结构、教育的生态功能、教育生态的基本原理、教育生态的基本规律、教育的行为生态、教育生态的演替与演化、教育生态的评估、教育生态的可持续发展等内容进行了详

---

① 朱小蔓,刘贵华.功能·环境·制度——基于生态理念的现代学校制度建设[J].华东师范大学学报:教育科学版,2006(2):1-7.
② 贾锐.校园生态环境与教育[M].台北:台湾文笙出版社,1988:56-68.
③ 吴鼎福,诸文蔚.教育生态学[M].南京:江苏教育出版社,1990:12-20.
④ 任凯,白燕.教育生态学[M].沈阳:辽宁教育出版社,1992.
⑤ 贾锐.校园生态环境与教育[M].台北:台湾文笙出版社,1988:56-68.

细的阐述。由于作者是一个环境问题研究者,所以这本书借用了不少生态学理论、概念,生态学色彩不可避免的较浓厚①。

由任凯和白燕两位研究者撰写的《教育生态学》则不同,书中较少生态学原理的演绎,而希望借用生态学的原理与方法较深入地分析教育现象,但是许多专家认为对教育现象的生态学的分析,仍然可加大力度。

范国睿的《教育生态学》在前人研究的基础上,更多是从教育的角度对教育生态进行了专门的论述,内容翔实丰厚,认为"教育生态系统是社会生态系统中的一个相对独立的子系统,有着自身结构和功能。教育生态系统结构与功能的统一,制约着教育生态系统的发生与发展,制约着教育生态系统应付周围环境的能力,教育生态系统又是一个开放的系统……"范国睿具体论述了教育生态学的孕育、产生过程,论证了生态学原理在教育研究中的应用,以及教育问题的生态学思考方式与研究方法,认为"教育生态学对教育环境与不同层次的生态主体之间的关系的考察,主要侧重于考察各种环境对不同生态主体及其生存状态的影响……"

以上三本教育生态学专著的出版,以及一系列教育生态问题专论的发表标志教育生态学研究已成为我国教育科学研究的重要领域之一。

随后,山东人民出版社出版的学术专著《当代中国社会发展方法论》"教育创新论"一章中,提出了关于如何实现教育系统生态平衡问题的论述,王忠武对什么是"教育生态""教育生态平衡"作了定义,在明确定义了教育生态平衡的概念以后,具体探讨和概括了实现和保持教育生态平衡的基本内容和要求②。

随后,在学术期刊中也大量出现了关于教育生态问题的研究文章。

期刊文章中较早、较为系统论述教育生态理论的,是 1997 年 2 月署名方然的题为《教育生态的理论范畴与实践方向》的论文。该文较为详尽地论述教育生态理论,认为教育生态理论就是试图从生理、心理、自然、社会等因素的综合观察中,谋求建立这种相互和谐、彼此促进的关系,培育教育生态的实

---

① 吴鼎福,诸文蔚.教育生态学[M].南京:江苏教育出版社,1990:12-20.
② 王忠诚.当代中国社会发展方法论[M].济南:山东人民出版社,2001:42-52.

践则是循序渐进地诱导这种关系的积极作用,借以促进社会整体教育功能的有效发挥。文章着重论述的是"基础教育生态"这一领域的理论问题与实践对策,教育生态理论主要范畴包括:"智能生态圈""教育生态系统""教育生理节律""教育生态位"等。教育生态系统的科学建构必须从这些细节入手,促进各种因素彼此协调的发展,满足社会对各种人才的需求。方然的长篇论文分为三个部分,一是教育生态研究的理论价值与社会意义;二是教育生态建构的基本理论范畴;三是教育生态的建设与培育的实践方向,包括:(1)树立教育生态意识,破除狭隘的学校教育观念;(2)充分发挥社会对学校教育的促进作用;(3)学校教育管理的科学和民主性应当同步加强;(4)继承前人教育经验,广泛开展生活教育①。

此后,应用教育生态理论研究教育领域的某一具体现象或问题的愈来愈多,较为有代表性的有下列几种:

指向教育规划的研究。朱佳生和殷革兰总结我国十多年来教育规划工作的经验和教训,提出了几个制定教育规划的基本理论,最基本的也是第一位的就是教育生态系统理论,其次是教育区域非均衡发展理论、教育资源优化配置理论以及人力资源理论。文章认为,教育生态系统理论实质是教育要与社会协调和谐发展。"和谐"比"适应"更具有相互关联性,这种关系在系统论中就是教育系统与周围环境的关系,所以称之为教育生态系统理论。其基本特征是整体的关联性和动态的平衡性。整体的关联性表现为教育生态系统与社会大系统各要素之间的整体关联,以及教育生态系统内部各要素间的整体关联。教育与社会的经济、政治、科技、文化等要素也存在物质的、能量的、信息的交换过程。教育与它们之间是一种相互依存、相互适应的关系。要从社会整体关联性出发,不要造成教育规划的片面性。而动态平衡性表现为教育与社会各要素间在时间上的一种和谐发展,就是说教育与社会的全面和谐发展不仅体现在当前,还要体现在将来,要自始至终随时都保持这种和谐发展。既满足当代人的需要,又不损害后代人满足需要能力的发展。动态平衡性还主张既要保持稳定性,同时还要有可变性。

---

① 方然.教育生态的理论范畴与实践方向[J].云南师范大学学报,1997(27):54-56.

指向素质教育实施的研究。刘克汉撰文的《教育生态学与中小学素质教育》认为：教育生态学是研究教育与其周围生态环境（包括自然的、社会的、规范的、生理心理的）之间相互作用的规律和机理的科学。目前，中小学教育改革的核心问题是从"应试教育"向素质教育转变。他提出：一是摆脱限制因子的束缚，调整师资队伍分布。二是正视生态位分化的作用，做好素质教育的衔接工作。包括：确定各阶段的培养目标；加强低年级的教育工作；签订责任状，确保素质教育的有序实施。三是强化整体效应，提高学生整体素质。把中小学生作为一个整体个人来培养；始终坚持基本知识和基本技术教学；做好"三全"工作。面向全体学生；对学生素质教育的质量全面负责；全方位地实施素质教育①。

指向课堂教学的研究。关文信的《西方教育生态学理论对课堂教学监控的启示》倡导通过生态化的课堂教学监控，创造一种自然、和谐、开放、创造的课堂教育。论文侧重从课堂教学微观层面深化方然的文章，他认为：教育生态学中的限制因子定律，又表现出一定的特殊性。他提出了运用教育生态学原理对课堂教学进行监控的一些措施，如首要任务是找出限制因子；关键是最适度；要实现教学平等。同时他也憧憬了课堂教学监控生态化的前景，达到一种和谐、实现教学的开放、有利于创新的预期②。他在《教育生态失衡与调控的微观思考》中，通过调查资料和亲身体验，发现了基础教育生态链细节失衡的种种表现。③

指向教育哲学与教育文化的研究。王丽琴在《生态化教育，必要的乌托邦——21世纪教育哲学前瞻》一文中，从生态文化与生态化教育、生态化的教育哲学构想、生态化教育在中国等方面，从宏观角度对生态教育进行了论述。《从生态学视角看课堂教育活动》一文，以生态系统、自组织系统等角度研究课堂教学生态，对于互联网和教育信息化广泛应用后的全新教学实践应当是一种恰当的理论新工具。此外，虞纪忠、梁保国、乐禄祉、陈清硕、卢君臻、张

---

① 刘克汉.教育生态学与中小学素质教育[J].学术论坛,2000(5):129-131.

② 关文信.西方教育生态学理论对课堂教学监控的启示[J].外国教育研究,2003(11):28-31.

③ 方然.教育生态失衡与调控的微观思考[J].云南师范大学学报,1998(4):34-37.

向葵、于忠辉、田真、吴明放等分别从不同的角度对教育生态进行了论述。

指向学校综合改革的研究。如广东省珠海市拱北中学进行了"构建良好教育生态环境,促进学生自我发展研究",课题结合实际,从"教育生态环境"与"学生自我发展"的关系入手,并从教育生态环境对学生自我发展的影响和构建良好的教育生态环境促进学生自我发展两方面展开,最终试图建立教育生态环境目标和学生自我发展目标。他们认为教育生态环境目标包括:(1)构建良好的社会环境,由社区政府机构、共建单位、其他事业和企业单位的支持和协助,建立校外教育基地、社会综合实践基地,建立家庭、家长委员会和校际合作、联谊关系,通过校社(区)合作、校企合作、家校合作和校校合作,使学校与社区社会环境和谐互动,协调发展,形成学校良好的社会环境。(2)构建良好的学校环境。学生自我发展目标包括:自我认识、自我教育、自我发展、自我实现。①

如山东省临沂市罗庄中心小学,提出了"倡导人本化管理,建构生态化教学"的教育理念,具体做法有:第一,以人为本:人人都有责任和权利。包括二度放权与教干"包联"等三项督查相结合;教研室教学、督导室专项督查,发现不同教师的教学个性与创新之举;采用"正激励"与"负激励"两种不同的评估手段等,一支团结进取,积极向上的高素质的教师队伍已经初步打造成功。第二,"情境探究教学":一个开放多元的创新模式。李秀伟老师说,生态学属于自然领域的一个学科,但我们的课堂也是一个生态系统,其中的诸多因素需要平衡、和谐的发展,教学过程实质上是由教的动态过程与学的动态过程构成的。要改变原来课堂教学缺"人",缺"氧",缺少"水分"和"阳光"的现象,依据生态学的原理,构建了优化人的内在自然环境的"情境探究教学模式"。模式的突出特点是全方位的开放性:目标开放,问题开放,空间开放,评价、形式、交流等六个"开放"维持了教育"生态"的平衡。第三,课堂:学习主体尽展风采的舞台。第四,评价:教育生态为改革注入生命活力。②

指向区域教育整体性的改革实践。《人民教育》发表了记者邓威撰写的

---

① 周新桥.绿色环境育人、全面持续发展[J].环境教育,2004(11):40.

② 陶继新.教育生态:为改革注入生命活力[J].山东教育,2001(71):45-50.

《营造高品质的教育生态》，该文具体报道了杭州下城区为营造高品质的教育生态环境做的几项措施，如让每所学校在同一起跑线上；给学生营造自由成长的生态环境，把时间、空间归还给学生；营造教师自我提高的生态环境，树立教育的生命观，建立"主、杂粮"知识体系；营造学校自主发展的生态环境，拆掉围墙，回归社会；开发社区教育资源；积极拓展婴幼儿教育；建设社区教育新阵地，等等。文章提出：教育生态系统的发展是现代化城市持续发展的主要条件之一；非生态的教育掠夺了学生自由发展的时间和空间，破坏了学生健康成长的生态环境，基础教育必须"返璞归真"。[①]

综上所述，教育生态理论为教育研究提供了一种崭新的视角，开辟了一个新兴的领域。这些研究成果都为我们的课题研究与实践提供了丰厚的、值得借鉴的理论背景。

但不可否认的是，无论是高校学者还是学校行政部门，主要还是从理论的层面进行探讨，松散型、个别化的教育实践还是浅层次的。

而书题旨趣，是了解教育环境中人与事的生态性特征，并探讨彼此之间的互动关系，力图通过制度设计来捕捉和整合日常教育行动中的生态性因子，引导教育发展在民主、理性、平等、开放的理念下前进，从而促进区域教育的生态化发展。

三、国外学校制度文献综述

教育制度是国家制度的重要组成部分，它为政治、经济、文化、历史等社会因素所制约。一方面，从行政结构和管理权限的角度来看，一国的教育制度往往就是该国政治制度的翻版，有什么类型的政治制度便有什么类型的教育制度。同时，政治对教育制度的改革起着定向、驱动和支持的主要作用；从中外教育史可知，凡是全国范围内进行的教育制度改革都是由该国政府推动的。而从另一方面来看，一个国家的历史文化及其价值观对本国教育制度的建立和选择产生很大的影响作用，因为无论选择什么样的教育制度，都要能

---

① 邓威.营造高品质的教育生态[J].人民教育,2003(21):2-5.

够被自己的文化及其价值观所接受。因此,各国的社会政治制度、国家体制及文化传统等方面的不同是导致教育制度差异的重要原因。

所有的教育制度最终都将落实到学校的微观层面,因为学校是制度化教育体系的基础单位。微观教育制度即学校制度,褚宏启认为,"它关注学校这种教育组织的运行和治理状况,关注具体教育教学过程,是关于学校的规则体系",其作用在于调整学校的内、外部关系,使教育秩序有效运转,它所要调整的内部关系包括学校与教师、学校与学生、教师与学生等关系,外部关系则包括学校与政府、学校与社会等关系。①

应该说,学校制度含义非常宽泛,不仅包涵了学校内部的管理体制,还涉及学校与政府、社会的各种关系。

《教育中的放权与择校:学校、政府与市场》一书中指出:"近十年来,世界各国不断地进行对公立学校重构与放权的尝试。改革的关键是逐步分解集权化的教育管理机构,由一种分权制取而代之。这种体制需要相当程度的机构自治和各种形式的校本经营与管理。"

1. 美国学校制度

美国的基础教育管理体系是由联邦、州和地方学区与学校四个层次组成,是典型的分权教育行政管理国家。在很长时间内美国联邦政府都没有设立联邦教育行政机构,直至 1979 年里根总统决定成立联邦教育部,各州根据自身情况实行教育行政自主管理,但这种管理也是宏观调控式的,一般是作为最高权力机构的州教育委员会负责执行州议会制定的教育法和管理经州议会批准的教育预算,对各地方学区进行监督,具体的教育管理事务由各学区来进行。学区是中小学教育的基层管理单位,享有更多的自主权。主要权限包括制定教育计划,聘用校长和教职工,监督学校日常工作等。

美国的学校实行学区教育委员会领导下的校长负责制,由学区有关各方代表组成的学区教育理事会是学校事务的决策机构。学区教委的执行机构为学区教育局,设教育局长,直接对学校实施行政领导。学区教育局长在美国的学校管理方面扮演着重要角色,他(她)既是校长的行政领导,又是学区

---

① 褚宏启.我们需要什么样的现代学校制度[J].教育研究,2004(12):32-37.

教务的督导长,同时还是联系学校与学区教委的中间人。教育局长与学区中心办公室是校长的具体上级。美国学校校长是学校的行政首长,向教育局长负责,执行学区教委的有关决议及管理学校日常行政事务。

美国的学校管理工作曾经在过去很长时间内都是在外界权威或政府指令下进行的,很少关注学校自身的发展,一切听命于上级教育行政部门,这种外控式的管理模式严重影响了学校自身主动性的发挥,使学校沦为上级教育行政部门的附庸,也使学校的教育质量和学生素质一直处在低水平的恶性循环之中。20世纪80年代,里根政府出台了《国家在危机中——教育改革势在必行》的改革报告,该报告批评原有的公共教育制度是计划型的、死板而保守的,对消费者(学生、家长和社会)的需求反应迟钝。所以掀起了重建公共教育运动,对学校管理模式进行改革,对公立学校的重构与放权进行尝试。改革的关键是逐步分解集权化的教育管理机构,由一种分权制取而代之,因此,出现了校本管理(School-based Management,简称SBM)。校本管理"要求由上级主管模式转向学校自身管理模式,并在这一模式中首先要求上级行政机关把权力下放给学校,使学校能够独立自主地进行决策管理,通过优化教育资源激励教师积极性,不断提高管理水平和办学质量"[1]。它是一种自行管理系统,采取集体管理学校资源的方式,即教师、家长、学生和社区成员等共同参与学校的各项决策以管理学校,这种管理方式体现出极强的民主性,使管理者与被管理者之间形成一种平等与合作状态,而非以往的仅仅被动执行上级指示。

美国的校本管理因学校背景不同,各自所需和条件有所差别,因而在具体模式的操作上存在差异,导致其呈现多元化模式。根据家长和社区在学校管理中权限的大小大致可划分为三种:代德县模式(Dadecounty Model)、芝加哥模式(The Chicago Model)和洛杉矶模式(The Los Angeles Model)。

代德县模式。佛罗里达州的代德县公立学校系统是全美四个最大学区之一。1986年代德县学校委员会根据地方教育督导和教师协会的一份特别

---

① 黄俊.民主管理基调是完善校长负责制的新尝试——论校本管理模式、民主管理模式与校长负责制结合[J].吉林教育:现代校长,2006(1):11-13.

报告，全票通过"校本管理"试验方案，"旨在适应重建教育结构运动，开展学校管理改革不同范式的探索"①。围绕"校本管理"，委员会对教师工资等事关教师切身利益的项目进行了改革。改革的目的是提高学校教育水平，增强学校工作的灵活性，并鼓励学校与社区合作，提倡社区参与学校事务管理。学区选择了 32 所试点学校，各校都成立了领导圈或理事会。理事会一般由校长、工会代表及教师、学生、职员代表、学生家长代表构成，教师及其他代表以本职工作为基点，参与诸如学校预算、解聘、决策方案和课程问题等学校内部管理事务。在运作过程中，虽然理事会的一系列建议被学校领导者接受，但学校管理的权力并没完全从校方领导转移到理事会，最后的决策权仍由学校领导者（校长）掌握，因此这种模式属于校长主导下的行政控制型校本管理模式。

芝加哥模式。20 世纪中叶，芝加哥中小学校校长和教师的学校管理自主权较弱，范围仅局限在学校和班级的日常事务之中，组织和管理学校的权力极为有限，家长参与学校决策的情况更不存在，因而，在家长中的激进积极分子、社区成员和地方官员的大力推动下，芝加哥于 1985 年颁布《芝加哥学校改革法》(The Chicago School Reform Law)。改革的核心是在"芝加哥的每一所学校成立一个地方学校理事会(Local School Council)，每所公立学校主要由地方学校理事会管理"。地方学校理事会由校长及 11 名成员构成：其中包括 6 名家长、2 名教师、2 名社区代表及 1 名学生。除校长外，所有理事会成员都由选举产生，任期 2 年。学校理事会对学校重大管理事务拥有决策权。一般而言，聘任或解雇校长、预算重点和制定课程重点都由理事会批准通过。另外，他们还掌握相当数量的政府一次性给学校的教育经费。从这一特点来说，本模式属于家长—社区成员共同决策的社区控制型校本管理模式。

洛杉矶模式。1989 年，洛杉矶教师协会在学区内推行"校本管理"改革，即每所学校都成立了地方学校理事会，其宗旨都是着眼于"提高学校运作水

---

① 谌启标，柳国辉.美国中小学的"校本管理"改革探略[J].比较教育研究，1999(4)：19-21.

平,使教师成为更有效的教师,使学生成为更成功的学习者"①。根据学校规模的大小,地方学校理事会成员数量也各不相同,一般由 6—16 人构成,主要成员包括校长、教师或社区代表、地方教师协会领导成员,教师在其中所占比例最大,由校长和地方教师协会领导联合执行理事会的日常事务。在这种校本管理模式中,教师具有参与学校管理的真正权力,希望在诸如财政、课程和人事等关键的决策领域能够更好地利用教师的知识进行管理。因此我们可以将此种模式归结为专业人员(教师)控制型校本管理模式。学校理事会完全具有学校决策权和管理权,即"地方学校理事会有权制订政策,如教师发展培训、学生纪律和品行准则、学校活动、学校设备利用,可以控制学校特别预算项目,如仪器材料、奖励基金、教材费用和学校每年福利基金等。但是,地方学校理事会无权解聘校长或教师"。

2.英国学校制度

英国的中小学管理体制主要分为四个层次,依次分别是中央政府教育就业部、地方教育委员会、学校理事会和校长。中央政府对教育只作宏观上的调控。地方虽然也设立了教育主管部门,但是他们对学校的干预很少,其职能主要是根据国家的大政方针,结合地方的实际情况,制定地区的教育发展方略,并为学校的发展提供帮助、支持和服务。

学校的管理机构是学校理事会(也译为学校管理委员会),按照英国教育法规定,每所公立学校都要设立学校理事会,行使对学校的民主管理和监督的权利,参与学校的管理和经营。管理委员会通过选举产生,1986 年的第二教育法规定,学校理事会由来自地方当局指派的委员、家长代表、经选举产生的教师代表、社区代表构成。根据学校规模大小,人数一般为 11—19 人。按照制度,学校理事会每四年一届,负责对学校发展目标的制定、整体管理运行情况的控制,旨在沟通家长、学校和社区的联系,协调社区对学校资源的利用,参与学校教职工的聘用。

从 1988 年开始,教育改革法又对预算的使用分配权和教职员的任免决定

---

①　谌启标,柳国辉.美国中小学的"校本管理"改革探略[J].比较教育研究,1999(4):19-21.

权做出了新的规定,决定将这两种权力的使用从地方教育当局移交给学校理事会,学校理事会的权限进一步扩大。也就是说,学校理事会成为学校最高决策机构,而校长则全权负责学校的日常管理,在学校资金的支配、教职工的聘用、校舍建设与维修等方面享有比较大的权力空间,特别是在学校课程的设置、课程运行与课程评价方面,拥有足够的自主权。在1998年颁布的《学校标准和框架法》中对教育行政管理部门和学校的管理权限做了明确规定:"所有公立学校都可以从地方教育当局获得办学经费,学校与地方教育当局建立工作伙伴关系,学校有权管理自己的经费预算和教职工,即学校拥有充分的人事权和财权。"

此外,《框架法》也规定:不论学校的规模与类型,学校理事会中的家长数量要增加,任务也要扩大。家长代表要广泛听取家长们的意见,并向理事会汇报。此项制度的出台,在法律方面确认了家长参与学校管理的职责和义务,进一步扩大了家长参与学校管理的权利和范围。

3.日本学校制度

日本宪法和《教育基本法》宣称教育是人民的权利,规定依据民主政治的原则和地方自治的原则建构教育行政制度。因此,日本现行教育行政管理体制属于中央权力与地方权力合作共同管理,实行中央政府指导下的地方分权制。目前,文部省是日本的中央教育行政机构,法律规定文部省的职能权限包括:调查研究并制定教育、学术和文化发展规划;规定学校建设的各种标准和规范;对各级教育行政部门、高等教育以及其他教育机构提出指导性建议;管理由文部省设立的高等教育或其他教育机构,任命县和重要市的教育行政负责人,审定中小学教材;为地方教育提供经费补助等。日本的地方教育按照法律规定由地方公共团体自治,按照行政区划,分为都道府县和市町村两个层次,其教育行政机关都为教育委员会,主要负责发展基础教育,在人事、经费、设施设备、教育教学、课程内容和教师进修等方面对其所辖学校负责。地方设立的大学及其他高等教育机构和私立学校由地方政府管理。

日本在1998年中央教育审议会《关于今后的地方教育行政》咨询报告中,提出了导入学校评议员制度的设想。于此,在2000年的《学校教育法施行规则等部分修订》中,就对导入学校评议员制度的目的、意义及措施等做了详细

说明,并决定从2000年4月开始施行。至此,日本确立了委任家长和社区居民作为学校评议员,校长听取评议员对学校运营的意见和建议的规定,这是日本第一次将家长和社区居民纳入参与学校运营制度化管理范围之中。

日本导入学校评议员制度是"为了建立赢得家长和社区居民信赖的学校,学校与家庭、社区联合协作,形成一体,以使孩子们健康成长。通过这一制度的实施,将能够适应学校和社区的实际,在把握和反映与学校运营有关的家长和社区居民的意向,得到他们协助的同时,学校也有责任把自身的运营状况向家长和社区居民作一说明"。① 由此判断,学校评议员也是学校实施说明责任的重要途径之一。在2005年10月26日,日本中央教育审议会发表的题为"创造新时代的义务教育"的咨询报告中明确提出学校要"充分重视家长和社区居民的意愿,成为受人信赖的学校;要积极发挥校委会和学校评议员的作用,促进家长和社区居民参与学校管理。不是从提供教育的角度,而是从家长和儿童受教育的需求来考虑如何使学校成为提供高质量教育的场所"。②

就学校评议员设置的一系列诸如人选条件等问题,教育法有明确规定,如中小学可以根据学校设置者(所属的教育委员会)的决定设立学校评议员;学校评议员要应校长的要求,提出与学校运营有关的意见,学校评议员要从本校职员以外的对教育熟悉、理解的人员中选择,由校长推荐,由本学校的设置者(所属的教育委员会)授权等。

学校评议员制度中,关键就是导入学校评议员制度学校的校长,要对学校评议员就学校的活动状况等做详细的说明,同时,学校评议员也要能够广泛、真实地代表家长和社区对学校管理提出建设性意见,并把学校的管理运营状况传达给家长和社区,在学校、家长和社区三者中起到沟通和联系的作用,使学校进一步得到来自家长和社区的支持,促进学校各方面工作的顺利开展。

---

① 李天鹰.英美法德日诸国的学校内部管理体制改革[J].外国教育研究,2004(12):35-37.

② 吴钢.建立评价机制 发展社区教育[J].继续教育研究,2003(4):69-71.

4.意大利学校制度

意大利实行的是中央集权化的教育管理体制,教育部主要负责宏观领导、协调工作,包括制定政策法规、组织教学宏观业务、制定教学大纲,落实教育经费、制定教学评估法规政策等。在意大利全国 18 个大区和 2 个自治区中,教育部设立了派出机构,称大区教育厅,代表教育部处理该大区范围内的教育行政事务。大区之下的省教育厅主要负责本省中小学教师的聘任、学校人事管理、学校管理,保证为学校提供教学场地、设备,以及非教学人员等工作。在意大利教育行政管理体制中级别最低的市级政府则是根据自己的职责及大区和省政府的委托,保证本市学生不论经济状况和身体条件都能接受义务教育、中等教育和职业技术培训,并负责免费提供学生上学的交通工具等福利事务。对学校进行日常管理的一般是省管高中,市管初中、小学和幼儿园,但对于比较重大的教育事项,其权力往往是被教育部或大区教育厅掌握,省、市级教育行政部门不能擅自做主。

在意大利,由教师代表、非教学人员代表、家长代表、学生代表(一般在高中)等组成的学校管理委员会,其职能主要是监督学校财政经费的使用,并有权决定对某些有困难的学生提供资助。作为管理委员会的成员,家长可以表达对教学时间、伙食及交通安排等方面的看法,并能形成对学校的压力,学校必须与家长达成一致意见后方可实施。但是由于受到教育管理体制方面因素的影响,学校管理委员会的权限范围比较狭窄,不能触及类似校长、教师的聘用、任免和调动等人事方面的事务。

此外,在校外还有学区教育委员会和省教育委员会等民间组织,邀请家长代表、教师代表、当地政府代表、社会各界人士代表等参与。其职权范围较广,包括管理本学区的学校,制定文化活动和教育服务等方面的提案,决定校舍扩建、改善、协调教学大纲等。

意大利法律赋予家长对课程和教学方法的知情权,在区域、省、校和班级层面上,家长拥有法律认可的作用,特别是在提供意见的空间内。此外,例如教材及社会与文化活动等,学校都要听取家长们的意见,年终学校会为每一位家长提供一份年度报告。家长对学校各方面的活动也要积极参与,包括对

教材与课程创新方面提供意见,为学校旅行、体育活动等提供经费支持等①。

5.德国学校制度

由于联邦制的政体及历史传统的影响,德国各州在教育体制领域享有充分的自治和自主权。教育行政管理部门按行政管理权限分为四级。第一级是联邦教育与研究部、文教部长联席会议。主要职能是在教育体系、教育结构方面进行协调;在教育政策方面,推动各州相互承认;在教材、质量体系以及评价标准方面协调。第二级是州文化教育部。州文化教育部是各州的最高教育行政机关,各州在《宪法》允许的范围内独立管理,发展本州的学校教育事业。第三级和第四级为市县、区级教育局。州、市县、区三级教育行政机构均设有督学,对地区和学校实施区域管理责任制。督学对校长的任用负有参与考核、提出建议的权力和责任。

德国的教育行政管理权主要集中在州政府,学校校长的行政管理工作很少,主要权限控制在教学管理领域,包括执行州教育行政部门的教学计划,负责组织家长委员会、教师委员会、安排教学分工,根据上级教学计划起草、安排本校的教学计划等,校长没有聘任、解聘或开除教师的权力,教师任免权属于区内设置的学校咨询委员会,每个学校咨询委员会大约负责该地区约三分之一的学校。而由教师代表、家长代表、学生代表(主要在中学)和社区人士组成的学校联席会议(或学校校务委员会、学校管理委员会)是学校的最高决策、领导组织,校内的所有重大决定如选用教材、经费使用、学生成绩的评定和学生家庭作业情况等均由联席会议做出②。

综上所述,上述国家在微观教育制度建设方面,呈现以下显著特点:

第一,在政府保障下,学校都具有较大的办学自主权和自由空间。

从上述诸国办学实例中,我们不难发现一个共性经验就是学校有充分的办学自主权,以多样化的办学个性特色寻求学校、教师和学生的发展。这样

---

① 李天鹰.英美法德日诸国的学校内部管理体制改革[J].外国教育研究,2004(12):35-37.

② 李天鹰.英美法德日诸国的学校内部管理体制改革[J].外国教育研究,2004(12):35-37.

的价值取向和办学理念是这些国家教育发展的主旨和追求。在这些国家中基本实现了"以校为本"的理念，并从法律上保障了这一制度的顺利实施。无论是美国的校本管理还是英国的学校理事会等，都充分体现了要通过权力下放来促成学校在管理方面的自主这一核心理念。虽然我们必须承认自主并不意味着完全自决自断，但将某些重要的权力如教材选用、教师聘用和解聘权，教育经费管理、使用等权力下放给学校无疑将会进一步调动学校办学积极性，提高办学质量和水平。

第二，开放性、民主性是国外学校制度的重要特征。

美国心理学家布容丰布任纳的发展生态学理论认为："人的发展是个体与其生活环境之间相互交往和影响的结果，而人的生态环境是由家庭、邻里、学校和社会等以及它们之间的相互关系等一系列不同层次和结构的生态系统所组成的一个有机整体，每一个层次和结构不同的系统，因它与个体的相互关系的独特性而对人的发展产生特殊的影响。"①社区是学校组织所处的一个外部环境，作为社区的一个重要的子系统，学校与社区内各类社会组织有机结合在一起，它们彼此之间相互影响、相互依存、相互制约。"学校与社区隔离，学校对社区封闭，学校孤立于社区，这是传统的学校观念。而在实际上，社区是教育的基础，离开社区的生活，离开社区的成长，学校无法单独完成教育的目标。"②进入21世纪以后，学校和社区的关系已突破了从前的相互隔离及学校服务社区、社区依附学校的阶段进入了彼此合作的新的发展时期，一方面，学校可以充分利用社区内的各种优质资源，将学习场所延伸到整个社区，而家长和社区人士可以作为人力资源参与到学校的教学和管理之中，使社区成员产生从"旁观者""辅助者"到"决策者"的角色转变。另一方面，通过学校资源对社区的开放，使全体社区成员都能接受形式多样、内容丰富的社区教育，有力促进社区整体文化素质的发展和居民生活质量的提高。唐·倍根和唐纳德·R.格莱叶认为："在民主社会，学校作为一个公众资助机构，必然

---

① 胡洪伟,刘朋.基础教育的学习化理念——美国学校家庭与社区合作的启示[J].教育导刊,2001,7(13):11-14.

② 厉以贤.学校与社区的沟通与互动[J].河南教育,2001(11):1.

要与社区之间发展合理的、建设性的关系。这是由学校的公众性及其运作的法定框架决定的。"①我们可以给学校、社区和家长互动的作用下这样的结论:"学校与社区和家长的互动对于增进学校办学效益、提高学校教育质量等具有重要的作用。一些成功的经验表明,学校教育要办出特色、管理要提高成效,就必须依靠社会力量的参与。"②叶忠海、伦文强、沈安康、黄昌丹、李凤兰、范传伟、蒋红珊、雷少波、魏政等人也在自己的论著中分别从不同角度有过相似的论述。

第三,在各国学校管理制度中,家长的充分参与都十分重要。

十年树木,百年树人,孩子的健康成长需要家庭、社会、学校各方面密切的配合,长期的合作。美国"全国家长—教师协会"在过去一百年的经验证明了:"家长的有效参与对孩子学习将产生重要而持久的效果和影响,家长参与到孩子的学习中会提高他们的学习成绩和学业成功机会"③。传统上,家长们都把教育子女的责任委托给学校和教师,他们都是比较被动地接受学校安排,往往把学校看作是可以为子女提供技能教育而他们本身无法提供的一种机构,不能主动提供帮助。而在科技迅速发展,社会日益进步的今天,这种方式已不能满足孩子成长的全部需要,他们迫切地希望吸收课堂外的知识,此时,蕴藏在家长中丰富的优质人力资源就成为学校教育的有效补充和支持力量。家长此时的角色就不仅仅限于家长本身,还可以作为教师、决策人和社区代表主动参与学校管理。同时,研究表明:"家长的参与是对真正关心学习成绩的社区的明智投资,如果形成家长参与学校教育的传统和习惯,校外教育机构将会给予充分投资。"④

第四,各国在相关法律中都赋予了家长、社区参与学校管理的权利。

这就为权力的实施和落实提供了切实依据和保障。在上述诸国的教育

---

① 唐·倍根,唐纳德·R.格莱叶.学校与社区的关系[J].周海涛译,重庆:重庆大学出版社,2003:5.

② 谌启标,柳国辉.美国中小学的"校本管理"改革探略[J].比较教育研究,1999(4):19-21.

③ 杨天平.欧洲七国关于家长参与学校教育项目的研究综述.内蒙古师大学报:教育科学版,2003(16):8-13.

④ 杨天平.欧洲七国关于家长参与学校教育项目的研究综述.内蒙古师大学报:教育科学版,2003(16):8-13.

法中,我们都能发现保障家长、社区参与学校管理权益的条款,而各国的成功范例就证明了制度、规范的力量,任何组织想保持高效地运转,都必须有坚实的管理制度为基础。制度是组织保持高效的前提和基础,也是领导者在管理中所要关注的基础性工作,它能够保证组织的稳定发展,使组织不因人员等因素的变动而发生动荡。制度一旦确立,就形成行为规范,就有了一定的稳定性和权威性。相对于其他组织来说,由家长、社区和学校形成的教育组织,各参与团体之间目标各不相同,经常发生冲突,且流动性比较大,这就使得其结构比较松散,更缺乏凝聚力,要保证组织稳定、有序运行就需要有严格的制度作为保障,这不仅能使相关成员明确自己的权利和责任,便于执行和监督,更重要的是,通过规范的制度安排,引导和约束组织成员,激励每个人追求自身效益最大化的实现,为实现组织共同目标而努力。

四、国内现代学校制度文献综述

"现代"(modern)一词是西方式历史分期的结果,而"现代化"(modernization)本身便是一个西方概念,按西方的标准,西方的历史分期分为古代(ancient)、中世纪(medieval)和现代(modern),而现代化一词就词意看,就是"转变成为现代"(to make modern)。

21世纪初,我国教育理论界提出了现代学校制度的命题,同时,当时由教育部基础教育司和中央教科所共同组织的"基础教育阶段现代学校制度理论与实践研究",被列为全国"十五"重点课题。

2005年5月21日,中央教育科学研究所(后来更名为中国教育科学研究院)举办了"中小学校现代管理研修班"报告会,其中之一的命题是——"现代学校、学校的现代化与现代性"。会议认为,学校和教育的使命是培养人,现代学校和现代教育的本质是以科学精神和民主精神,培养现代人,培养具有新国民性的中国人。而对制度的认识、内涵规定如下:

1.制度是在已经形成的习俗、惯例的基础上创生出来的,而不应当是毫无群众思想基础设计出来强行出台的。2.提炼制度的目的,就在于降低社会活动中人们互相协调的成本。3.制度必须为人们所共同接受。只有人们共

同接受的制度,才是真正行之有效的制度。有人可能不接受的制度,即使印在本子上,也是名存实亡的制度。4. 制度是领导与群众,群众与群众之间相互制约的规范,而不是领导借以控制、整治群众的工具。5. 对个人而言,制度是一种有约束力的行为规范,对组织而言,规范的调节作用,使整个组织显现出一定的整体秩序,换句话说,制度也是组织秩序的一种表现形式。

那么,什么是现代学校制度?

谈松华在《现代学校制度建设的若干理论与实践问题》一文中较为全面地分析了这个概念和相关的内涵。他认为:"现代学校制度本身是一个相对的概念,就像现代化这个概念是指社会发展的一种过程和状态(形式)一样,它也是指学校制度发展的现实过程及其特定内涵。[①]""对于现代学校制度的研究,从狭义的角度讲,主要涉及现存学校的制度和管理领域的变革与革新;从广义的角度讲,则涉及未来学校的组织及其制度变迁。"他首先分析了现代学校制度的提出是缘于现代学校教育的制度性变革的需要,只有从现代教育变革的内涵及其在制度层面的含义来理解,才能把握现代学校制度建设的脉络。二是要讨论学校的性质及其法律地位:面向社会的独立自主的办学实体。明确学校与政府的关系,是现代学校制度建设的前提。学校并不是政府附属的行政机构,而是提供教育服务的教学机构,学校是教育服务的提供者,而政府是教育服务体系的构建者和监督者。

在现代学校制度的组织和管理设计上,他认为有几个问题需要探讨。

第一,学校的法律地位。只有通过法律形式确定的政府与学校的关系,才具有公正性和稳定性。关于学校法人地位是一个有待结合中国实际探索解决的问题。第二,学校类型。对于这些不同类型的学校,产权和管理如何设计与安排是建设现代学校制度的一个新问题。第三,政府管理。作为所有者,政府应该思考如何实施对国有校产的监管;对所有学校包括公办学校和民办学校应该一视同仁,不应有亲疏之分;教育服务的完全市场化是不可取的,也是不可能的。第四,学校经营。经营问题实际上就是要在学校管理中引入"成本—效益""投入—产出"的机制。第四,需要讨论学校内部治理制

---

① 谈松华.现代学校制度建设的若干理论与实践问题[J].人民教育,2005(6):2-5.

度：利益主体和谐协调与自我平衡的治理机制。其核心是保证管理者的自主管理权、教学者的自主教学权、学习者的自主学习权。处理好决策与管理的关系正是避免权力过于集中、实施有效制约的制度性保证；如何确定教师在学校治理结构中的地位和作用，如何确保教师在教学和科研中的自主性，是学校治理结构中的关键性问题；在现代学校制度内部治理结构的设计中，学生的地位和角色将会发生变化。第五，讨论学校的社会参与制度：开放的社会学习中心。具体包括家庭—社区—学校：合作和参与的组织架构；终身学习体系中的学校制度：开放的社会化的学习机构；学习型社会中的学校制度：学习型学校；信息网络环境下的学校制度："虚拟学校"的制度设计等①。

朱小蔓认为，现代学校制度"特指在知识社会初见端倪和全面建设小康社会的大的社会背景下，能够适应市场经济和建设学习型社会的基本要求，以新型的政、校关系为基础，以现代教育观念为指导，学校依法民主、自主管理，能够促进学生、教职工、学校、学校所在社区的协调和可持续发展的一套完整的制度体系。"②

陈如平认为，"从现代学校制度特性的角度作初步分析，现代学校制度除了具有时代性，较全面地反映社会现实的需要和与时俱进的精神外，还必须具有人本性、民主性、开放性、科学性、发展性和生态性等六个基本特性"③。他明确指出："现代学校制度的最终要构筑学校的生态环境，或称之为学校组织气氛。"

褚宏启认为："某种制度是不是现代学校制度，衡量的基本标准是看：这种制度能不能促进学生充分、全面的发展，能不能增进教育秩序、促进教育公平、提高教育效率。学生发展是中心，秩序、公平和效率是三个基本点④。"在《我们需要什么样的现代学校制度》一文中，褚宏启先综合分析了研究者对构建现代学校制度的一些看法和西方国家教育市场化的弊端，然后提出了现代学校制度的归属与构成。他认为，可以把教育制度划分为微观教育制度和宏

---

① 谈松华.现代学校制度建设的若干理论与实践问题[J].人民教育,2005(6):2-5.

② 朱小蔓.功能·环境·制度——基于生态理念与现代学校制度建设[J].华东师范大学学报:教育科学版,2006(2):1-7.

③ 陈如平.现代学校制度的基本特性[J].人民教育,2006(2):11-13.

④ 褚宏启.我们需要什么样的现代学校制度[J].教育研究,2004(12):32-37.

观教育制度两种。微观教育制度即学校制度关注学校这种教育组织的运行和治理状况，关注具体的教育教学过程，就像微观经济学和现代企业制度主要关注企业运行一样。学校制度又进一步分为核心制度和外围制度两层面。教师的教和学生的学是学校制度最应该关注的问题，其他的制度都是为其服务的。从这个意义上看，现代学校制度的核心就是如何促进教师更好地教与学生更好地学的制度（如教学管理制度、校本教研制度、学生评价制度和教师评价制度），以及与其相近的制度（如与校本管理相关的学校内部管理制度）。而产权制度、投入制度、办学制度、后勤制度、社区参与制度等，都属于学校制度的外围制度，它们都是为核心制度服务的。核心制度的运行和发展需要外围制度做保障。外围制度必须服从教育内在需要，而不是反过来。

褚宏启还认为，现代学校制度的建立并不只是学校内部管理体制完善的问题，还涉及学校与教育行政部门的关系、与社会（社区）的关系等。前者应该被重点关注。建立现代学校制度首要的就是转变政府教育行政职能，落实学校办学自主权。放权给学校的目的在于增进学校教育教学活动的专业性，从而更好地促进学生的发展。需要注意的是，转变政府教育行政职能并不只是简单的"放权"，而是可以采取"下放""转移""平移""上交"等措施。因此，建立现代学校制度并不只是要求"放权"，应该全面理解"政府职能转变"和现代学校制度的内涵。

2004年第12期《江西教育》发表了《学校制度建设的几点思考》的文章，较为全面地论述了现代学校制度建设的几个关键问题。文章论述了现代学校制度建设要以思想文化活动为基础；现代学校制度建设要以现存制度为依托；现代学校制度建设要体现现代学校的"人本精神"；现代学校制度建设要特别注意现代学校的"程序公正"；现代学校制度建设要切实提高现代学校效率等[①]。

杭州的周培植撰文《教育生态观下推进现代学校制度建设的探索》认为，面对新形势，应通过积极推进现代学校制度建设，努力营造自主可持续发展的教育生态，早日实现下城区教育现代化。首先，他提出要营造一个区域性

---

① 万文涛,周国华,刘仁山.学校制度建设了几点思考[J].江西教育:管理版,2004(12):13-15.

的教育生态环境。学校作为教育生态综合体的一部分,或者说,教育生态链上的一个环节,它的自主发展离不开学校以外的环境。为推进现代化制度建设,给学校自主发展创造一个良好的外部条件应具体主抓五点:改革直属单位体制;尝试多元办学形式;优化终身教育体系;创新教师培训模式;搭建多向互动平台。其次,他认为要观念引领,促进学校自主发展机制的生成和发展。包括五个内容:(1)构建新型政校关系;(2)形成校本管理体系;(3)建设现代学校文化;(4)完善学校评价体系;(5)健全社会参与机制。

吕建生的《对我国中小学教育管理体制改革的方向性思考》认为,当前学校管理体制的改革是我国教育体制改革的重心。我国通过对中小学校教育管理体制的改革,有效地提升了中小学校内部管理水平和学校教育质量,但其实际运行中仍存在诸多问题。目前已经进行的改革主要围绕学校管理体制的"硬件",而在"软件"方面的建设比较缺乏,对学校管理体制改革的思想建设方面没有足够的重视。要达到把教育质量提高到一个新水平的目的,就需要进一步深化中小学管理体制改革。为此,首先应重点确立现代学校的管理观念,进一步建立健全民主制衡机制,完善体制结构和学校的管理制度,选择民主的管理方式,从而促进我国中小学教育更快、更好地发展。

就现代学校制度涉及的基本关系而言,有学者认为研究现代学校制度应围绕两对关系建立理论分析框架,即学校与政府、社会和市场的关系;也有人认为现代学校制度涉及的三个关系是学校与政府、学校与社会、学校组织内部的管理关系;还有学者将学校内部的各种关系具体化,认为"现代学校制度涉及五种关系:学校与政府、学校与教师、学校与学生、教师与学生、学校与家长的关系"。就政府和社会两者在现代学校制度构建中孰重孰轻、谁先谁后的问题,学者们的观点又有所分歧。有学者强调学校与政府的关系,关注新型政校关系的建设;有人突出学校与社会的关系,认为在现代学校制度建设中要"把社区、学校、家庭、社会互动放在很重要的位置上"。陈如平在《现代学校制度的基本特性》一文中则认为,应先考虑学校与社区和家庭的关系,再构建学校与政府的关系。就现代学校制度的瓶颈与构建路径而言,学者们普遍认为,现代学校制度在建设中存在政府过度干涉、市场发育不足、社会参与欠缺等难题。

所以,对现代学校制度的研究近几年也很热,从近十多年来已发表的文

献来看,对于现代学校制度的讨论基本上是从以下几方面进行研究的:

(1)现代学校制度的概念和问题域;(2)现代学校制度涉及的基本关系;(3)现代学校制度的分类;(4)现代学校制度的特征;(5)现代学校制度的内核与构建逻辑;(6)现代学校制度的瓶颈与构建路径;(7)现代学校制度的研究方法与路径。

具体来看,由于对现代学校制度的概念和关注点不同,学者间对其构建路径的理解、改革突破口的选择等仍存在较大差异。有从宏观层面进行的,也有从中观层面和微观层面进行的。在微观层面,有人认为教师、学生对教育教学事务缺乏参与和监督是"制度性障碍";也有人认为,制约学校和学生发展的最严重的制度"瓶颈"是评价制度。不管怎么样的争论,上述这些现代学校制度建设的研究内容,对于眼下的教育实践都具有指导和借鉴的意义。

现代学校制度的架构,必须源于真实的学校教育实践变革,换言之,没有学校行为的根本性变革,就不可能产生有中国特色的现代学校制度。

本书极愿成为变革学校行为的一个志愿兵和一个推动者。

教育如何才能生态化,国外微观学校管理制度的改革对我国的学校管理制度有何借鉴意义,现代学校制度理想中的因子怎样在现实的学校教育生活中予以体现,这三个问题是本课题思考的三个基本视角和维度。

做出这样的选择,也表明海曙区力图通过研究追求教育本真的价值,一如陶行知先生所言:"生活即教育,就是社会即学校。"

本节小结:

浙东学派的"经世致用"与王阳明的"知行合一",成为海曙区开展现代学校制度研究的教育哲学基础,区域本身良好的经济、文化与社区背景是必然的铺垫,加上对教育生态、现代管理体制的深入剖析,总体上形成了本书的研究背景。

第二节　课题研究设计

本节解读点：*本课题作为一种教育变革，所强调的独立创新究竟在何处？*

第一节已经解读了本研究所涉及的教育生态理论、社区家庭参与学校管理、现代学校制度等内容，已有的研究为本课题提供了一个广阔而有发展前景的研究背景。笔者赞同朱小蔓如下的观点："在当代我们需要格外地强调教育的自主性、独立性和批判性的文化品格，因此，也就更为强调教育的创造性本质。"①

一、课题研究目的与内容

（一）课题研究目的

理论上，以研究社区和家庭、学校三者互动为切入口，探索现代学校管理制度的基本内涵、基本架构、基本特征与基本形式，回答现代学校制度建设能否成为营造教育生态的一种途径这一问题。

实践上，通过教育议事会（教育协作理事会）这种基于社区和家庭、学校三者互动的学校管理制度的建立，创新学校管理体制，逐步营造教育的生态与和谐氛围。

（二）课题研究内容

研究者本来在申报课题的时候，根本没有想到教育议事会（教育协作理事会）这个名词，就是试图建立一种制度，至于这个制度是什么，如何运行，当

---

① 朱小蔓，刘贵华.功能·环境·制度——基于生态理念的现代学校制度建设[J].华东师范大学学报：教育科学版，2006(2)：1-7.

时只有一个笼统、模糊的设想。在最早的《基于社区、家庭、学校互动的现代学校管理制度的研究》的申报材料中，是这样描述研究的主要内容的：

（1）社区、家庭、学校三者互动的依据及可能性；

（2）基于三者互动的学校管理制度的基本内涵、基本架构与基本特征；

（3）以何种方式或形式实现三者互动；

（4）如何整合社区、家校资源；

（5）应该形成一套什么样的规章制度；

（6）与三者互动相适应的校内部管理制度应该进行什么样的变革或调整；

（7）在实施三者互动的过程中，出现问题的对策研究；

（8）政府应该从哪些方面进行宏观协调管理。

到后来，随着研究的深入，才逐步明确为：

在行动研究层面，将课题研究的切入口定位于：构建"社区家庭参与学校管理的互动平台——教育议事会（教育协作理事会）"，突破原来政府管理学校的单一模式，引入社区与家庭参与学校的管理。课题组重点选择了两个试点，即：

1.以广济中心小学实验校区为重点，探索成立由学校、社区、家长、政府、社会知名人士等组成的学校教育议事会。

（1）探讨议事会成员的任职资格、产生方式、组成的结构、所要履行的职责、与学校的关系；

（2）探索学校与社区、家庭互动的组织形式、功能定位、活动方式；

（3）探求学校章程的制定方式，以章程的形式将三者互动规范化、制度化，并对学校办学行为和教育教学活动产生制约和支持；

（4）分析研究学校在议事会这一新的因素注入情况下发生的变化（包括内容、方向、程度）。

2.以达敏学校为重点，探索针对特殊儿童以教学活动为纽带整合社区、家校资源的教育协作理事会，以促进学校发展。

二、课题研究方法与过程

采取什么研究方法，最后由课题组组长叶正波拍板，采用当时比较新兴

的教育叙事研究这一方法。

因教育是一种非常复杂的社会现象,它首先是培养人的一个过程,一个活生生的学生成长过程,然后才衍生为一项社会事业。教育中的许多问题,需要采取不同的研究方法从不同的角度去探讨。

教育世界中的微观问题、深层问题和价值关涉问题,需要研究者进行深入细致的描述和分析,需要深层的体验和思考;教育活动是动态的而非静态的,因而需要研究者对教育活动的整个脉络进行详细的动态描述;微观的教育活动特别是课堂活动、师生交往活动是一种自然情境,在自然情境下研究教育活动者的经验世界,研究结果可能更切合教育活动者的生活实际,研究结果的运用更具有针对性。[①]

(一)课题研究方法

20 世纪以来,社会科学的各种理论、方法与技术蓬勃发展,研究方法日趋精细,并被陆续引入教育研究领域,促使教育研究呈现出不同的取向和形态。但是,从研究范式上看,教育研究基本上不外乎科学范式与人文范式之列。

我国教育界就研究方法上存在着应用量的研究还是质的研究的分歧。实际上,论争的本质还是表现为关于科学研究范式(包括教育实验、问卷调查、数理分析等研究方法及相应的研究信念和成果形式)与人文研究范式(突出地表现为思辨、历史文献研究,以及近来兴起的深度访谈、自然观察、实物文本分析、叙事研究等研究方法及相应的研究信念和成果形式)的论争。在教育世界中,既存在科学世界范畴,也存在生活世界范畴。[②]

此外,教育的目的、理念、制度和道德人格等价值关涉问题,不宜采取纯粹的量化研究方法,而需要运用哲学思辨、历史、比较等方法进行考察,或者综合运用各种研究方法。由此可见,科学研究范式与人文研究范式或者说定量研究方法与定性研究方法的关系并非矛盾对立,水火不容,而应该是互为

[①] 陈向明.质的研究方法与社会科学研究[J].北京:教育科学出版社,2000:56-69.

[②] 张斌贤.试析当前教育研究中的"唯科学主义"[J].清华大学教育研究,1998(1):1-5.

补充、互相支持的,定量研究与定性研究只是从不同的侧面、用不同的方法对同一事物进行的研究,"定性研究为定量研究提供框架,而定量研究又为进一步的定性研究创造条件"。① 固执地信奉某一种研究范式而简单地排斥其他是与探索精神相悖的。因此,正确地看待定量研究方法,以多元的方法论去指导教育研究,应该成为我们进行教育研究的基本原则。

首先,本课题研究肯定是一种质的研究,陈向明认为质的研究的最大特点是具有强烈的人文关怀和平民意识,在自然情境下对个人的"生活世界"及社会组织的日常运作进行深究,提倡研究者对研究情境的参与,直面事实,与研究对象共情。②

确实,本课题研究对发生在教育事件中的生活故事和意义建构做出"解释性理解",缘于对事物的复杂性和过程性进行长期、深入、细致的考察。实际上,当前教育研究所面临的困境之一是教育研究越是精确,其与人类经验的联系则越少③。

随着科学—人文这两种研究范式的交锋和转换,叙事与讲故事,这两个密切相关的术语频繁出现在文献中。叙述和讲述代表一种思想,这种思想涉及人类经验的性质,涉及经验怎样被学习被表达,以及如何在科学—人文这两极之间选择一条中间道路。

"叙事主义者相信,人类经验基本上是故事经验;人类不仅依赖故事而生,而且是故事的组织者。进而,他们还相信,研究人的最佳方式是抓住人类经验的故事性特征,记录有关教育经验故事的同时,撰写有关教育经验的其他阐述性故事。这种复杂的撰写的故事就被称为叙事(Narrative)。写得好的故事接近经验,因为它们是人类经验的表述,同时它们也接近理论,因为它们给出的叙事对参与者和读者有教育意义。"④

进一步说,本课题研究适合叙事研究。叙事研究从总体上说是属于人文研究范式或者说是定性研究方法,但它又有自身的特点。何谓教育叙事?

① 　陈向明.在行动中学作质的研究[M].北京:教育科学出版社,2003:5-10.
② 　陈向明.在行动中学作质的研究[M].北京:教育科学出版社,2003:5-10.
③ 　丁钢.叙事探究[J].全球教育展望,2003(4):16-20。
④ 　丁钢.教育叙事:接近日常教育"真相"[N].中国教育报,2004-2-19(8).

"就研究旨趣而言,我们尝试教育叙事研究和之所以提出'教育叙事',并不是为了勾勒一种教育学批评,乃是为了接近在中国教育时空里发生的各种'真相'。因为在其中,有着各式各样的人物、思想、声音与经验,它们会聚在一起,构成了等待我们去考察的教育事件,而这些事件的流动性及其复杂意义常常只有通过叙事方式才能表达出来,尤其是事件中的个人'生命颤动'的揭示。"①叙事即叙述故事,叙事是为了告诉某人发生什么事——一系列口头的、符号的或行为的序列。

在《后现代历史叙事学》一书中,海登·怀特认为"叙事绝不是一个可以完全清晰地再现事件——不论是想象的还是真实的事件——的中性媒介。它以话语形式表达关于世界及其结构和进程的清晰的体验和思考模式"。②

叙事研究是指任何使用或分析叙事材料的研究。叙事本是文学的要素之一,也是文论中讨论的问题,叙事学属于以小说为主的叙事文学理论。或许因为它集中关注人类经验,或许因为故事就是人类经验的基本框架,叙事正在被广泛地引入其他学科领域。因此可以说,叙事是探索人类经验现象的一条途径;而叙事研究可适用于社会科学许多领域,包括教育领域。

叙事强调的不是形式、规律,而是经验的意义。尊重每个个体的生活意义,主要通过有关经验的故事、口述、现场观察、日记、访谈、自传或传记甚至书信及文献分析等,来逼近经验和实践本身。然而,必须认识到,关于事物意义的一切说明都具有其局限性。③

而本课题的研究把这种叙事看作是"我们的经验、行为以及作为群体和个体的生活方式"时,这种叙事就不再仅是主观意义上的产物。当然,经验的呈现不等于叙事研究,尽管叙事本身是经验呈现的最佳方式,叙事研究对于经验的表述却是别具匠心的。叙事研究超越信度、效度和普遍性,是通过

---

① 丁钢.教育经验的叙事研究[N].教育时报,2004-2-19(3).

② 威尔·怀特.街角社会:一个意大利贫民区的社会结构[M].黄育馥译.北京:商务印书馆,1994:18-32.

③ 丁钢.历史与现实之间:中国教育传统的理论探索[M].北京:教育科学出版社,2002:55-60.

时间、地点、情节和场景的协同来体现叙事的经验品质。① 而且，仅有叙事是不够的，本课题研究者还试图理解经验叙事的意义和对他人及社会问题的意义。

教育叙事研究的考察对象是教育经验和现象。丁钢认为："重要的不仅是教育理论的努力如何在塑造或不塑造实践和经验，而应该着力关注教育实践者以经验方式对教育的主动参与。"但是，教师的讲故事与教育叙事还不是一回事。从教师讲的故事来看，它们多是些简短的教育"记叙文""日记（志）"等，这意味着"讲故事"与"教育叙事"研究之间存在一段距离，要想实现向后者的转变，从现场、现场文本到研究文本，还需要接受一定的理论与方法训练。

叙事研究中的叙述者可以是教师，也可以是校外研究者。当教师既是"叙说者"又是"记叙者"，而且所叙述的内容涉及自己的教育实践及某些教育问题的解决过程时，教师的"叙事研究"就成为教师的"行动研究"，实质是一种"叙事的行动研究"。当教师只是"叙说者"，所叙说的内容本不涉及教师的教育实践的改变过程时，叙事研究实质是一种教育领域的"人类学研究"。在这类叙事研究中，教师只是"叙说者"，"记叙者"却是校外研究者，是校外研究者在倾听了教师的"叙说"之后，对教师的"叙说"所做的整理和"记叙"。这样，叙事研究大致分化出两条道路：一条是"叙事的教育行动研究"；另一条是"叙事的教育人类学研究"，其研究者更关注该教育事件及多种教育事件之间的关系"结构"，尽量使所叙述的教育现象呈现出某种"结构"或"理论框架"，保持"教育理论"与"教育实践"之间的"互动"。

可以说，叙事研究作为在科学与人文这两极之间的一个中间道路，已逐渐成为教育研究中的一个核心学术话语方式。其对教育的重要意义在于：它把有关生活性质的理论思想引入活生生的教育经验之中，并通过生活（如教与学）经验的叙述促进人们对于教育及其意义的理解。

本课题主要运用叙事研究，并且是将"教育叙事的人类学研究"和"教育叙事的行动研究"进行结合。课题组的一位研究成员扮演了一个多重角色，她最早是作为家长的身份，已经是班级议事会的成员，后又成为学校议事会

---

① 丁钢.教育经验的叙事研究[N].教育时报，2004-2-19(3).

成员,被推举任命为提案部部长。所以一方面,作为研究者,她对教育议事会(教育协作理事会)的产生与发展过程进行了观察;另一方面,作为议事会成员,她又直接参与了所有的研究与组织、活动工作。可以说,她是"记叙者",是倾听了教师的"叙说"之后,对教师的"叙说"所做的整理和"记叙";她又是"叙说者","叙述"了自己参与教育议事会(教育协作理事会)的所有活动,"叙述"了自己参与的教育实践及某些教育问题的解决过程。笔者还通过调查研究、形成性研究并采用观察法、问卷调查法、人类学田野考察法、经验总结法等为主要研究方法。笔者在叙事的过程中尽量保持原状,以呈现各种不同的差异阐释。

本书力图通过培训、阅读等各种方式涉猎国内外人文学科的前沿进展,提高自己的理论洞察能力,努力从自己所研究的教育经验中"解读"出教育议事会(教育协作理事会)运行过程中内在的学术和理论"意义"。当然,所得出的结论也可能是一家之言。

(二)课题研究对象

叶正波副区长综合各种因素,在本课题研究中,决定选取广济中心小学世纪苑实验校区和达敏学校为样本。

创建于 1964 年的广济中心小学,是当年宁波地区首批重点小学,也是宁波市第一批对外开放的窗口学校,学校坚持从"教育性、艺术性、娱乐性"出发,对校园环境实行"美化、绿化、净化",几年来,学校先后被评定为浙江省文明单位、浙江省示范小学、全国班集体建设科学实验基地、浙江省现代教育技术实验基地、宁波市现代化教育技术示范学校、市校园文化建设示范学校、市校本培训先进学校。

1999 年由美籍华人陈绍华先生提议,FNT 基金会和市、区政府共同出资改扩建的新校所在原址落成,并附设哲英书画学校。2002 年学校在世纪苑设立了实验校区,由广济中心小学进行一体化管理,但又相对独立,作为学校教改的实验场所。学校以"班集体建设"为载体,全面创设良好的育人环境,师生之间形成了平等、民主的关系,学生中也有着团结友爱、互助合作、和谐竞争的良好氛围。

当时任广济中心小学校长的周培剑是一位年轻的市级名校长,办学思路开阔,教育思想前卫。特别是他于2004年年初刚刚从澳洲培训回来,目睹了澳洲的教育体制与教育状况,有关于学校—社区—家庭新型互动的感性认识。其次,学校所在的社区——世纪苑是一个新的社区,正在创建全国文明示范社区,学校是社区信赖的一个有效资源,学校与社区的关系和谐融洽,愿意共同营造一个良好的育人环境。

在这次的现代学校制度实验区的创建中,广济中心小学世纪苑实验校区选择了"学校教育议事会(教育协作理事会)"作为学校、社区和家庭三位一体的创新模式,本课题通过对广济中心小学实验校区的教育叙事,反映正常儿童教育的生态情况。

海曙区人民政府于1987年9月创办的达敏学校,是宁波市唯一的全日制智力残疾儿童学校。1993年香港顾国华基金会和孙志新先生捐资建造了新校舍,2003年海曙区还有宁波市人民政府又投资近400多万元人民币装修和扩建了新校舍,使其成为宁波市现代化建设达标学校。

学校坚持日常行为养成教育,以"传授知识、锻炼能力、康复身心"为主要任务,开展适合智力残疾儿童身心特点的多种形式的教育活动,学生的行为更加规范,综合素质得到了提高;积极开展以生活为中心的单元教育与分层教学相结合的教学模式,成功地实行了课堂教学社区化,坚持教学内容生涯化,教学方式生态化,教学评估多元化,教育质量不断提高;坚持科研兴校的办学思路,积极倡导全体教师进行教育教学的探索、研究、实践,取得了显著的成绩。该校经过多年的科研工作,已经形成了与社区、家长较好的关系。

本研究选择达敏学校,目的是通过达敏学校的事例,对校长、教研室主任、家长、社区干部和教师进行深度访谈,探索针对特殊儿童、学校如何通过教育协作理事会制度的建立,以教学活动为纽带,整合社区、家校资源,以促进学校发展,最终为特殊儿童的教育营造一个生态的环境。

这样研究对象中既有正常儿童的学校,又有特殊儿童的学校,保证了所选的学校样本具有一定的代表性。

(三)课题研究过程

课题研究的行动路线是:选择教育议事会(教育协作理事会)实施过程中产生的矛盾与困难的关键事件为切入点进入现场,通过对关键事件过程的关注,审视化解、协调矛盾机制,阐述性地揭示家庭—社区—学校的内在生态逻辑,并试图以机制促进制度设计,最终使之能指向生态的教育环境的建构,即在生态的宏观背景下,以制度架构为突破口,着重解决家庭、社区、学校分别作为行动者在资源、规则、行动方式中的广度、深度与有效度的协调。

需要说明的是,研究过程学习参考了陈向明的质的研究方法具体过程,本节就不一一标注参考原文了。

1.进入课题研究现场

研究现场是研究者观察、了解研究对象的真实环境。由于本课题研究的需要,教育议事会(教育协作理事会)酝酿、成立、运行的所有场景,都要观察,因此,进入研究现场就意味着研究者走进学校、家庭、社区、各种会议、活动场所,甚至学生、教师、家长、社区干部包括领导等课题相关人员活动的时空,与他们同呼吸、共生活。没有这样的现场研究,就难以获得"原汁原味"的现场资料,就无法把握教育议事会(教育协作理事会)所有成员的行为、观念所赖以产生的深层原因;没有对教育议事会(教育协作理事会)主要成员生活的现场观察,就无法理解这些成员的做法。因此,研究现场是本课题研究获取真实资料的直接来源。

进入研究现场的方式是多种多样的:有在自然状态下的轻松融入,也有创设特殊的情境快速地融入;有直接通过他人的介绍而走进现场,也有间接地在观察中逐渐走进现场,但是无论什么方式,都征得了研究对象的同意,得到了研究对象的许可,这不仅是研究伦理的要求,也是叙事研究需要研究对象多方面合作的要求。

2.研究中搜集材料

本课题研究过程中,笔者搜集材料的方法有五种:问卷调查、现场观察、深入访谈、情景记录和写备忘录。

方法一：问卷调查。

跟绝大多数的研究一样，我们对学校、家庭、社区的互动情况进行了前测调查，主要采用问卷调查的形式，当然，研究者也进行了一定的访谈调查。我们设计了三份问卷，分别是学校与社区互动情况的问卷，由社区工作者、社区人员和学校教师回答；学校与家庭互动情况的问卷，由家长和教师回答；家庭与社区的互动情况的问卷，由家长、社区工作者、社区人员和教师回答。这些问卷调查的结果在最后的研究报告中体现。

方法二：现场观察。

本课题的观察分为参与型和非参与型两种。在参与型观察中，观察者和被观察者一起生活工作，在密切的相互接触中倾听、观看他们的言行。这样做的长处是：研究的情境比较自然，研究者可以深入被研究者的文化内部，更深刻地了解他们行为的意义。但是这样做，对研究者的要求比较高。研究者不得不同时扮演双重角色，既是研究者又是参与者，很难保持作研究所必需的心理和空间距离。在非参与型观察中，观察者置身于被观察者的世界之外，作为旁观者了解事件的动态。在条件允许的情况下，观察者还可以使用录像机。这种方法的长处是比较容易保持"客观性"，但是很难对问题进行比较深入的了解，不能像参与型观察那样，遇到疑问时可立刻发问，有时还会因观察距离较远，看不到或听不清正在发生的事情。

总之，观察力求客观，尽量悬置研究者先前已有的主观偏见，避免"先见"或"前设"对研究的干扰。

方法三：深入访谈。

访谈是研究者与研究对象围绕着研究问题而进行的有目的谈话，双方在教室、走廊、办公室、会议室、饭店、茶馆、咖啡馆、车上等一切地点，围绕着教育议事会（教育协作理事会）相关问题进行的访谈，又使研究者在观察中获得的外部感受得以深化，使外显的行为得到意义解释，使研究由表及里、由外至内，将本课题的叙事研究推向更深处。

从访谈的深度看，研究者与被调查者建立了一定的个人关系，因此可以深切地理解他们的生活经历，并且有可能在访谈时探讨一些教育议事会（教育协作理事会）可能存在的问题或者敏感的个人问题；如果研究者扮演一个

远离研究对象的、"客观的"形象的话,这些问题可能永远也不会被发掘出来。

访谈主要是获取尽可能多的信息,因而本课题访谈者一方面要具有敏锐的观察力,能够捕捉有意义的事件作为所叙之事;另一方面要具有亲和力,能较快地为访谈对象所接受,使访谈顺利进行。这显然与本课题访谈者个人的性格、气质、能力密切相关。

方法四:情景记录。

本课题研究的记录使用两种方式:一是观察型记录,记下访谈者听到、看到的东西;二是方法型记录,记下访谈者自己所使用个人因素对访谈的影响,如性别、年龄、职业、相貌、衣着、言谈举止、态度等。访谈的时间和地点应该以被访者的方便为主,有的被访者约了三次才在被访者与访谈者共同参加的活动场所碰到。在访谈前,访谈者向被访者介绍本研究课题,并和被访者就访谈次数、时间长短及保密原则达成协议。如果被访者同意,我们将谈话内容录音,由于叙事研究强调使用被研究者自己的语言对其意义进行建构和再现,录音可以帮助研究者日后分析材料和撰写报告。此外,录音还可以使研究者将全部注意力放到被访者身上,有助于对被访者的理解和共情,从而使被访者感到自己所说的内容十分重要,愿意开放自己,与访谈者进行更深层次的交流。但是,录音有时也会产生副作用。如果良好的访谈关系尚未建立起来,被访者感到不安全,录音有可能使他们感到紧张,或者选择隐瞒那些今后有可能给他们带来不利后果的情况。在具体的访谈过程中,录音很多次被拒绝,即使所谈的内容毫不隐私。在被访者不同意录音的情况下,笔者在事后尽可能记录下访谈内容,特别是被访者使用的原话,笔者尽可能使用方言。访谈过后,访谈者一般尽早对访谈结果进行分析处理,并撰写备忘录。

方法五:写备忘录。

备忘录的内容可以分成:描述型内容,报告访谈结果;解释型内容,对结果做出初步的解释;方法型内容,讨论访谈时使用的方法及其对研究过程的影响;理论型内容,建立最低层次理论;反思型内容,影响访谈过程效度的因素,是否增加、深入其他的内容等。

3.整理分析资料

这是最费时耗力的环节,因为资料的整理与分析是叙事研究极为重要的

组成部分。"资料有它自己的生命,只有当我们与它待在一起到一定的时间,与它有足够的互动以后,它才会相信我们,才会向我们展现自己的真实面貌。"①本课题的叙事研究离不开对所观察事件的整理分析,而整理分析资料就是与这些事件的主体进行对话的过程:每一次整理资料、阅读资料的过程,都是研究者与这些事件、资料的互动,都会令研究者产生对事件的新感受和新体悟,进而产生新的意义解释。

笔者也使用了实物分析方法。实物分析包括对所有可以收集到的文字、图片、音像材料的分析。这些材料可以是历史文献,也可以是现时记录,如会议录音、学校工作计划、总结、规划方案、学生的成绩单和作业、教师的评语等。实物分析是用来补充访谈和观察所获得的情况的重要方法。事实上,访谈、观察和实物可以从不同角度对研究结果进行补充和检验。我们研究者可以利用观察结果和实物,检验被研究者在访谈时传达的信息是否真实。

整理分析资料特别要注意避免受研究者原有偏见的影响,尽量尊重事实,尊重研究对象,要让资料本身说话。当然,每位研究者都会拥有自己的价值判断体系,都会有自己对事件的看法,研究小组内部开始争论、研讨,这时研究成员是平等的。由于我们把握了统一的准则:叙事研究强调的是对教育议事会(教育协作理事会)事件本身的分析,是基于资料事实进行的符合材料实际的分析,不可脱离资料另起炉灶,或是撇开事实主观臆测。否则,本课题研究就偏离了叙事研究规范的要求。

4. 撰写研究报告

原始材料搜集结束以后,需要对其进行分类、归档和编码。传统的做法以手工操作为主,将材料写在卡片上,标以代码,然后分门别类放入档案袋。笔者运用电脑来处理定性研究的原始材料,大大加快了分析过程,事实上笔者仅是利用电脑文件夹存档而已。教育叙事研究的材料分析一般采用归纳法,从原始材料中逐步抽象出概念。

具体做法是按照学校类别分析和情境分析分别撰写。学校类别分析将具有相同属性的材料归入同一学校类别。广济中心小学的材料的属性就是

---

① 陈向明.在行动中学作质的研究[M].北京:教育科学出版社,2003:5-10.

按照教育议事会(教育协作理事会)发展的时间顺序进行分类。

"扎根理论"提倡将类别分析分成三个阶段:开放式分析、轴心式分析和选择式分析。开放式分析要求研究者以一种开放的心态,尽量排除个人的偏见和研究界的定见,将所有的材料按其本身所呈现的属性分类。轴心式分析着重于发现和建立类别之间的各种联系,包括因果关系、时间关系等。选择式分析是在类别中找到一个可以统领所有其他类别的类别,将所有的研究结果统一在这个类别的范围之内。这种分阶段分析的方法比较适合建立"扎根理论"。① 其他分析方法的阶段性不是如此分明,也不强调一定要将所有的材料都纳入一个分析框架。事实上,这种做法有可能将一些无法分类,但是对回答研究问题十分重要的材料排除于结果之外。

情境分析法可以弥补这一不足。这种方法将材料放置于自然情境之中,生动逼真地对事件和人物进行描述和分析。叙述结构可以采纳前因后果排列、时间流动序列、时空回溯等方式,叙述形式包括轮廓勾勒、片段呈现、个案分析等。情境型和类别型分析可以结合使用:前者可以为后者补充血肉,后者可以帮前者分清层次和结构。

本课题研究报告的撰写是在前面大量工作的基础上进行的总结性与演绎性的归纳。它既包含本课题研究小组成员对所观察到的现代学校管理制度——教育议事会(教育协作理事会)构思、酝酿、构建、运行等的故事性描述,也包含研究小组成员对整个教育议事会(教育协作理事会)的论述性分析,两者并行不悖,相辅相成,构成了研究报告中细腻的情感氛围和浓郁的叙事风格。

本课题叙事研究所分析的根基便来源于发生在海曙区的真实事件,论述过程也是对真实事件的论述。叙事研究强调细致的描述和深刻的分析,写作采取人类学的深描,工笔画般的繁复翔实的叙事方式,力图在具体的偶然的多变的现场中去透析种种关系,去解释在事实表面的叙事研究所看到的"想象的事实""本质的事实"。这使教育议事会(教育协作理事会)真实故

---

① 陈向明.旅居者和"外国人"——留美中国学生跨文化人际交往研究[M].北京:教育科学出版社,2004:33-43.

事得以更丰富地呈现,也因此而具有一般教育研究所不可替代的意义。

5.课题研究成员

本课题研究是通过研究小组的形式进行的,核心成员有四位:组长是海曙区副区长叶正波,他是同济大学经济与管理学院管理学博士,分管全区的教育、文化、卫生等工作。副组长是时任海曙区教育局副局长王飞,他分管教育局的组织人事、教科研等工作。

笔者中文系毕业后又考取了在职教育管理硕士,时任海曙区教育局教科室主任,又是广济实验校区的高年级学生的家长。后奉叶正波副区长之命到达敏学校观察与记录整整一个月,积累了丰富的原始资料。利用这些优势,可以直接参与到两种教育议事会类型的筹备、运作、活动过程中,随时记录自己的亲历;加上考取国家二级心理咨询师资格,又从事多年教育心理咨询工作,有较好的访谈能力。最后,还组织了本课题成果的推广,见本书第五、六章。

成员尹黎,东南大学硕士,在课题后期参与会务等工作,在笔者的指导下,参与执笔达敏学校有关国内外现代学校制度文献综述的一些章节。

显而易见,通过小组的方式进行课题研究,有如下长处:

由于四位核心研究者具有不同的学术背景,可以将行政管理、教育学、文学等方面的理论和技巧结合起来,从不同的角度对教育议事会(教育协作理事会)及参与人员进行意义建构,从而勾勒出一幅有机整合的图画。

笔者在分析这些故事时可以娴熟地运用在参与教育议事会(教育协作理事会)的亲身经历,使用自己参与过程中的感触和想法对访谈材料进行分析和论证;与此同时,由于有小组成员之间的讨论,可以不将自己的观点强加到这些故事身上。

三、课题研究的效度检验

对研究结果的真实性问题的思考,也是课题组思考比较多的内容之一。

回溯到2006年,由于叙事研究还没有这方面的成果,所以借用了质的研究成果。有关质的研究的效度(validity)、信度(reliability)、推广度(generalizability)

问题,学术界存在很多争议。有观点认为:在质的研究中可以使用"效度"这一概念,但是不能沿用定量研究的定义和分类。另外的观点则认为:这个概念不适合质的研究,主张用"真实性"(Trustworthiness)和"可靠性"(Authenticity)等词语来代替。还有观点认为:不论是"效度"还是其他类似的概念都不适合质的研究,因为这类概念是以事物是独立自主的客观存在为前提的,并认为研究者可以识别(Identify)并验证(Verify)事物的客观真实性。①

而笔者认为,本课题的研究客体——现代学校管理制度(教育议事会或教育协作理事会)不是一个固定不变的实体,它是通过与主体的互动而呈现自己的。对教育议事会(教育协作理事会)的理解不是简单的主体对客体的认知(Knowing),而是主体与客体在一定社会文化环境中的相互重新建构(Reconstruction)。这一过程中,本课题研究人员逐步获得对教育议事会(教育协作理事会)此时此地的理解(Understanding)。我们真正感兴趣的并不是定量研究所指的"客观现实"和"真实性"本身,而是被研究者眼中所看到的"真实"、他们看事物的角度和方法以及研究者和被研究者的互动关系对理解被研究者眼中的"真实"所产生的影响。

(一)本课题效度分类

尽管学术界对质的研究是否应该使用和如何使用"效度"这一概念意见不一,但是我们还是按照绝大部分质的研究观点,仍旧沿用"效度"这一词语来讨论我们研究结果的真实性问题。对效度进行分类的方法目前有很多种,美国人类学家约瑟夫·马克斯威尔(Joseph Maxwell)将效度分成五种类型:描述型(Descriptive)、解释型(Interpretive)、理论型(Theoretical)、推广型(Generalizability)和评价型(Evaluative)。② 本课题研究涉及全部五类。

1.描述型效度

它指对外在现象或事物所进行描述的准确度。对这种效度产生影响的因素有:客观条件的限制,如距离太远无法看清或听到所发生的事情;研究者

---

① 陈向明.在行动中学作质的研究[M].北京:教育科学出版社,2003:5-10.
② 鞠玉翠.教师个人实践理论的叙事探究[D].上海:华东师范大学,2003.

在搜集和分析资料时有意无意地省略掉某些对研究课题至关重要的信息;研究者和被研究者之间的关系等。本课题的有利条件:一是研究者直接介入,距离很近,完全清楚发生的每一件事;二是由于研究小组成员不同的学科、教育、生活背景,在分析材料时相对可以全面地分析资料和信息,需要分析的是研究者和被研究者之间的关系。由于在研究一开始大家都注意到了这一点,而且在研究过程中各自都采取措施尽量避免这种影响效度的身份因素,最后,事实也做到了这一点。因此,本课题的描述性效度很高。

2.解释型效度

它是指研究者了解、理解和再现被研究者对事物所赋予的意义的真实程度。由于满足这一效度的首要条件是研究者必须站到被研究者的角度,从他们所说的话和所做的事情中推演出他们看待世界及构建意义的方法。鉴于在本区同一个教育系统,作为家长、教育议事会(教育协作理事会)的成员和当事人的关系十分融洽。所以,本课题的解释型效度也很高。

3.理论型效度

它又称诠释效度(Explanatory Validity),指的是研究所依据的理论及从研究结果中建立起来的理论是否真实地反映了所研究的现象。如果某一理论的概念以及概念之间的关系不能令人信服地诠释研究的现象,那么这个理论就缺乏理论效度。

4.评价型效度

这是指研究者对研究结果所做的价值判断是否确切。如果研究者戴着有色眼镜,只注意那些对他们来说重要的、有意义的东西,有意无意地挑选那些可以用来支持自己观点的材料,那么研究结果的评价效度就比较低。

5.推广型效度

它指某研究结果是否可以推广到类似的人群和情境。本课题研究不使用随机抽样的方法,因此不能像定量研究那样将从样本中得到的结果推广到所有人。有观点认为质的研究主要是通过认同而达到推广(Generalization through identification)。本课题研究一开始设想对教育议事会(教育协作理事会)的运转进行深入细致的调查,尽可能真切地再现其本质。从本课题的研究

结果、课题组的活动中已经得到了专家和学校的认同,本课题研究已经发挥了一种推广的作用。此外,在研究结果的基础上建立起来的理论也可以通过阐释其他类似情形而达到推广的效果(Generalization Through Theory)。

(二)本课题效度检验

为了对本课题研究的效度进行检验,笔者借鉴陈向明老师的论著①,采用了七种方法,本课题按照重要性和先后次序排列,做如下剖析。

1.尽可能丰富的原始资料(Rich Data)

原始资料的大量、真实搜集,为研究者检验初步假设提供充分的依据。课题组搜集的最原始资料包括:调查表设计、调查统计原件、总结报告、发言录音、参加现场会录音、直接采访参与家长、社区人员,等等。由于本课题研究小组的特点,还经常采用亲自参加各种活动的形式,收集最一线的资料。应该说搜集原始资料这一块做得十分出色,反而在撰写中期报告、结题报告时,对这些原始资料的取舍有些顾虑,有时真正舍不得,但又必须服务主题需要删去。

2.参与人员的检验法(Member Check)

通过电子邮件和书面文本的形式递交,将个别访谈的记录、整体课题研究报告交给被研究者本人阅读,直接了解他们对研究结果的反应。同时,有时候还通过间接形式征询旁人意见,了解被研究者的真实观点。所有被研究者对总体结论没有不同的看法,反而非常赞同,并对课题研究的前瞻性和研究人员的辛苦进行称赞。

3.相关人员的检验法(Triangulation)

本课题研究遵循的是教育叙事研究的路线,而这种研究的性质决定了研究者必须在研究的过程中不断地对自己所使用的方法进行反省,研究小组将同一结论用不同的方法、在不同的情境和时间、对样本中不同的人进行检验,尽可能通过不同的渠道对已建立的结论进行检验,以求获得结论的最大真实度。

---

① 陈向明.质的研究方法与社会科学研究[M].北京:教育科学出版社,2000:56-69.

4. 证伪法（Falsification）

在建立了初步假设之后，想尽一切办法证明这个设想是不真实的或不完全真实的，然后修改或排除这一假设，直至找到在现存条件下最为合理的假设。对于教育议事会（教育协作理事会）几种类型的界说，我们也经历了修改证伪的过程，刚开始是教育议事会的"模式"说，后来发现证伪成功，模式的定义与实际不符合，用教育议事会的"类型说"倒是更符合实际。

5. 反馈法（Feed-Back）

本课题研究者得出初步结论以后，广泛听取同行、同事、朋友和家人的意见，从更多的角度理解和分析研究结果，并从多方面检验结果的可靠性。

6. 侦探法（Modus Operandi）

在使用参与人员的检验法或者相关人员的检验法后，对他们提出的各种不解、疑惑甚至尖锐的问题，有的进行了说明或者改进，但是如果被认为是研究结果中的漏洞，必须一步步进行侦查，找到有关线索，然后将线索放到一起进行对比，制定最佳处理方案。

7. 比较法（Comparison）

本课题研究伊始就将教育议事会（教育协作理事会）与家长委员会、学校社区家庭三结合委员会进行比较，刚开始我们认为除了宗旨等三者之间有区别外，其他的区别不是很大，甚至研究的外围人员感到没有本质区别，但是，在行动研究过程中，原始资料说话了，事实说话了——确实三者存在很大差异！研究者回到原始材料进行进一步检验，确定关于教育议事会（教育协作理事会）的相关结论是否成立，发现更坚定本课题的研究判断。在搜集和分析材料过程中，研究者也运用比较法这一手段对材料进行甄别、剔除、分类和综合。

由于遵循的是教育叙事研究的路线，而这种研究的性质决定了研究者必须在研究的过程中不断地对自己使用的方法进行反省，所以在撰写结题报告时详细介绍研究的过程和方法；这种研究的性质也决定了研究者必须在研究的过程中对自己与研究对象的关系有清醒的认识。由于本课题研究涉及的个别研究者具有双重身份的问题，即个别研究者既是局外人又是局内人，既

不能脱离自己的研究对象到格格不入的地步，又不能不保持一定的距离以求正确地理解他们行为的含义，包括显性的和隐性的含义。因此，在整个研究过程中，笔者提醒自己要注意观察自己的动态和变化，反省自己的角色可能带来的正面和负面的影响、所使用的方法和手段对研究结果所产生的影响。通过对研究过程进行详细的介绍、讨论和叙事，希望读者可以对本研究的效度做出自己的判断。

本课题研究除了研究小组成员外，还包含了试点学校、家长、社区人员共同的辛勤劳动。实事求是地说，如果没有他们的积极参与和主动配合，本项课题"浩大"的研究将会是无法进行的。他们在繁忙的工作、学习中愿意抽出时间参加教育议事会（教育协作理事会）的各项工作与活动、接受多次深入的访谈、提供原始详尽的资料等，特别是出于对研究者的信任和支持，无私慷慨地分享他们个人成长经历、内心的想法和感受，参与到本课题项研究是十分不易的。

本节小结：

以往的教育叙事往往是对教育现象和教师个体的专业成长叙事，没有一个关于区域教育制度变革的叙事，这种叙事对象相对宏大，涉及的人员非常多，还关注很多具体正在发展中的教育、教学事件。所以，本课题的研究方法很有特色。

第五章

解读——教育议事会之有效运作

本章解读:除了前面两种截然不同的教育议事会类型,其他七种教育议事会是怎样的情况? 议事会到底议何事? 议事原则和内容究竟是怎样的? 教育议事会如何进行有效运作? 是否有保障机制? 失败的类型是怎样的?

庄子说："物固有所然,物固有所可。"教育议事会,是宁波市海曙区在创建现代学校制度过程中的一种管理制度设计,是在借鉴国内外校董会等家校组织的基础上形成的。要解释清楚这个教育议事会的概念内涵,必须通过解读教育议事会的宗旨、定位、特点等内容来说明。

第一节　组织定位与特点

本节解读点:什么是教育议事会？与传统的家校组织比较,比如家长委员会、三结合委员会等,有什么不同点？

一、教育议事会的宗旨定位

从学校生存和发展的角度来观照,现代学校制度必须体现现代社会多元、开放的基本特征,构建开放的办学制度和运行机制,让学校面向社会办学,使学校在与社会的不断互动中完善内部管理体制,并逐步将互动作为学校生存与发展的动力机制之一。

在上述理念下,我们对教育议事会的内涵进行了界定:在不改变学校现有的办学所有制、不过度干预校长办学自主权的前提下建立,对学校办学重大事务进行咨询和审议的外部监督组织,是学校与家长、社区建立长期密切联系、协调与合作的一种组织平台。

建立教育议事会,体现了学校融入社会、连接家庭的办学理念,使学校的发展获得多种资源与支持,旨在吸引社会各方面力量关心、支持学校建设;通过建立科学决策的保障机制和民主监督机制,提高学校的效能,增强学校办学水平和活力,促进学校和谐发展和可持续发展。教育议事会通过"议事"促进学校教育理念或办学理念的落实,促进学生、教师、学校获得充分的发展。

构想教育议事会能连接政府、学校、家长、社区各利益相关方,能够建构

充分参与、公开透明、责权均衡、科学专业、运转协调、合作共建的新型的学校内外部管理及治理结构。

确定了教育议事会的宗旨之后，随之而来要做的一个重要工作就是找准定位，曾经有这样一个困惑：究竟是要把学校的教育议事会定位于"人大"角色，还是定位于"政协"角色？所谓定位于"人大"角色，就是赋予教育议事会类似人大的重大事项决策权，比如朱小蔓主编的《基础教育阶段现代学校制度的理论与实验研究》一书中，介绍的全国现代学校制度建设五大先进实验区之首的成都市青羊区，创立的学校民主管理委员会，简称"民管会"，就是定位为"人大"角色。

而定位于"政协"角色就意味着，教育议事会的作用在于："政治协商、民主监督和参政议政"。这个重大问题通过课题组的反复论证，最终还是采用浙东学术的"经世致用"的哲学思想（详细见第二章海曙区的历史文化背景），海曙区的现代学校制度最终还是落脚为"政协"的角色。

虽然教育议事会在定位上似乎倾向于保守，但是在具体行使职权时，其实并不趋于守旧，所以，课题组内部经常就这个问题进行争论：焦点集中于是否拥有"部分的决策权"上。

如果新生事物的民主意识理念太超前，看似权力很大，但在推进过程中，校长们在认知上不接受，操作上不现实，行动上明显滞后，反而于事无补；相反，如果大家对顶层设计都能够普遍认同，行动配套跟进，新生事物的操作推行会进展迅速。

在教育议事会推进实践中，也证明了最初设想将教育议事会定位于"政协"角色，十分准确，符合宁波的教育实际。

于是，很多问题迎刃而解。教育议事会致力于促进学校教育理念或办学理念的实现，以保障学生获得充分的发展为宗旨，通过建立章程的形式，实现教育议事会的"政协"定位，促使学校管理进一步走向民主，从而建立新的学校权力平衡机制。如开展学校办学的自我诊断与自我调整；选择最佳的议题和意见，协调家长与学校的关系；营造学校、家庭、社区和谐的教育环境，促进学生的全面发展等。

所以，朱小蔓等专家在全国现代学校制度试验区的介绍中，把教育议事

会制度排在第二,列在大连市中山区的学校民主自治管理委员会、天津市河西区的社会中介机构参与学校评价制度、台州市椒江区的学校发展性评价制度之前。

二、教育议事会的鲜明特性

在第三章与第四章中,教育议事会在其成立、构建、运行过程中,已经呈现了很多生动鲜活的事例,展现出新生事物的许多鲜明特殊性。概括起来,教育议事会在运行过程中呈现出以下鲜明特点。

1.具有民主性

民主的概念,按照陈如平的观点,主要有三类:第一,民主是一种生活方式,形成特有的人际交往关系和心理氛围。第二,民主是一种价值信仰(关心人的权利及其保障)。第三,民主是一种政府组织形式。教育议事会的成立与运行,特别要强调民主性的问题,否则就没有议事的责任了。民主性是个大前提。

(1)民主性体现在教育议事会的议事内容涉及课堂教学、师生交往、学校管理等方方面面。其核心是尊重学校、教师、家长、学生的权利并确保这些权利的实现。这些方面都是设计教育议事会议事制度时重点考虑,并在具体实施过程中得以体现的。

(2)民主性必须获得法律保障。学校以章程的形式明确规定了教育议事会的权利义务等内容,以保障教育议事会地位。香港在2003年修订香港教育法的时候,讨论家长能否参与校政,很多人认为有必要参与校政,在参与内容方面认为经费支出、课程设置、课时、择校等问题都要以法律的形式做出规定,将学校管理、决策机制以比较公开、透明的形式来展示。目前,教育议事会也部分参照了这种做法,章程明确赋予议事会成员参与、监督和评价学校管理工作的权利。

(3)民主性体现强调授权参与,鼓励学生参与、家长参与、教师参与、社区参与等。学校如何把一些议事权力下放到相关的成员,可以把利益相关的群体包括学生、家长、教师、社区等作为授权的主体来对待。在教育议事会中,

家长、社区可以对学校的重大发展问题发表意见，甚至学校在面临重大责任问题的时候，可以吸收家长进行研讨。例如，教育议事会成员提出的小学一年级是否需要开设英语课问题，就可以授权教育议事会进行讨论决定，由教育议事会通过议事程序，讨论决定是否应该开设。

（4）民主性要确保组织目标和成员个人发展目标达到一致。教育议事会通过一定的制度设置，让成员能够充分表达自己的意愿，满足教师、学生、家长的个人目标，在教育议事会目标制定中要专门进行共同目标设计，从而实现多方共赢。

2.具有开放性

教育议事会的第二个特性是开放性，学校打破了闭门办学的状况，树立大教育观和大管理观，这是现代学校制度的核心。

在构建教育议事会制度过程中力求体现开放性这一特点，例如邀请学生家长、社区街道领导担任议事会主席、法制副校长等，通过赋予校外组织成员以重要权力，提升他们对教育的责任感和使命感。

开放性还体现在学校、社区、家庭的多方、多元、多向的互相开放，主要是各种人力、物力等教育资源实现共享。

学校和社区的关系已突破了从前的相互隔离及学校服务社区，社区依附学校的阶段，进入了彼此合作的新发展时期。一方面，通过教育议事会平台，学校可以充分利用社区内的各种优质资源，将学习场所延伸到广阔的社区，而家长和社区人士也可以参与到学校的教学和管理之中，使社区成员的角色从"旁观者""辅助者"转变为"决策者"。

另一方面，通过教育议事会平台，学校资源对社区开放，使全体社区成员都能获得形式多样、内容丰富的教育资源，有力促进社区整体文化素质的发展和居民生活质量的提高。

这里，社区的概念已经拓展到教育议事会的成员单位，海曙区、宁波市等更大意义上的社区。

3.具备交互性

教育议事会的交互性首先体现在"三方"自动，各行其"事"：代表着学校、

家庭、社区的三个职能部门,各自承担教育孩子的不同职能,各行其截然不同的育人之事,各尽其和谐之责。其次是"三方"互动,合作共"事":学校、家庭、社区三方功能会互相影响,三方利益可以有机结合。角色的转换,职责定位的不同,促使学校、家庭、社区进行换位思考,在孩子不同的成长时期,可以发挥各自不同的特长优势,真正将三方利益有机结合起来。比如在广济的教育议事会中,关于男孩的德育个案,家庭与教师利用网络论坛合作得很成功;关于解决涛涛个案中学校与家长的冲突,社区书记发挥了巨大的作用。再次是"三方"联动,协同谋事:学校、社区、家庭联动,使教育走出校园,走向社会,教育的外延不断扩展,内涵更为丰富,能实现多赢。比如达敏学校的教育协作理事会,在特殊学生的社区化教学过程中发挥了巨大作用,就是协同谋事的最佳例证。

4.具备人本性

教育议事会建设,必须坚持以人为本的理念。一方面,考虑群体的利益、权利、需要、情感等;另一方面,要兼顾个体差异,如不同学生、家长和教师的个性、需要、欲望、权利等,这些都是在教育议事会建设中要考虑的问题。

人本性的原则要求在设计教育议事会制度的时候,包括设计规则、安排活动时,要了解个体的需求和愿望,引导家长、教师和社区主动参与学校管理,并以制度形式保障他们的管理权利。

人本性的特性在本章下节关于议事原则、范围、内容中,也可以充分凸显。这里不再赘述。

5.指向发展性

教育议事会的发展性,主要体现为三方面。

第一,教育议事会的主旨是为了发展,为了学生的发展是要务,同时也考虑教师的发展、学校的发展、家长的发展、社区成员的可持续发展,不是故步自封,不是因循守旧。

第二,教育议事会强调各行为主体的多元发展问题:一是学生主体的发展;二是教师专业发展:专业知识结构和实际技能的发展;三是校长的领导发展:行政领导、教学领导、课程领导、文化领导、道德领导;四是学校的质量发

展：教学质量、特色发展、学校形象设计、教育品牌、学校效能；五是社区文化发展：学校应成为社区的文化中心，社区新文化的发源地。

第三，教育议事会本身需要发展，甚至包括教育议事会的宗旨、章程、议事范围内容、活动形式等，可以说教育议事会是新的历史条件下，家长委员会和三结合委员会的延伸和发展，这意味着教育议事会不能止步不前，而要与时俱进。

6. 指向和谐性

要通过教育议事会最终把学校营造成和谐的教育生态园，把学校建设成学园、家园（精神家园）、乐园、花园，促进生态文明的呈现，而推进教育和谐发展的基础在学校，没有学校和谐发展就没有教育和谐发展。

学校和谐发展包括两个方面：首先是学校内部的和谐，其次是学校外部的和谐发展。具体而言就是学校与社区和家长之间的关系问题，如果不能处理好与这两方面的关系，学校也不能和谐发展。

民主管理、科学决策依然是为了处理好学校内部和外部的各种关系，并促成人际关系的和谐。从这个意义上考虑，教育议事会可成为学校与社区和家长之间沟通的桥梁和有效载体，是一个非常好的制度设计，值得进一步深入与完善。

三、与传统家校组织的异同

谈松华认为："要改变以学校为轴心的组织架构，建立一种家庭、社区与学校之间平等参与、协调制衡的关系。在一种平等互动的关系中，形成三者协调一致的新的学校制度，为学校与社会的协调发展提供制度的保障。"

那么，教育议事会与传统的家校组织，比如家长委员会、三结合委员会等有什么不同？这是海曙区被提问最多、最令人关心的问题。

确实，教育议事会与传统的家校组织有一些相似点，特别是在人员组成上很相似，都是由家长代表、社区人员等组成。而且教育议事会不可能是横空出世，确实是借鉴和吸收了家长委员会和三结合委员会等家校组织有效运作的经验和长处。可以说教育议事会是新的历史条件下，家长委员会和三结

合委员会等家校组织的延伸和发展。教育议事会不仅侧重于协调学校外部关系,也同时转向到关注学校各种内部关系。

教育议事会与传统的家长委员会、三结合委员会等家校组织的具体区别,笔者概括为七个方面。

1. 宗旨不同,更富时代性

教育议事会的宗旨是要把学校还给社会、还给家庭,要吸引社会各方面力量关心、支持学校建设;通过建立科学决策的保障机制和民主监督机制,提高学校领导机构的科学决策能力,促进学校的有效管理和可持续发展,体现现代社会公共治理的时代特征。

2. 章程不同,更具规范性

教育议事会的组成和运行等相关事项由章程来详细规定,以规范文本的明确性替代了原来的模糊和不确定性,使学校—社区—家庭之间的互动获得了真正制度意义上的保障。在建立第一个教育议事会的过程中,成员们十分强调议事会章程的建设,试点学校的议事会章程六易其稿,反复论证,又尊重具体学校的实际情况。规范不是整齐划一,而是在总体结构规范的基础上要求内容个性化,这样反而让每一个教育议事会的自我规范性更强。另外,教育议事会组织,2015年已经被写入海曙区各个学校的章程中,已经通过学校"宪法"的形式保障其存在。

3. 职责不同,更有参与性

教育议事会的参与权主要表现为知情权和监督权,还有备受争议的决策权。在"政协"的定位当中,其实包含了教育议事会享有的权利。

如从学校"三年规划"、校园文化规划、学期的工作计划,到课时的安排、午餐的选择,从教师的课堂教学,到家长会的召开计划等学校管理的方方面面和细枝末节,社区和家长都有权获得信息。

"议事会的知情权更深、更广,它对学校的教学计划、教学过程都要进行了解。"很多议事会成员就是这样认为的,"而且是学校主动提出可以让我们了解,这种知情权是以往家长委员会、三结合委员会根本不可能想象到的"。

比如教育议事会的轮值制度,对学校和教师产生较大的压力,因为不光

"议一些学生的事",而且还参与到学校的教育教学管理范围内。比如在学校教育规划的制订过程中,有的成员提出"学校发展以学生为本"的下文,应写上"教师必须以学生发展为本"条文。在校方就学期计划听取议事会意见时,议事会成员提出学校学期计划要处理好质量与数量的关系,并当场含蓄地质疑了是否活动安排过多等问题。

4. 形式不同,更具多样性

教育议事会开展的议事活动更为丰富,具体表现为:(1)教育议事会主要审议学校发展长远规划和近期工作目标、校园文化建设规划,听取学校阶段工作汇报等规划审议活动。(2)教育议事会广泛征求家长、社区的意见和建议,征集、筛选有效意见并讨论通过使之成为提案,进行责任落实的教学议事活动。(3)教育议事会出面、组织、开展各种有利于学生发展的活动,比如献爱心活动、军训活动、亲子游乐活动等学生活动。(4)教育议事会出面沟通政府、社区、家庭、学校的信息,协调政府、社区、家庭、教师、学生等各方的利益,能够及时协调处理解决一些矛盾、纠纷和冲突。(5)教育议事会成功组织了每月的家庭教育沙龙、家长学校等活动,指导家长掌握家庭教育的有效技术,提高家庭教育的水平。

5. 效果不同,更具功能性

由于教育议事会的宗旨不同、权利不同、特性不同,参与学校管理的力度显然不同,因此教育议事会所发挥出来的巨大能量,表现了学校办学更广的开放度。通过教育议事会,社区及家庭对学校工作有了深层次的了解,并在互动过程中使自己的素质和水平得到较大的提升。从另外一个侧面来说,反映了学校的教育行为和教育意图,得到了家长和社区更广泛的理解和支持,而且办学的民主性更强。

6. 角色不同,更显主动性

教育议事会与家长委员会、三结合委员会相比较,区别在于后二者是以学校为主体,家长、社区是配合学校开展工作,是被动的;但在教育议事会中,家长代表是主体,学校向他们汇报工作。

同样,原来的"三结合会员会"中占主动的还是学校,一年由学校出面召

集一到二次会议,教育议事会则完全不同,主体地位在于议事会的主席和部门负责人。

7.名称不同,减少心理负担

心理学研究证明,事物名称的不同,也会产生特别不同的心理效应。比如为什么这么多人热衷于给孩子取个好名字,有的甚至后来不惜花钱改名,就是一个很好佐证。"教育议事会"这个名称,首先让校长听起来感觉很顺耳,不像其他名称,内心第一感觉有点警惕,疑惑这是不是"搬起石头砸自己的脚"。

其次,议事会,让家长、社区人员听起来也感觉很顺当,一是有一定的权力,请我们来议事,有政协功能,当家做主可以议事;二是议事成员压力较少,可以议事嘛,就议一下。

四、教育议事会的主要功能

教育议事会的作用到底有哪些? 教育议事会的功能究竟是什么? 是不是只有学校和家长、社区三者互动的功能,或者与众不同的协调、化解矛盾的功能?

不尽然,知情、协调问题只是教育议事会的一个功能。

根据实际运行的实践效果看,教育议事会的功能主要体现在四个方面。

1.利益的表达与协调机制→沟通与协调的功能

教育议事会为学校与家长、社区的有效沟通搭建了平台,有了这个必要的平台,各方多元的利益可以充分表达。有效沟通的前提是信息的对称性,只有当沟通双方都认识到有沟通的需要时,沟通才能有效地进行。教育议事会通过会议的信息梳理、核实、筛选等程序,为各方准备了充分的信息交流渠道,沟通协调才能全面、深入、顺畅。

2.智囊的提供与参与机制→建议与参谋的功能

教育议事会具有沟通的交互性,充分调动了各方的积极能动性,对改进学校工作、优化家庭教育、营造良好的社区教育环境提出改进意见,共同为孩

子的成长,家长、教师的提高,学校的发展出谋划策。教育议事会对学校发展的各个方面提出建议,为学校提供许多金点子,有时还作为主角予以实施,比如组织了四年级学生的军训活动等,不仅起到智囊团的作用,而且直接参与,提高了学生的素质。

3.权力的制衡与约束机制→监督与评价的功能

教育议事会通过章程赋予的权力对学校的各项决策进行监督。通过议事会成员与家长、社区的广泛联系,听取各种反馈,对学校的教育教学进行动态的、经常的监督,有助于学校加强内部管理,提高常规工作的效率。目前进行的议事会成员的轮值制度、家长接待日制度等,就是对学校的教育教学进行动态的、经常的监督,有助于学校加强内部管理,提高常态的工作水平。

4.资源的利用与效率机制→整合与提升的功能

社区、家庭、学校同时成为资源的提供者和享受者,各种优质和潜在的资源包括物质资源、人力资源、文化资源等,由原来的分散状态通过议事会这根链条被有机整合,放大并提升了资源的使用效益。如每月一次的家庭教育沙龙,就是整合社区、学校、家庭的物质和人力资源,同时又回馈给家庭、社区和学校,使三方受益,如图 5-1 所示。

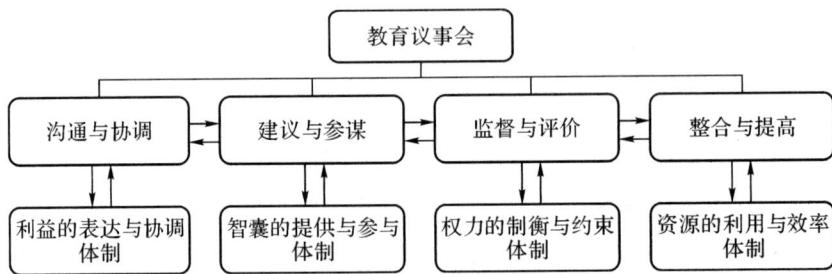

图 5-1 教育议事会机制和功能交互关系

只有学校上下都能切实认识到建立教育议事会的重要性,才能真正投入到教育议事会的工作中去,发挥教育议事会的巨大功能。当然,一个新生事物被接受和认识需要一个渐进的过程,其中培训必不可少,专家讲座、实地参观等都是较好的培训方式。

本节小结：

　　教育议事会的构想要科学，考虑合理性、规范性的问题。教育议事会的推广更要科学，考虑渐进性、稳妥性的问题，要根据当地的社会、经济的发展情况、教育历史的发展背景特点等具体情况，因地制宜，灵活变通一些具体内容和方法。教育议事会成立可能需要一定的社会经济背景，更为重要的是学校内部统一思想，提高认识。

　　教育议事会从名称到宗旨、定位、权力等设计，显示了自己与众不同的个性。虽然教育议事会不是万能的，但是，教育议事会保持了相对的独立性，处在公平、公正的位置，教育议事会所显示的功能确实很大，具体表现为通过建构四大机制，主要发挥了四大功能。

第二节 推选主席与成员

本节解读点:教育议事会民主推选产生的成员与主席的标准是什么?什么人不能担任主席? 海曙区教育议事会有哪些类型?

教育议事会既作为一种社区参与学校管理的组织形式,又作为一种推动学校面向社会办学的管理制度,是沟通学校、家长和社区的桥梁,也是学校与家长、社区三者之间相互合作、相互支持、相互促进的平台。这就意味着要充分发挥教育议事会的功能,就要有一个和谐的周边教育环境,家长和社区都要有积极的态度,能够实际支持学校工作,而不是置之不理或敷衍了事。

实际支持学校的内涵是,第一,家长、社区有时间、有精力来支持;第二,家长、社区有水平、有能力来支持;第三,家长、社区还要有意愿支持。三者缺一不可,家长有能力没有时间,不可能;有时间没能力,不需要。两者兼有,但是没有意愿,也不行。当然,是否能够实际支持学校,也跟家长的经济基础相关。

实验证明,教育议事会面临的挑战,首先是来自学校内部而非学校外部。只有校长能推动全体教师有正确的认识,只有校长能够推动教育议事会的进展。

一、成员组成与人选条件

做好教育议事会工作的前提要务之一,就是学校领导和全体教师对教育议事会的宗旨、定位、作用、功能、特点,包括与一般传统意义的家长委员会、三结合委员会的区别,都要有正确的认识,特别是校长的认识要到位。有人说,有一个好校长就会有一所好学校,校长尽管可能不一定成为教育议事会的成员,但是校长的认识和态度是至关重要的,某种意义上决定了教育议事会的走向和进程。

　　虽然本节中标题是主席在先,成员在后,这是按照重要性而言。但实际操作过程中,其实是先推荐议事会成员。在学校与众多的议事会成员深入交流沟通过程中,主席的最佳人选,会逐渐明晰起来。

　　民主推荐教育议事会的成员,这一环节非常重要,主要包括民主推荐的程序和所推选未来成员的素质,这在某种意义上决定了教育议事会的民主性、合法性、高效性。主要有如下程序要点:

　　1.议事会成员比例与人数

　　教育议事会的成员应有利于"社会—家庭—学校"三者的互动,因此,在人员构成中也应体现三者的比例结构。成员的组成必须包括:学校领导代表、教师代表、家长代表、社区代表、其他代表(相关领域专家、社会知名人士)。上述参加人员缺一不可,比例结构分配必须均衡。

　　学校教育议事会成员,一般控制在 15—25 人左右。议事会成员中,家长和社区代表可占总人数的三分之二,学校代表占总人数的三分之一,成员的社会覆盖面要广,应将法律界人士、学校法制副校长、关心下一代委员会成员、校外辅导员都列在议事会成员的候选范围内。

　　成员身份与比例控制:1—2 名学校领导,在此根据学校的规模和实际情况,校长可以成为代表,也可以成为顾问,校长最好不参加其中,副校长一名参加即可;由全体教师选举产生的 3—4 名教师代表;家长代表 8—10 人,在班级家委会民主推荐的基础上;民主协商产生社区代表 1—3 人,由社区推荐,学校与社区协商产生;其他代表 1—2 名,根据学校实际情况可以考虑聘请相关领域专家和社会知名人士。此外,初中、高中学校还可以考虑选择 1—2 名能力强、民意较好,有威信的学生会干部,成为议事会的学生代表。

　　教育议事会的总人数不宜过少,少了没有民主性和代表性;也不宜太多,多了成本太高,没有效率。海曙区 20 所学校的实践也证明了这一点。如果新学校只有一个校区,建议议事会成员有 15 人即可,即使是两个校区,人数也可以精干一点,这样效率会更高。

　　当然,有的学校本身成立了班级家委会、年级家委会,为了更好地衔接原来的家长委员会制度,学校考虑家长的代表性,就产生了更多的校级议事会成员。

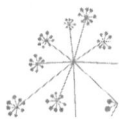

2.理想的议事成员条件

教师代表的最佳人选,一般需要在这所学校任职期相对较长,全面了解学校工作,有一定资历,教学相对出色,有丰富经验,组织、协调策划能力相对出色,具有一定开拓、创新素质的,特别是愿意为教师利益说话的热心人。当然可以考虑教导主任、工会主席等人选,但是中层领导不需要过多,最好也有普通教师人选代表。

家长代表最佳人选的标准设定,既要考虑参与意愿,又要考虑其参与能力。这里的参与意愿,是指这些家长代表有自觉参与学校教学管理的愿望,能热心、主动并积极地参与学校的活动,并为学校各种工作的开展提供力所能及的支持。有意愿没有能力参与不了,反之,有能力没有意愿也参与不好。

当然,对家长议事成员的素质和能力方面,也有一定要求,比较倾向于选择那些文化素质较高,具备一些相关能力,如能够与教育工作者共同学习,探索科学有效的教育方法,并向其他家长进行宣传推广的可考虑成为议事会的成员。学校需要有一定口头和文字表达能力的家长人才,也热烈欢迎那些活动能力、实际操作能力强的热心家长,所以,理想的议事会成员最好来自社会不同行业,这样学校能够更充分而广泛地利用各种社会优质资源。

此外,家长有足够时间参与也非常重要,如果成员工作非常繁忙,经常需要加班加点,就无法参与教育议事会的各种活动,更无法履行自己的职责。

需要特别说明的是,家长代表都由班级家长委员会产生,使班级家长委员会和教育议事会有机衔接起来,使教育议事会有稳固的群众基础。

社区代表的选择可以重点考虑学校所在社区的正副书记(或正副主任),分管社区教育、青少年教育的干部,和家长代表所需条件一样,有时间、对学校工作热心、对学生有爱心的并具备一定能力的高素质人士,可以作为社区代表的候选人。

特别需要指出的是,可根据学校的历史和实际需要聘请相关领域专家和社会知名人士,包括校外辅导员、教育专家、律师、联谊单位、共建单位、特色学校创建相关人员,等等。

二、推选过程与终止会籍

1. 议事会成员推选过程

教育议事会成员的产生需要经过一定的法理性程序从而获得较高的代表性和权威性。推选一般采用选举和协商相结合的方式。

学校代表由学校全体教师共同选举,家长代表由校内班级家委会推选,社区代表一般从与学校有关的社区中产生,也不拘泥于学校所在社区和街道,可以根据学校的历史和创建特色的需要进行。社区代表一般是协商产生。

对于家长代表的产生,有的学校采用海选的方法,先从班级民主选举 1 位,再在整个学校的家长中进行竞选演说,海选出学校需要的家长代表,当然对于代表年级利益,要求家长们在打钩时,注意名额在各个年级的分配。

2. 议事成员终止会籍

如果当选的成员,不出席教育议事会组织的活动达到章程规定的次数,教育议事会可以终止他(她)的会员资格。

这一条具有一定的约束力,必须在会议中事先声明、特别委婉强调,以免出现要他出席会议活动、他不参加,要他退会、他不退会的尴尬局面。为了保证教育议事会的正常高效运转,不需要在成员里夹杂想来就来、可有可无的角色。

工作要注意方式方法,当然巧妙的做法是:在规定的次数前,提早一次由秘书长事先私下通知本人,请不要再缺席。会议中对于终止会员资格的宣布,也需要技巧,既摆明态度不经常参加是要终止会籍,同时由于教育议事会是义工性质,也不必搞得太严肃,让会员有很大压力,更不能鼓励大家主动退会。可以由秘书长宣布其最近工作比较忙,很抱歉缺席若干次,所以已经退会,下次活动、会议就不通知他参加了,特此说明。

这样做很有好处,可以保持教育议事会的纪律性和高效性,也维护了成员的尊严,让所有成员感到教育议事会团队的温暖。

三、主席推荐与参选过程

教育议事会的主席或会长、理事长,是在教育议事会的成员中民主选举产生的,这个人物的重要性是不言而喻的,其民主推选的过程也是重要程序。

海曙区45家教育议事会的实际操作过程中,优质的主席人选标准概括起来有五条,按重要性排序分别是:

1.必需的热心与奉献

如同公务员、律师、医生等专业性较强的职业一样,要胜任教育议事会主席一职,首先就必须具备必需的专业精神,这主要指乐于奉献、宽容大度、公平公正、善于合作、高度的责任感,以及对教育事业的高度热忱等方面。只有首先具备这些特质,才能在各种环境和条件下,不断开拓创新,把自己的额外工作和学校、教师、学生、家长乃至社会的希望联系在一起,对自己的额外工作充满事业心和责任感。

2.必备的教育学知识

教育议事会主席的专业知识主要是指对教育的正确理解,这是胜任教育议事会主席的前提条件,如教育学、心理学等知识,只有具备了这些相关知识,才能在强手如林的教育议事会成员中有威信、有发言权,并能在遇到问题时运用知识化解问题,解决矛盾。

3.必要的综合性能力

教育议事会主席的专业能力至少包括:

(1)较强语言表达能力(口头和书面表达两者兼备);

(2)人际交往中的沟通协调能力;

(3)较高的组织领导能力和合作水平;

(4)对问题的研究处理能力;

(5)勇于开拓、不断创新的能力。

这些能力要求呈金字塔形排列,其中既有对教育议事会主席的最基本的基础能力要求,也有一般能力,更有创新发展能力,它们绝非孤立的,只有同

时具备上述能力才能胜任教育议事会主席的工作。

4.外向型的个性

按照艾森克的理论,外向型的人不容易受周围环境影响,在个性上具有好交际、善社交、渴望挑战、口才好、影响力强等特点。内向型的人容易受周围环境影响,具有好静、不爱社交、冷淡、不喜欢刺激等特点。因此,从这一理论角度出发,主席个性最好偏外向,工作富有主动性和创造性,这样就对教育议事会建设具有很大推动作用。当然,也不能一概而论。

5.必然的"四条不能"

(1)本职工作不能过忙。

主席是教育议事会的"掌舵手",要有固定空余时间,组织、协调、策划活动等都需要主席牵头进行,甚至当学校和家长间发生矛盾时更需要主席从中斡旋,这些工作都需要主席投入大量的时间和精力,而教育议事会活动一般都是在晚上或双休日进行,如果主席被工作所牵绊,经常需要加班或出差就很难全身心投入,所以,主席的本职工作性质最好比较稳定,休息时间固定,能抽出时间开展教育议事会工作。

(2)不能是毕业班学生的家长。

教育议事会主席最少两年一届,这意味着毕业班学生家长担任教育议事会主席一职可能就不太适宜。

(3)不能是单位的主要负责人。

行政机关或者企事业单位的第一领导,还有政府部门、职能部门的高级管理人员,当然符合上述所有条件,但是笔者认为他们根本不可能有时间来从事这项很有意义但也费精力的工作。

(4)不能是街道的副主任。

失败的实践经历证明,有两所学校由街道副主任担任教育议事会主席,本来学校设计很好,然而结果很不理想,因为街道副主任工作太忙,有的主席连一次会议都没有参加过。

优质主席的民主推选过程很重要,根据经验,主席的人选最好是民主与集中相结合,缺一不可。

如果完全是学校的单方面意见,甚至是个别校长、书记的意向,就可能有失偏颇,最后主席变成了摆设,主席本人工作没有主动性,凡事都催促学校,教育议事会散沙一盘,还不如不成立。如果完全是民意海选,就要考虑一些限制条件,比如上面"四条不能"。

其实,在教育议事会的筹备过程中,必然要跟教育议事会成员谈话,还要开很多会,这时就可以仔细观察,然后将教师代表和校级领导的意见汇总,综合得出结论,这样优质主席产生可能会更准确。

主席民主推选过程如下:

a. 填写参选表

学校首先要将主席的参选条件在公开场合予以公布,吸引更多人关注并参与其中,或通过班主任在班级家委会上将参选表格发给家长,也可以由学校直接发放参选表格。

b. 资格的审定

由教育行政部门、学校、社区代表组成教育议事会主席选举委员会对所有参选人的资格进行审定,按比例进行筛选。临时的选举委员会委员可以包括教育行政部门领导、学校校长或中层、社区主任,如果有条件可以邀请教育专家参加。

c. 组织好选举

由学校方牵头举行教育议事会全体成员大会,在会议上,入围的所有参选者都要进行陈述,陈述内容主要围绕参选目的、当选后所要开展的一些工作等进行,教育议事会成员对陈述内容进行无记名投票,一人一票,票数最高者当选主席。当选后要及时公布在学校的公告栏或网站上,并配发所有议事会成员的照片和联络方式。

宁波市机关第二幼儿园的教育议事会选举程序、细节、发言次序,包括会务安排完全仿效政协的程序与细节,真正体现了教育议事会的参政议政的色彩。除了机关二幼,笔者参加过海曙中心小学、宁波市宝韵教育集团幼儿园、宁波市第二幼儿园、翠柏幼儿园等学校教育议事会的成立大会,也是精彩纷呈,规范性很强。

d. 换届的程序

海曙的教育议事会一般2—4年为一届。后来，大家发现两年时间实在太快，在章程的修订之后，现在幼儿园基本上也跟初中一样是3年一届，中小学也有4—5年一届的。成熟的议事会主席可以当3—4年。届满后，教育议事会主席及所有成员按章程规定重新选举，程序跟上述程序基本相同，也可以在届中自然更替。例如，闻裕顺幼儿园教育议事会的工作过程：

教育议事会组建过程：公开和开放。

在议事会组建之前，幼儿园领导班子开会商议，对教育议事会制度进行全面深入的学习并对组织结构进行总体策划，将幼儿教育议事会成员的参选条件通过幼儿园网、各班集体、园务公开栏传达到各阶层。

通过自荐和推荐的形式产生了教育议事会的初步人选，并召集各园区负责家长工作的责任人、各班家长委员会主席、社区人员，召开教育议事会成立的预备会议，向各位相关人员介绍和宣传教育议事会的成立背景及幼儿园对于议事会的初步构想，宣布了幼儿园第一届教育议事会成员的草拟名单；讨论通过《闻裕顺幼儿园教育议事会章程》；推荐、选举教育议事会主席名单。预备会议还商讨了教育议事会的组织结构，计划成立几个部门，每个部门的负责人、分工及工作职责。在教育议事会成员的认真审议下，明确了教育议事会各个部门的职能。

教育议事会的成立仪式：民主和规范。

闻裕顺幼儿园第一届教育议事会成立于2011年12月，在成立大会上要求候选人员进行公开竞聘演说，邀请近100名家长和教师代表参加了整个成立大会，并进行民主投票、验票、唱票。所有程序都是在公开、监督的机制下进行，体现了教育议事会的严肃性。通过民主推荐、选举产生了第一届教育议事会。

第一届教育议事会设立主席1名，副主席1名，秘书长1名，下设教育部、提案部、策划部、协调部、宣传部五个常设机构，由部长、副部长、秘书长主持日常工作。第一届教育议事会成员共52人，其中幼儿园老师代表6人，其余46人全部由家长代表、社区代表和社会贤达组成，代表人员的职业涵盖法律、医生、教师、街道、派出所、居民会、物业等各行业人士、

专家,体现了教育议事会参与的广泛性,为以后工作的开展奠定了良好的基础。

四、三种模式

教育议事会准实验研究初期,根据海曙区 20 所实验学校的主席选举结果情况,兼顾学生的素质、家长的素质、社区状况和家校关系等因素,可以分为三种模式,如图 5-2 所示。

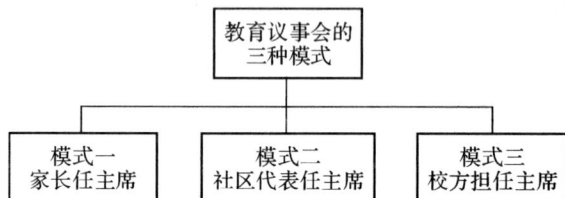

图 5-2　教育议事会基本模型

模式一:家长担任主席的教育议事会

1.学生和家长素质整体都比较好,家校关系总体协调

采取此类型的学校,一般而言是中心或重点学校,学生素质都比较好,同质性强,差异度较小,并且家长素质及文化程度都普遍较高,同时,一些家长对教育还有自己透彻、深入的理解,教育理念比较科学和先进。因此学校与家长之间的沟通就非常简单、容易,家长也能充分理解学校的各项决定,并能给学校更多的支持,家校关系总体而言比较融洽、协调。

2.家长参与热情较高、参与能力较强

大多数家长对学校的各项活动和未来发展都非常关心,对学校开展的各项活动普遍都有很强的参与意识和较高的参与热情。目前为止,按照此模式运行的教育议事会,其各项活动基本都是由家长组织,学校一般可以不直接出面。

3.社区环境好,参与积极

社区的环境比较好,对学校的各项工作积极支持,具有较高的参与热情

与能力。学校与社区的互动非常频繁,互相支持,互相帮助。

4.教育议事会主席由学生家长担任

学校在家长素质方面有着较强的人才优势,不少家长在各行各业都颇有建树,有较高的声誉和名望。因此,在组织教育议事会的时候,学校可以挖掘出家长中存在的这些优势资源,让有能力和公信力并能服众的家长担任教育议事会主席一职,并在教育议事会运行过程中,给予其充分的信任和支持,使其能够自觉自愿为学校发展服务,也使学校更好地满足家长需求。

模式二:社区代表担任主席的教育议事会

1.学生和家长素质总体中等,差异大,家校关系存在部分冲突

采取此类型的学校教育议事会,其明显特点为学生和家长素质总体而言不高,同时差异比较大。学生当中流动人员子女的比例较大,父母受教育程度整体偏低,素质较差,因此,各个层面的矛盾较多,家校关系不太协调,有部分冲突。

2.社区环境好,参与热情较高

社区与学校关系比较融洽,参与学校工作的热情很高。

3.教育议事会的会长由社区人员担任

因为学校和家长之间有着明显的矛盾和尖锐的冲突,因此,教育议事会主席的人选无论来自哪一方都不妥当,有鉴于此,考虑社区人员担任教育议事会的主席一职将能更为各方所接受,同时也可以有效解决矛盾和不协调,促进家校间的共同发展。这里的社区人员包括社区干部和社区内外的教育专家,一般情况下教育专家跟这所学校有一种特殊的感情或联结,否则就不可能担任教育议事会的主席。

模式三:校方任主席的教育议事会

1.学生总体而言差,但差异不大,家校关系总体协调

此类学校的教育议事会学生素质差,但差异较小,家长素质整体比较低,

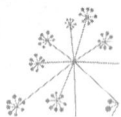

但差异不明显,总体而言,学校和家庭关系比较协调,较少发生冲突。

2.学校所在社区支持,社会团体参与多

此类学校与社会团体联系紧密,学校可获得的资源在依托社区的基础上辐射到全区,乃至更大范围内。

3.教育议事会主席由校长担任

能够全面整合学校—社区—家庭的合适人选在学校中,故由校长担任教育议事会主席,主要工作由学校发起。教育议事会主席由校长担任,仅限于特殊教育学校,而且名称也是叫教育协作理事会。作为普通学校,如果有条件还是采用家长或社区代表担任主席的方式为宜。

本节小结:

　　教育议事会成员的产生必须是民主和集中相结合,集中的意思是议事会成员必须有一定的标准,民主的意思是自下而上推选出来的,有群众基础。教育议事会主席人选非常重要,其推选标准非常严格,必须重视"四个不能"。实践表明,如违反这些规律,教育议事会即使成立也往往处于停滞状态。人的因素,绝对是决定性因素。

第三节　研制章程与机构

本节解读点：教育议事会章程起草的相关细节，以及章程修改的最佳时间节点。

章程是一个组织或团体的纲领性文件，有明确的范围、宗旨、鲜明的目的性和较强的针对性，对该组织或团体的成员有较强的约束力。

一、成立起草小组，制定章程

章程的主要特点是法规性、规范性和约束力。一个团体的章程就是该组织的根本法，其所有成员都必须按照章程规定的条文规范自己的行为，条文具有很强的约束力。应该说违背章程的规定，就要受到该组织的惩罚或谴责，乃至被组织除名。

作为群众性的社团组织，虽然教育议事会相对松散，可能不如一些组织团体那样严密和严格，但是，制定教育议事会章程，除对教育议事会的成员有重大意义，对教育议事会按照程序运转有实质性的保障外，对真正形成学校自主发展、自我约束的运行机制，也具有十分重要的意义。因此，认真做好教育议事会章程的研究制定工作就显得尤为必要。

学校应当成立教育议事会章程起草小组，确定一名副校级领导担任负责人主管起草工作，具体操作人选以学校中层领导为主。起草小组可以聘请有关教育专家参加，在制定起草计划时，应当深入调查研究，总结实践经验，广泛听取教育行政部门、教师、家长和社区等多方意见。听取意见可以采取书面征求意见、座谈会、论证会、听证会等多种形式。在多方论证酝酿成熟的基础上，根据学校实际制定起草计划和章程草案。

教育议事会章程起草小组在起草计划基础上确定章程撰写大纲，主要包括：单位名称、地址、宗旨、权利和义务、管理体制、活动方式、活动资金数额及

来源、组织机构及其职能、章程修改程序等。

起草教育议事会章程,应当结构严谨,条理清楚,层次分明,用词准确、规范。章程内容以条文形式表述,条下可以分款、项、目。条、款、项、目均应另起行。条文较多的,可以分章,章下可以分节。

起草小组应在起草计划规定的时间内完成章程初稿,并保证章程草案的文本质量。在草案起草完结时,起草小组应当撰写相关起草说明。说明内容包括:起草背景、依据,主要内容和可行性分析,重要条款的解释,解决的主要问题,征询意见情况和分歧意见协调情况,以及其他需要说明的问题。

教育议事会章程是教育议事会内部行为规范的准则,具有"准法律"的职能,对于议事会成员具有很强的约束力。所以,可以把议事会章程形象地比喻为"教育议事会宪法"。章程不仅是实现所有成员权利的最直接保障,也是教育议事会依法严格管理的行事依据。所以,对教育议事会章程的执笔工作一定要重视。

二、先行征求意见,形成审议用稿

起草小组在草案完成后,可先行征求部分人士比如教育专家、社区干部、家长代表、教育行政等人员的意见,然后应组织有关专家进行论证,召开正式或者非正式的论证会,并完整地记录或汇总专家的论证意见,结合学校实际和教育实际,做出适当的修改,形成审议用稿。

一般是学校先行拟定章程的草稿,然后推选成员工作大致完毕,此时,确定教育议事会的主席之后,章程草案在学校方前期的构思基础上,交由主席负责主持。可以以书面形式事先递交所有成员审议,最终在教育议事会会员大会上,以讨论的形式通过。

(一)关于章程内容构想

通观海曙区 45 个教育议事会的章程,不难发现,它们主要包括六大块的内容。

1.教育议事会会名及会址

(1)会名:××学校教育议事会。

（2）会址：学校的具体地址。

2.教育议事会宗旨

每一个教育议事会的宗旨或者指导思想、目标的表述都很重要,可以根据自己学校的特色拟定,基本上包括三个方面的内容:(1)关注全体学生的全面发展,一切从学生出发,关心、支持、协助实验校区构建科学、民主、开放的教育教学管理体制,创建适合学生健康成长的良好的学习环境。(2)监督学校在贯彻教育方针,开展民主办学、开放办学方面的具体工作,促进教学理念的落实,推进学校的发展建设。(3)协调家长、教师、社区等各方面利益,吸引社会各方面力量关心、支持学校建设,建立良性合作关系,以期达到最佳的共同教育效果。

3.教育议事会的权利

显然,权利部分需要仔细斟酌,定位于类似"政协"功能或者"人大"功能,但在措辞上肯定有区别的。一般意义上,教育议事会至少拥有如下权利:

(1)知情权,教育议事会定期听取学校负责人关于学校工作的报告,了解学校管理方方面面的内容。暂时不包括财务、人事等内容,等待时机成熟可以进一步公开。

(2)参与权,主要体现为提案权,对学校的工作思路、发展目标和其他重大事项、学生管理、教育教学工作等提出建议。

(3)评议权,社区和家长可以对学校的某些事务进行评价,教育行政部门对学校或行政领导进行评价时,可以参考社区和校长的意见等。

(4)监督权,对学校的工作思路、发展目标和其他重大事项进行监督。

4.教育议事会的义务

没有无义务的权利,也没有无权利的义务。但是,由于教育议事会是一种义工性质的群众教育团体,教育议事会的义务在某种意义上也是权利的体现。

教育议事会的义务可以包括:(1)积极参与学校发展规划的制定和实施,为学校诸如人才培养、师资引进和培养、学校改革和发展等方面提供咨询和建议。(2)通过多种形式和途径向国内外宣传学校,扩大学校影响力。同时,致力于加强同社会各界的交往和联系,吸引更多的社会力量支持学校的事业,发展新的教育议事会成员。(3)为学校的教师教学、科研,以及为学生实

习、社会实践活动等提供信息、基地和其他优惠条件。(4)认真听取家长、各班级家长委员会的意见、建议,并及时向校方反馈,提出合理的整改措施等。

5.教育议事会会员与组织

一般包括:(1)会员的组成和产生过程,其实包含在民主推选成员和主席的内容,上文已经有详细的交代。(2)教育议事会基本机构的组成。(3)教育议事会的运行程序。(4)部门负责人会议制度。

6.终止教育议事会成员会籍办法

本内容本章前面已经详细叙述,这里不再赘述。

(二)关于章程的修改完善

修改章程,一般规定必须由出席教育议事会会议三分之二及以上会员通过。开会日期及所需修改章程项目,应该在会议前至少两星期,由主席或者秘书长以书面形式通知所有会员。解散教育议事会,须由全体会员人数的三分之二或以上会员通过。

曾经在相当长的时间里,很多学校都在自我封闭的框架内自行运作,校长、教师只对上级教育行政部门负责,家长和社区的知情权、参与权很不充分,学校管理易流于行政化、科层化和机械化,也由此在学校管理中出现类似家长要求调换教师等矛盾,建立教育议事会就是要在规范、有序的环境下给予家长和社区相应的知情权、参与权和选择权,给予家长、社区参与学校管理的平台。而章程的制定就是建设教育议事会制度中的重要内容,也是教育议事会有效运行的有力保障。

三、分工设立部门,起草部门规则

在确定了主席、拟订了章程之后,跟所有社会团体一样,教育议事会也需要设立部门,毕竟它不是一个小范围的组织,也不是几个人的事情。这个设立部门的程序可以在章程中直接体现,酝酿在教育议事会成立之前;也同样可以在确定主席、拟订章程之后,不出现在章程之中。这样做的好处:一是发

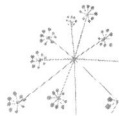

挥主席的更大作用,让主席按照自己的思路决定部门设置情况;二是由于部门的设置相对具有灵活性,一旦在章程中具体确定,那就要按照程序先修改章程。两者各有利弊,教育议事会可以自行抉择。

但不管怎样,在设立部门的基础上,教育议事会同样要加强组织机构建设,以维护教育议事会的正常运行,以发挥巨大作用。

教育议事会除必设主席一名外,还可以设秘书长一名,可根据学校的特点与实际需要设若干副主席和副秘书长。秘书长岗位任务极其重要,是仅次于主席的关键人物,具体负责通知召集会议,协助主席的各项工作;也可以不设秘书长,这样主席就麻烦一点,要亲自通知召集会议。

设立若干部门完全可以根据学校的实际需要和特色,如提案部、活动策划部、教育促进部以及协调联络部等,如图 5-3 所示。设立部门也不必太多,部长人数也不必太多,至多一位部长,一位副部长,当然,也不必一刀切,可根据成员实际能力而定。部门成员性别和职业、个性最好能互补。部门负责人的产生可以由主席任命,也可以民主推荐、自我推荐。特别要指出的是自我推荐法,容易真正发挥议事会热心成员的积极性。需要在开会时事先告知,教育议事会热烈欢迎自我推荐法,在私人场合通知学校方或者主席本人。

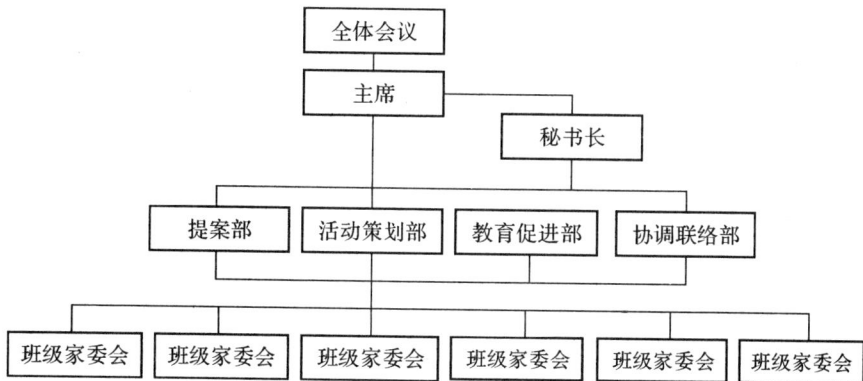

图 5-3 教育议事会基本组织机构

提案部是比较重要的部门,负责及时收集教师、家长和社区对学校工作的意见和建议;活动策划部的主要工作就是根据学校发展需要设计、策划一些活动;教育促进部主要是促进家长、教师和社区代表参与学校教育教学工

作,促进学校教学水平的提高;协调联络部相当于企业的"公关部门",主要为树立学校形象,整合资源服务。其他部门设置及其职能,根据学校实际需要确定,按照教育议事会的宗旨和性质,做到职责清晰就可以。

由部长或部长委托的部门工作人员起草部门规则。以广济中心小学实验校区提案部规则为例,其分为三章,第一章是总则,第二章是正文,第三章是附则。包括规程解释人、权限及执行时间。

总则第一条是制定规则的目的,第二条是确定部门的性质。正文第三条规定部门的工作宗旨,例如广济中心小学教育议事会提案部的工作宗旨,就界定为"全面贯彻党的教育方针,紧密围绕学校的办校规划和目标,以有利于学生的发展、有利于学校教育为基本准则,协助教育议事会落实素质教育的基本要求,促进社区、家长与学校的有机互动,实现资源整合,同步教育,促进学生全面素质的提高"。

提案部规则的第四条是对提案部成员的要求。第五条阐述提案部的基本职能和根本任务:在遵守教育法律法规,遵循教育规律的前提下,筛选有价值的议案成为提案,递交教育议事会讨论,由学校、社区、教育议事会成员落实办理。第六条表明提案部的具体工作是负责对议案和提案进行采集、整理和归档,跟踪提案的实施,撰写对提案落实的评价等。第七条和第八条规定成为议案、提案的条件。而其他部门的规程就比较简单,分为六条,第二至第四条规定部门的具体职责。最后是本规程的解释人、执行时间。

本节小结:

教育议事会的章程草案,不是等教育议事会成立之时才起草的,而是学校先前已经设定了一个初步的草案,这样教育议事会建设就加快了进程。 完善章程是教育议事会召开成立大会前的重要议题,确定秘书长、部门负责人是仅次于主席的重要人事工作,人选产生的办法不仅需要民主,而且强调集中。

第四节　议事原则与内容

本节解读点：教育议事会究竟可以议何事？怎样来议事？

笔者认为，要使教育议事会良好运行，就要严格遵循以下流程：在明确目标与理念的基础上，发现教育教学工作中的问题，并提出合理意见和建议；进行广泛协商，在协商的基础上，提出改进与实施方案，实施和落实后再检验目标与理念。所以，首先要明确教育议事会要议什么事，如何议事，这是其中最关键的问题。

一、议事原则

前文中，宁波市两位德高望重的老专家持有一种观点：教育议事会不管大事、小事，都可以议。

教育行政领导们持有另一种观点：现代学校毕竟是实行校长负责制的，何况教育议事会也要讲究效率，只能讨论一些涉及学生发展的大事。

笔者认为，教育议事会议事范围应囊括与学校发展相关的各个方面的内容，包括学校管理、课堂教学、教学评价等一系列问题，都可以提出议案，可以在教育议事会上进行讨论。既可以议宏观方面的内容，如学校发展规划的制定、教学改革等，也可以议假期作业的布置、门卫制度的改革等微观层面的内容。而无论议什么，归根结底必须遵循需要性原则：孩子发展需要什么，教育议事会就议什么。

但是不管怎样，没有规矩，不成方圆，教育议事会议事还是要有一些规范，议事要有一些原则需要遵守。

1.法制性原则

法制性原则是教育议事会议事前提，指的是教育议事要符合法制规范，议事内容要符合法律、法规，特别是要符合教育法律、法规，大而言之要在《教

育法》《未成年人保护法》等宏观性框架约束下,小而言之也要遵循教育部、浙江省教育厅和宁波市教育局的微观性政策、条文,当然,也不能和区域的教育制度、教育文件相冲突,这是一个大前提。

2.需要性原则

教育议事会成员中由于人数、时间、精力有限,而每一所学校的情况千差万别,每一个教育议事会及其成员关注的内容各不相同,所以,不可能一下子对所允许的议事范围、内容有全面的关注,所以教育议事会不必开展一对一的、面面俱到的议事。相反,教育议事会的议事内容可以根据成员诉求及其搜集的家长、社区的意见、建议,就是针对代表性的实际需要,有所侧重地选择内容进行议事。教育议事会不是花架子,不是形式工程,因此一定要关注效率,不要搞形式主义,要讲求求真务实、实事求是的态度,为孩子的成长出力。

3.程序性原则

如果说法制性原则是"方",需要性原则是"圆"的话,那么程序性原则就是有效衔接这法制性和需要性原则的"虚线"。过分强调法制性,教育议事会可能走向死板;过分追求需要性,教育议事会可能趋于出格;所以,必须用程序性来有机整合。教育议事的程序性原则就是议事过程要讲究程序。

二、议事范围与内容

当然,教育议事会议事是出于公心,系统思考,从战略、全面、系统、中长期的角度秉公决策,积极参与,按照上述议事原则,根据教育法规、本校的文化特色和发展需要,教育议事会的议事范围有如下内容:

1.审议学校的办学理念、教育目标和发展目标;

2.审议《学校章程》《学校发展规划》《学校形象设计书》;

3.审议学校年度经费预、决算;

4.审议重大建设项目和较大的开支项目;

5.审议其他事关学校发展的重大制度；

6.定期听取学校班子的述职和工作汇报；

7.对学校依法办学、教育行风和师德师风建设等进行监督；

8.根据校长的提名和教育局批准的职数，审议副校长、学校中层干部的任免，报区县教育局备案；

9.参与对学校、校长、教师的考核评价；

10.其他可以议事的内容。

教育议事会还要开展很多工作，如积极为学校建设、学生成长、教师发展和学校教育教学改革争取物质、经费、政策、智力等方面的支持；加强对学校工作的宣传，为学校争取舆论支持，尽力使学校处于良好的社会和舆论环境之中；积极了解、提供各方面对于学校管理、教师队伍建设等工作的意见和建议，建言献策，积极为学校的教育改革和持续发展发挥参谋、智囊作用；加强学校与家庭之间的沟通和交流。充分促进学校、社区教育资源的整合、共享，加快学校作为社区学习中心的建设，有效促进社区和家庭的互动，促进学校和社区的整体、和谐发展等。

三、议事程序

教育议事会的所有成员都要明确"我们为什么要议事""我们为谁在议事""我们议什么事"，并将此写入议事会章程。比较规范的教育议事会，是设立提案部，专门负责意见、建议的收集、处理、调研、筛选、立案、审议、记录决议、追踪、结案等的一系列的程序。比较成熟的做法是按照以下步骤进行的。

1.提出议案

形成议案是提出提案的第一步，必须要注意议案的提出与搜集要兼顾两个方面。第一是递交方式上要容易，否则就会影响提出建议的人的积极性。第二，建议要有一定的水准，需要一定的附议者，否则意见太多太碎，建议质量不高，也不行。只要议案有价值，就会比较容易进入提案环节。

一般规定：凡成为议案的一般均应由家长5人（或以上）书面联合提出，或

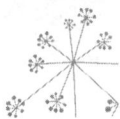

班级家长委员会成员3人(或以上)提出,或教育议事会成员2人提出,由主要提案人填写《教育议事会议案表》并递交提案部,或者上传到教育议事会网站的教育议事论坛,就可以列为议案。

2. 形成提案

提案部收到书面议案后要组织调研,一般由提案部或联合校方人员通过访谈的形式,或通过问卷的形式,进行定性或者定量的调研。决定淘汰的议案,必须有书面的答复,回复当事人,说清楚理由。

经过调研确定为合理的议案,就要递交教育议事会成员大会讨论,得到议事成员总人数的三分之二表决同意,方可成为提案。提案是承担和实现教育议事会功能和任务的主要载体,对于提案的内容学校必须给予办理。

如果出于不可抗拒的客观原因,学校、社区对于提案不能办理的,必须及时答复,征求提议人的意见。

3. 形成决议

在教育议事会成员大会上,讨论提案并用无记名投票方式进行表决,会议人数不得少于总会员人数的三分之二,所有决议事项,须由出席人数过半数通过为有效,投票时,若正反方票数相同,最终由主席投决定票。表决后,形成决议。

4. 落实决议

决议通过后,相关议事成员通过提案的解决方案中的各种渠道负责执行,并最终将执行的结果及时反馈。

5. 追踪实施

相关议事成员可以监督决议的落实,记录实施过程;向教育议事会报告决议的实施情况;组织并撰写对决议落实情况的书面终结评价,通报教育议事会全体成员。

四、主要制度

任何组织要保持高效地运转,都必须有坚实的制度做基础。制度是组织

保持高效的前提和基础,也是领导者在管理活动中所要关注的基础性工作,它能够保证组织的稳定发展,使组织不因人员等因素的变动而发生动荡。制度一旦确立,就形成行为规范,就有了一定稳定性和权威性。相对于其他组织来说,由家长、社区人员和学校教师形成的教育议事会组织,其结构相对松散,一开始缺乏凝聚力,要保证组织稳定、有序运行就需要创设一定的运行机制,最好有严格的制度作为保障,这不仅能使相关成员明确自己的权利和责任,便于执行和监督,更重要的是,通过规范的制度安排,引导和约束组织成员,激励每个人追求自身效益的同时,为实现组织共同目标而努力。在教育议事会运行过程中,试图通过建立规范并不严苛的制度,发挥成员能动性,优化组织功能。

如何落实议事会的"政协"职能? 具体说,教育议事会的议事内容从什么渠道而来? 以什么形式来"议"? 主要是通过完善六项制度,使这些问题迎刃而解。

1. 定期例会制度

"例会"制度是教育议事会使用"知情权"的首要途径,为保证教育议事会各部门工作的部署和执行,发挥成员的积极性和创造性,使教育议事会工作进一步规范化、制度化,提高工作效率,教育议事会要设立例会制度,包括教育议事会大会、部门负责人会议等都要定期召开,要在章程中将参加人员、召开次数、会议要完成的主要工作,以及不按规定参加会议的处罚条例等有关事项一一写明,形成严格的规章制度。

教育议事会议事例会按周期分为:每月例会、学期例会、年会。期初全员例会审议学校工作计划,每月部长例会针对校区工作计划的实施细节做出评议,期末全员例会听取校方工作总结。学期工作计划、总结报议事会备案。年会则以总结工作绩效,品尝收获喜悦,发现问题不足,解开症结疑虑为宗旨,是教育议事会自身发展的反思过程,而议事会的每一次提高都促使校区更加坚实地走好下一步。

2. 会员轮值制度

"轮值"制度让教育议事会深入学校,是成员关注管理细节,参与管理工

作的有效保证。要加强家长、社区与学校的沟通,就要首先让他们了解学校的各方面工作,故而采用教育议事会成员轮值的制度。即每个学期每周安排教育议事会的一个部门到学校轮值,原则上半天熟悉学校工作流程,半天完成网站更新或活动策划,每周有重点工作,人员轮流,支持、了解、监督学校工作。还可以针对学生和老师进行调研,处理突发事件。通过轮值制度,同时还增加学校工作的透明性、主动性、责任性,提高学校各职能部门工作人员的工作效率,规范各项工作制度。

每学期的具体操作是秘书处安排教育议事会成员,以部门为单位开展定期的驻校轮值工作。参与轮值的议事会成员站在校长的高度,从教学到后勤,从师德建设到学生习惯养成,以第三者的角度审视学校管理工作的细节。校区根据轮值记录册里反映的情况及发现的问题及时调整,并将整改措施向议事会反馈。

3.教育沙龙制度

发起家庭教育沙龙活动并形成制度,这也是教育议事会的议案成为提案进行落实的内容之一。开展沙龙活动的目的,是为家长们搭建一个沟通、交流和分享家庭教育经验的平台。时间安排基本上每月一次,定期不固定时间,一般是每月下旬的某一周六或者周末的晚上。主题由秘书处从学校和学生角度、部门工作特点等方面确定参考范围,从轮值重点内容会安排沙龙主题,每个部门都会轮到沙龙时间,召集人、主持人由学校方和教育议事会成员共同组成,通知由学校出面,或者海报,或者网站,或者校讯通等各种形式宣传,家长自愿参加。

比如孙文英小学教育议事会举办一月一次的心理教育主题沙龙。由于学生心理问题现状不容乐观,议事会成员不约而同地将学生心理辅导作为一学期活动的主题。为了帮助一年级的新生尽快地适应校园生活,学校教育议事会教育促进部安排了一场关于新生适应的辅导讲座,帮助家长顺利地引导孩子度过适应期,避免了许多情绪问题和学习问题的产生,为家长解了燃眉之急。四年级学生面临着从低段到高段的过渡,在学习内容和学习方法方面都要适应新的学业要求,不少孩子因为无法适应这种变化而焦虑不安,自信心降低,发现这种情况后,学校议事会提案部提议邀请学校骨干

教师举行了一次关于学习的心理辅导。邀请到校教育议事会成员之一的宁波市拘留所丁兰兰管教,向五年级家长做了"关注青少年心理健康预防违法犯罪"讲座。六年级面临毕业考,学生普遍感到压力很大,议事会联合针对这种情况,请心理辅导室面向六年级进行了一次考试焦虑的测评。测评结果发现,多数孩子的考试焦虑来于家庭施加的压力,父母的考试焦虑甚至要超过孩子。因此,学校教育议事会促进部邀请所有六年级学生的家长参加了一次考试焦虑辅导,受到了家长好评。不少家长表示,听了心理老师的分析才知道,原来自己着急没急到点子上,反倒起了副作用,回去后要改改了。

4. 宣传报道制度

为使各方更多了解教育议事会,以便更好开展工作,教育议事会需要有自己的一个宣传阵地,可以采用各种措施,充分运用报纸、电视、广播和网络等多种媒体,如在报纸上撰文叙述教育议事会开展怎样的活动、邀请记者到教育议事会进行采访、在学校网站中开辟教育议事会专门版块,发布一些动态活动等信息,或创办教育议事会 BBS 论坛,大力宣传开展教育议事会工作的重大意义,宣传学校教育议事会工作的做法、经验和成效,为教育议事会工作的有序运行营造良好氛围。

5. 定期活动制度

除了专门的议事会议外,教育议事会开展的活动主要分为三种形式。

一是成立初期在学校教育议事会成员层面上进行,即主要是学校教育议事会成员带孩子参加,孩子来自不同年级和班级,无论是孩子还是家长彼此之间都不熟悉,此举是通过活动,使他们彼此充分熟悉,加强教育议事会成员之间的联系和沟通。

二是班级家长委员会或班级议事会组织活动。由班级出面,在每学期不定期举行不同形式和规模的活动。每学期一至二次,活动由家长委员会发起,家长委员会成员和班主任共同策划,主题多为各种亲子活动,可以在室内活动也可以到户外,遵循自愿参加原则,费用一般由参加人员AA 制承担。

三就是学校级教育议事会发起的各种教育活动,基本上每学期一次。一

种可以是组织全校家长孩子自愿参加的活动,比如广济实验校区教育议事会成功组织参观宁波大学科技馆和海洋馆的活动。此外,还有一种针对性活动,但如果全校学生同时参加,可能牵涉方方面面较多,不易实施,因此比较可行的办法就是由教育议事会出面将具体活动落实到某一年级。比如范桂馥小学教育议事会,组织学生在所在的白云社区中的"自留田"中开展种植活动,拓展课堂教学资源;组织社区少先队员参加"我当一日小炮兵"活动,丰富学生社会实践活动。

6.内部"督导"制度

"督导"制度的具体形式为开展调研,递交提案,关注办学方向。教育议事会及其下属机构——班级家长委员会经常在家长、社区中开展调查工作,了解各方对学校教育的意见与建议并进行整理和提炼,形成提案。主要提案人填写《教育议事会提案工作表》,递交教育议事会成员大会讨论,得到议事成员总人数的三分之二表决同意,方可成为提案。这些提案对校区校本课程设置,促进家庭、社区、学校三方互动交流,突出办学特色、体现工作风格,提高社会满意度等有着建设性的作用。

本节小结:

　　教育议事会要实现政协的职能,必须通过提议案和一系列议事程序来完成,其中汇总是对决议的落实。 完善制度,可以细化"教育议事会"的议事内容与细节。 例如"例会"制度:细化工作计划的实施细节; "轮值"制度:细化学校管理的工作细节; "督导"制度:细化办学方向的保障细节。

第五节　保障教育议事会运行

本节解读点：教育议事会设计好了，试点推广了，难道就可以了吗？ 学校与教育行政部门各自要承担什么责任呢？

要推广教育议事会，并能使其保持自身的"生命力"就必须回答如何保障教育议事会有效运行的问题。笔者认为，要构建议事会运行的长效机制，不仅仅是学校方的责任，不仅仅是起草好章程，选好教育议事会的主席、部长等问题，教育行政部门也要制定相关保障措施，确保教育议事会的责、权、利能落到实处。

一、学校方的责任与保障

教育议事会的大量工作需要学校去完成，制定章程、选举成员、起草议案和提案、落实提案等无一不靠学校去完成，从这个意义上说，学校是建设教育议事会的"第一责任人"，如何使学校充分发挥教育议事会的重要功能，使议事会的作用落在实处？ 笔者认为，建立行之有效的保障体系必不可少。

1. 观念保障

教育议事会运行要顺畅，学校要从各方面统一全体教职工的思想，使大家在思想上都能拧成一股绳，心往一处想，劲才能往一处使。其中观念保障是最重要的。最重视的表现形式，就是将教育议事会写入学校章程，而且写入学校治理结构的章节中，而不是学校与社区、家长互动的部分章节，这样完全彰显了学校在教育议事会中的地位。

2. 组织保障

建立领导责任制，明确工作职责。学校要高度重视，统筹安排，精心组

283

织,切实加强组织领导。分管校长要全面负责本校教育议事会工作,要担负起第一责任人的职责,秘书长具体负责教育议事会工作的落实。要在坚持基本要求的前提下,结合本单位实际,积极探索,大胆创新,运用行之有效的活动方式和载体,丰富活动内容,强化活动效果,使教育议事会工作充分体现学校特色并富创造性。

3. 人力保障

教育议事会由有能力、高素质、有责任心的各方代表组成,从这点上说,这里最重要的人力保障是秘书长的人选。秘书长代表校方,就应是教师中的"精英分子",不仅教学能力要出色,而且需要较强的组织管理、协调和策划能力,可为教育议事会筹划各项活动、制订具体方案等。因此,就需要学校提供人力支持,将能干的、热心的"白骨精"(白领、骨干、精英)作为秘书长和教师代表充实到教育议事会队伍中。海曙区的做法是由教科室主任或者校方的中层干部担任秘书长。

4. 经费保障

不可否认,教育议事会顺利运行需要一定的经费,如举行户外活动、开设讲座、举办沙龙等都需要有经费的支持。作为一个自发成立的民间组织,教育议事会章程中没有规定向会员收取会费的权力,这也使得它不可能有能力自行解决经费的问题,因此,就需要学校拿出一定经费,帮助教育议事会开展工作。海曙区现代学校制度建设日臻成熟,各个学校已经将教育议事会的定位与作用列入学校章程中,所以可以单列专项费用,也可以根据开展议事活动的性质列明费用,比如是会务费,还是学生的社会实践活动费用等开支。根据海曙区的经验,议事会的经费也不需要很多,强调的是志愿者性质,但是也需要一点配套,特别是增强议事会成员凝聚力的活动,比如校级议事成员亲子游,需要经费支持。年底的表彰奖励,也需要经费。

5. 场地保障

海曙区的教育议事会在学校内设有专门的办公场所。另外,学校要为教育议事会提供必要的会议、活动场地,并配备所需的办公器材等,比如许多

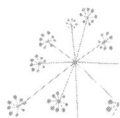

学校、幼儿园设计了议事会牌子、通讯录、合影集、成员宣传专栏、成员挂牌、专用议事会工作表、电脑等。办公室倒不一定是专门独立,可以和其他的功能室兼用,但是门外必须有牌子标示,写字台有专门的办公用品、文件档案夹等标示。这样才能让教育议事会的成员有归属感。

6.制度保障

要督促建立教育议事会的各项制度包括例会、轮值制度等,并在实施过程中给予实质性的支持,不断完善和充实,在行动中要严格执行这些制度。

二、教育行政的责任与保障

教育议事会是新生事物,在探索实践过程中会产生很多问题,如:学校工作积极性不高怎么办? 如何激发街道、社区主动参与学校管理?

这些问题的解决,就要依靠教育行政部门的努力甚至政府有关部门如人事、财政等机构的配合,通过出台政策、制定制度、提供经费等措施予以解决。

1.继续扩大学校办学自主权

随着议事工作的深入和议事能力的提高,教育议事会递交的议案的主要矛盾就可能会集中到一些敏感问题上来,如对某位教师产生不满等,区级教育行政部门有责任为教育议事会顺利运行保驾护航,当涉及一些诸如人、财、物等在学校权力范围内不能自行解决,而教育议事会又希望能够迫切予以解决的事情时,就需要由上级教育行政部门出面给予支持,在不背离我国教育总方针和法律法规的前提下,将部分权力下放或平移,扩大学校的办学自主权。比如 2007 年 3 月 9 日,海曙区副区长叶正波和教育局副局长王飞等领导实地走访考察了新芝小学等两所学校,专题调研了各校教育议事会建设的情况,确定继续落实学校的办学自主权。

2.列之为学校考核指标

区教育局每年都会在学期末时,组织相关科室对学校工作进行考核,考评结果直接影响学校利益,因而从校长到普通教师都非常重视。为使学校充

分重视教育议事会工作,保证教育议事会运行顺畅,教育行政部门在考核中应对教育议事会的运行情况进行评价,评价指标可以包括教育议事会一年召开会议次数、制度运行情况、提案落实情况、家长和社区对教育议事会满意度等。评价分值应在对学校考核指标总评值中占相应比重。

3. 设立教育议事会专项经费

要提高教育议事会的工作成效,教育行政部门就要想方设法为学校排忧解难。在学校面临的一系列问题中,经费不足是困扰学校并制约教育议事会发展的一大难题,因此,从推动教育发展、支持学校开展教育议事会工作的角度出发,教育行政部门要为教育议事会提供必要的经费资助,每年在预算内划拨出一些经费作为教育议事会工作的专项经费,在此预算内,各校教育议事会开展活动所形成的正常支出都可以报销,超出部分由学校自行解决。

4. 强化主要操作人员的培训

教育行政部门根据学校情况,定期开展形式多样的培训活动,以深化学校对现代学校制度的理解,培训对象可以是校级领导、骨干教师,也可以是教育议事会中的社区或家长代表。此外,培训形式可以多元,专家讲座、沙龙研讨、参观访问等都可以成为培训的有效方式;还可以不定期地召开现场会、经验交流会等活动。比如 2005 年 11 月 28 日,达敏学校举行教育协作理事会现场会,海曙区 20 所子课题学校派代表出席会议,本次会议通过对先进学校经验做法的推广,进一步激发学校的积极性。比如 2009 年,海曙区教育局局长徐健在现代学校制度建设现场会上的发言,有效推动了海曙区各学校教育议事会工作的开展。比如 2010 年,海曙区教育局局长徐德荣在全面推进现代学校制度建设会议上做专题发言等。

5. 制订现代学校制度建设奖励表彰办法

教育议事会成员的激情和热情是教育议事会成功运行的基础,从这一点上说,引入激励机制就非常重要且必要。为发挥教育议事会成员的主动性,提高工作积极性,教育行政部门可以出台区域层面内专门针对教育议事会的奖励办法,如评选全区教育议事会年度优秀集体、优秀个人等,进一步激发教

育议事会成员的荣誉感和使命感,更好地服务于集体。海曙区两年一次评选区现代学校制度先进集体与个人,作为区级荣誉与奖励。适当加大家长与社区等非学校的议事成员表彰力度。

三、推进教育议事会的参考模板

在课题启动六年后的 2010 年 9 月 4 日,海曙区教育局专题印发《海曙区推进教育议事会制度的实施意见》的通知文件,明确了全面建立和完善教育议事会制度,深入推进现代学校制度建设。因为现代学校制度建设不仅关系到"十二五"期间区域教育品牌的发展,而且关系到教育民生责任的全面落实。笔者负责草拟的考评细则(见表 5-1)获得通过。

表 5-1　海曙区"教育议事会制度建设成果奖"考评细则

序号		考核内容及具体要求	分值	考核方式
1	组织机构优化	议事会成员产生程序规范。成员采用选任制方式产生,任期三年,任期届满可连任。成员选任或更换按议事会章程规定程序执行		查阅台账
		议事会成员构成具有广泛性。成员由学校、家长、社区、行业企业、中学生代表及社会知名人士等组成		查阅台账
		理事参与积极性高,履职能力强。对教育工作和社情民意比较了解,对学校发展有较强的责任感,工作协调能力强		座谈
		议事会人员配备合理,日常工作规范。议事会成员一般为11 至 25 人,设主席 1 名,秘书长 1 名,部长若干名,负责议事会日常事务		查阅台账

续表

序号		考核内容及具体要求	分值	考核方式
2	工作制度健全	议事会章程完善。议事会组织的机构、性质、作用、权利和义务、活动方式等内容明确,有成员任职条件、选任更换程序、议事会议事规则等具体规定。议事会能按照章程开展活动		查阅章程
		议事会议事制度规范。定期会议一年不少于两次,召开议事会能提前五日将会议议题通知全体议事会成员。会议必须保证三分之二以上的成员参加。所议事项的决定经到会成员半数以上表决通过才生效实施		材料参会
		议事会台账制度规范。会议记录、成员意见建议采集与反馈、学校与家长及社区互动的活动记载等材料齐全。出席会议的成员能在会议记录上签名		查阅台账
		议事会监督制度健全。建立重大执行项目质询、行风监督等制度,建立对学校相关人员违反教育法律法规、本校章程提出奖惩建议等制度		查阅材料
3	运作机制科学	学校服务社区机制。密切学校与社区、行业企业的关系,构建学校与社会(社区)相互开放、共同发展的机制,在项目合作、人员培训等方面实现资源共享,增强学校服务社区的能力,主动服务社区		查阅材料、实地走访
		学校主动发展机制。通过议事会与相关学校、家长和行业企业、所在社区建立双向互动关系,在师资培训、专业建设、资源利用等方面与相关单位合作,促进学校教育教学工作		查阅材料、走访
		学校依法办学机制。学校依托议事制度建设,规范自身办学行为,重点工作做到有法可循、按章办学,提高重大决策的科学性和民主程度		查阅材料
		社会参与监督机制。议事会成员认真履行职责,充分行使权利,自觉履行相关义务。积极参与学校管理,监督学校办学行为,支持学校健康发展		查阅材料、座谈

续表

序号		考核内容及具体要求	分值	考核方式
4	功能作用显著	积极发挥议事功能。能对学校的发展规划、年度工作计划、重大发展目标、重大改革项目、基本建设及资产财务管理等重大事项提出建议(如教师评聘考核、奖励,学校文化建设,学校办学绩效评估等)。学校对提出的议案能及时通报反馈		查阅材料
		积极发挥协调功能。争取所在社区、行业企业、社会各界以及家长等对学校办学的关心和支持,为学校发展争取更多社会资源,创造更好的外部环境		查阅材料、座谈
		积极发挥监督功能。能对学校办学行为和学校管理团队执行能力实施监督,对学校师德建设和教育行风建设(教育收费等)情况实施监督		查阅材料、座谈

本节小结:

　　保障教育议事会的正常有效运转,学校自身的努力固然不可少,但是政府的推动也不可缺位,自上而下的教育行政部门的保障是教育议事会能有效运作的中国特色。

第六章

解读——现代学校制度课题的成效与问题

本章解读:作为现代学校制度的一种形式,教育议事会真的已经取得很好的成效吗?客观中立地说,存在着哪些需要改进的地方呢?还有提升的空间吗?

第一节　现代学校制度的海曙区样本

本节解读点：凭什么说教育议事会是全国现代学校制度建设中的一个有效样本？

现代学校制度是什么？可以简单界定为：学校以完善的法人制度为基础的，以现代教育观为指导的，学校依法自主、民主管理的，能够促进学生、教职工、所在社区包括学校协调可持续发展的一整套制度体系。

一、设计：现代学校制度建设是什么？

从分类角度看，不难发现，现代学校制度在行政层面研究包括现代学校产权制度、组织制度、管理制度；在学校层面研究，主要包括章程、规划与制度。

现代学校制度是什么？不是学校内部不同制度规范的简单相加，而是互相照应的整套制度体系。

建设现代学校制度为了什么？为了建立开放的、民主的、人本的、法制的、科学的，最终指向育人的学校管理制度，构建指向区域生态的和谐教育。

现代学校制度建设的途径是什么？对现行的学校制度进行调整与改革，形成与经济社会发展相适应的学校制度，通过生产关系的调整进一步解放教育生产力，为尽可能多的社会大众提供充分的、平等的、成本较低的、优质的教育服务而创造平等的制度条件……

区域的现代学校制度建设是在确保学校成为独立法人实体的大前提下，政府对学校进行的以有限责任为基础的宏观管理。

在现代学校的管理模式框架下，政府与学校的职能发生转变，应承担各自的任务。

政府的任务是"构建教育服务体系，并予以监管和调控，建立规则、标准和法则，以此指导和监管的管理过程"。政府管理方式由行政指令性变为指

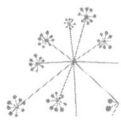

导性计划,政府退出微观管理层面。

学校的任务是"设置各相关的职能部门,分别行使决策权、执行权、监督权,各负其责,防止责任推诿现象的发生"。为保障"管理者的自主管理权、教学者的自主教学权、学习者的自主学习权",必须建立完整的学校内部管理制度,即学生学的制度、教师教的制度、管理者管的制度。

现代学校管理模式的具体特点有:

1. 保证学校享有充分的办学自主权

在遵循相关法律、法规的前提下,现代学校的校长有依法制定学校章程、规划与制度的权力。

充分的办学自主权是什么?是调整政府与学校的关系,其目的不是追求学校管理的独立化,而是寻求权力的最佳匹配,实现学校管理的"法制化、科学化、程序化和民主化"。

充分的办学自主权是什么?它不是校长权力的最大化,而是走向专业化。

总之,学生、家长、教师、教育局共同期望:校长带领教师们更具有创业精神,有权力和能力制订并成功落实学校的各种发展计划,提高学校效能,提升教育质量。

2. 保障校长健康有效行使职权

第一,要明晰"校长负责"的权限范围,便于校长有效行使管理职权。比如教育教学的管理权力,教学管理和课程开发等;人事管理权力,按照相关权限进人制度,自主决定聘任教师;财务管理权力,如学校财务预决算、经费控制、节省开支⋯⋯

第二,要协调"三(四)位一体"的管理体制,合理规范校长的权力。由于上下级信息不对称,就需要基层的平行监督。对政府下放给学校的权力进行重新分割,党支部、教职工代表大会、教育议事会各有相应的权力,三者是制衡校长权力的机制。

3. 保证学校"两个负责"的比例平衡

"两个负责"包括学校对上级行政负责,也包括对教师、学生、家长负责。对教师负责就要保障教师的合法权利。教代会是职工民主参与学校管理的

渠道和途径,建立正常的教职工代表大会制度是前提。对社区、家长负责,教育议事会就是落实家长监督、参与学校活动,对学校教育教学提出建议,对学校的决策有参与讨论的权力等,所以要建立、健全海曙区的教育议事会制度。

2015年年底,海曙区已经建立了"一校一章程"的机制,在学校制定章程的过程中,所有公办义务教育学校,加上两所民办学校,自觉将教育议事会制度纳入了学校章程的具体条文,确保了教育议事会的地位与功能。

4. 海曙区现代学校制度的特色

在"十二五"宁波市教育体制改革试点项目中,海曙区延续"十五、十一五"期间课题研究成果,承担了"以教育议事会为切入口,全面推进现代学校制度建设"试点任务。海曙区选取了现代学校管理制度作为研究课题,其特殊性,主要表现在:(1)对现代学校制度的研究,是以社区、家庭、学校互动为坐标,即从互动的视角出发全方位地审视传统的学校管理制度。(2)现代学校管理制度的研究,既包括对学校内部的管理制度变革的研究,又包括政府主要是教育行政部门对学校的管理制度变革的研究,是学校改革与教育行政改革并头进行的行动研究。

综上可见,海曙区的现代学校制度建设的特色是加大学校与家庭、社区互动的这一维度,互动的频率、内容、形式、广度、深度、质量都有大幅度实质性的提升。

二、创新:现代学校制度建设做什么?

先来看一个故事,摘自宁波市启文幼儿园议事会成员日记:

2011年11月20日,又是一个"教育巡视日",这次由我和小一班的戴天翔妈妈轮值。进入园区后,议事会成员之一的王老师接待了我们,并将巡视牌挂在我们的前胸。

说实话,第一次担任巡视工作的成员,我内心未免有点忐忑:教职员工们会将我们视作检查人员,从而抱以过于恭敬的态度?如果我们巡视到了幼儿园的问题,形成书面意见后,园方会对我们及孩子持以怎样的目光?我们的行动真的有价值吗?

思索间,王老师亲切地对我们说:"欢迎两位参加巡视活动! 挂上胸牌,意味着两位可以自由出入幼儿园的每一个场所和空间。希望你们对我们学校管理,尤其是教育教学提出宝贵的意见和建议。等下没有人陪同你们,两位可以协商好巡视路线并投入工作。结束以后,请填写好巡视日志并交给我,谢谢!"

之后,我们决定先对食堂进行巡视。对于我们的到来,工作人员感到有一丝意外(事后了解到,园方为保证呈现常态下的工作状态,没有传达有关巡视工作信息),但依然井井有条地展开工作。

在我的巡视日记中是这样呈现的:食堂工作人员服装整洁,操作规范。食材比较新鲜,与幼儿园公示的食谱比较,完全吻合。说实话,亲眼看到过幼儿园的食堂工作后,感觉非常放心。

接下来,我们到了教学区。老师们大多在组织教学和游戏,非常有序。在大二班进行巡视时,我突然有了新的发现:咦,大二班的区域设置材料、内容都与大一班不相同,那个进行科学探究的暗房非常有意思。在大三班的考察中,我还是注意这方面的观察,发现大班年级的三个班,在区域设置上各有特色。我突然有了这样的想法:既然每个班都有自己的特色,那么能否实现资源共享呢? 能否在同一时段内,三个班级的孩子实现自由流动,从而让教育资源发挥更大的作用?

于是,在巡视结束后,我将自己的想法形成文字并递交了。

一段时间后,在议事会会议中,我接到了园方的反馈:该建议非常好,对幼儿园区域课程的实施起到了有效的推进作用。目前,园方正在研究相应的行动方案,并即将组织教学研究和教学实践。如果能顺利开展活动,对幼儿的发展及区域课程自身的建设产生深远的影响。

通过这一事件,我感觉作为议事会成员,自己的建议被园方采纳并重视,是一种自我价值的体现。所以,对今后教育议事会的工作更加充满了希望和信心。

如果说上面的故事,能够说明教育议事会作为一种现代学校制度设计的生命力,那么其实,海曙区域现代学校制度建设已经历了前两轮研究,具体时间以 2008 年为界。

2004—2008 年主要是围绕学校与社区、家长的关系,在分别代表普通学校与特殊学校两所学校试点,探索全国首个教育议事会制度、教育协作理事会制度;于 2005 年在 20 所课题学校推广了广济实验校区的成果。随后,18 个实验学校成立的教育议事会的实践与理论成果,也先后获得 13 项全国、省市各级科研成果奖,10 多家媒体专题报道。

2008 年以来,海曙区区域现代学校制度建设,主要围绕三种关系进行了课题研究。

(一)围绕现代学校与政府的关系,教育局转变作风,推进政府民主管理

政府和学校的关系是现代学校制度建设不可回避的问题,现代学校制度第二轮课题重点通过对政校关系的重新思考和定位,切实转变政府职能。我们认为现代学校制度中的政府应该是"有限责任政府"。所谓"有限"是指政府在规模、职能、权力和行为方式上都受到法律的明确规定和有效制约,所谓"责任"是指政府是有效的、合理地行使国家行政权的国家行政机关。要建立现代学校制度,就要求各级政府和教育行政部门必须在《行政许可法》的框架下,着手解决教育行政管理过程中出现的"越位"(做了不该做的事)、"缺位"(该做的事没有做好)、"错位"(做了该别人做的事),以及管理方式单一、职权交叉等问题,形成权责分明、行为规范、监督有效、保障有力的行政执法体制。

通过第一轮现代学校制度课题研究,海曙区人认识到,提高课题研究效率的前提,是拥有共同的愿景目标,统一思想,提高认识,否则研究容易南辕北辙,事半功倍。特别是第二轮课题研究的重心是要建立新型的政校关系,这势必要触及教育局科室自身的利益。因此,在局长的组织下,召开局长办公扩大会议即全体科室长会议,传达研究的重要性和意义,首先在教育行政层面统一了思想。教育局的机关转变工作作风,理清工作职责、权限,主要有四项工作内容。

第一,转变——明确目标,转变观念。

现代学校制度建设目标要有利于促进海曙区各项教育工作的开展,强调区教育局机关实现从管理型向服务型、事务型向研究型、经验型向创新型的转变,当时的徐健局长率先提出了"服务、提升、创新"的观点,一直要求全区

教育系统特别是局工作人员,要围绕这三点具体要求开展工作。

在教育局工作计划中明确提出:"教育和引导全体机关干部进一步增强服务意识,做到寓管理于服务之中,努力为学校办学创设良好的环境;进一步改进工作作风,深入基层,深入学校,主动为学校排忧解难;进一步增强争先创优意识,加强学习,不断提高依法办事能力和教育管理水平。"实施"首问责任制""AB岗位制"等机关效能建设制度,方便基层和群众。

海曙区通过外在的措施制造适度压力,进一步促进机关干部转变观念,改革用人方式,增强机关干部的忧患意识、责任意识,全面试行岗位聘任制,重新设置岗位,实行双向选择,竞聘上岗,不断提高干部的工作能力和水平。区教育局明确提出要推进职能转换,理顺科室职能。具有协作关系的审批事项明确牵头科室,由牵头科室与相关部门协商,代表教育局统一对外进行审批,避免多头、重复审批;推进工作岗位特别是人、财、物、项目审批等关键岗位的定期轮岗和交流制度;制定审批过程的监督实施意见,逐步推行社会化认定、评价制度,把一般辅助性事务委托给社会中介机构办理。2015年年底,区教育局全面梳理全机关工作人员一人一岗的工作职责,明确并落实责任,最后上榜公示。

第二,清理——明确权力,清理制度。

由局办公室牵头开展了以科室为单位的教育制度清理工作,重新审视各自的管理职能、管理内容,全面梳理各种规章制度等,特别是罗列出教育行政管理过程中出现的"越位"(做了不该做的事)、"缺位"(该做的事没有做好)、"错位"(做了该别人做的事)现象,反思管理思想、管理方式、管理态度、职权交叉等问题。要求主动修订与学校有关的滞后性制度,反思各种制度确立的目标是否明确、正确;制度设计或内容是否合理、合法、系统;制度执行是否到位或与目标吻合;并进行影响制度设计及执行效果因素分析。教科室设计《构建新型政校关系区教育局规章制度清理表》,使每一个相关科室都明确自己的权责到底是什么,什么该管,什么不该管。

区教育局制度清理告一段落,包括所有的发文,各科室完成了制度的全面清理,分保留的制度、废弃的制度、完善的制度和增加的制度四种。

截至2015年12月底,海曙区开展第二次制度整理工作,除了借鉴以上经

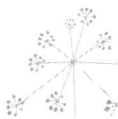

验外,还要求具体清晰地画出办事流程图。

在清理的同时,还根据新形势制定新的制度,如组织人事科新制定《海曙区校园长干部管理办法》,创设干部能上能下的激励机制;新出台了《海曙区调入教师相关规定》《海曙区教育局关于引进优秀人才的若干意见》,创造良好环境,提供优惠条件,落实相关政策,吸引优秀人才到海曙区工作。工会、纪委出台了《局机关及直属单位工作人员行为规范考核办法》和《教育系统学校教师师德规范考核办法》,建立工作目标考核、绩效考评和奖惩制度。

海曙区现代学校制度建设中,以教育科、计财科、组织人事科为代表的科室,进行权力下放,如组织人事科的《海曙区学校领导班子决策重大事项议事规则》,加强民主管理的力度。特别在财务管理权力下放方面有突出进展,更多的经费使用权力已下放给学校。比如《区学校(园)现代教育装备资金管理使用办法》《区义务教育学校公用经费管理实施细则(试行)》,完全体现了财务权力大大地下放到学校的民主管理策略,两个文件明确提出"配合现代学校制度的建设"。同时,现代学校制度,不是放任自流,而是要明确责任,切实加强财务管理,规范财务行为,出台《区中小学(园)财务管理考核细则》《区教育系统财务考核办法(试行)》等制度。如公用经费定额生均定额制度,中学生比小学生高;教育装备专项资金包干制度,幼儿园、小学、中学每个阶段金额逐步提高。

放权不等于放任,在放权的同时出台、细化财务管理制度,加强预算监控,进一步规范了财务制度。如各中小学、幼儿园和直属单位的财务人员参加区教育系统部门预算下达会议,会议详细说明了预算经费安排情况及预算编制标准,介绍了政府采购的有关知识,解读了区财政局的有关文件。会议强调,要加强学校经费管理,严格预算约束,细化预算管理。要求各校对预算管理一定要高度重视,统一思想,厉行节俭,坚持"量入为出"原则,有效提高学校资金的使用效益。

海曙区教育局已经将制度三次重新整理,并且在局长办公会议上逐条讨论,2015年年底在全局机关工作人员会议上,由裘建浩局长解读,现在已印发教育局制度文本。

第三,公开——透明政务,公开信息。

为建立科学高效的区教育局信息公开工作机制和严格的制度规范,对促进区教育局形成行为规范、运转协调、公正透明、廉洁高效的行政管理体制,充分保障人民群众的知情权、参与权、表达权和监督权具有重要的作用和意义。结合现代学校制度课题要求,教育局政务信息公开势在必行。

办公室牵头建立健全信息公开工作机制及制度规范。根据《中华人民共和国政府信息公开条例》,认真推行政府信息公开制度,以公正、公平、便民、勤政、廉政为基本要求,依法规范行政行为。主要措施有:(1)制定并印发区教育局(体育局)政府信息公开指南、办事手册;(2)根据海曙区教育工作实际,建立信息主动公开工作机制,明确职责、程序、公开方式和时限要求;(3)制定信息发布规范、新闻发布和新闻发言人制度、依申请受理制度、监督检查制度、责任追究制度等;(4)归并科室职能,设立行政审批科,确定专人负责,简化行政审批办事环节;(5)加快区域教育信息资源网建设,并以此为平台,开发电子政务系统,进一步密切党群、干群关系,进一步健全电子政务建设。

2015年年底启动的海曙区教育资源网突出“服务前置”的理念,不是以教育局工作人员上传资料、通知方便,而是以学生、家长、教师、学校使用方便为原则,以服务对象的需要为原则,改版的力度非常大。最新的网站改版建设在2016年2月底结束。海曙教育信息资源网(网址:http://www.hsedu.com.cn)在主页上显示了“信息公开”的链接,下有信息公开指南、目录、专栏、申请等四个条目。

第四,调研——关注民生,注重调研。

为落实现代学校课题制度研究,进一步深化教育机制改革,海曙区开展了“落实科学发展观、以调研促转变”活动。徐健局长在各类会议上,多次强调调查研究工作的重要性,力求将调研工作落到实处,取得实效。班子成员充分利用各种机会,多次下基层,对话师生、对话服务对象,仔细排查海曙区教育中存在的热点、难点问题。在反复分析论证的基础上,每位局党委领导班子成员结合分管工作,最终确立调研课题,并制定详细的计划,有步骤地开展调查研究。通过召开师生座谈会,征求他们对海曙区教育布局调整、择校、课程改革等教育热点问题的意见和建议;通过发放调查问卷,了解教师素养

状况和培训需求;通过网络论坛,直接对话群众,倾听呼声,问计于民,求智于民,使调研工作真正直面问题、立足群众、广泛有效。

机关各科室按照教育工作规律精心选择调研课题,如教育科确定的《拓展教育资源,应对生源变化——海曙区中小学择校情况分析与对策研究》《海曙区减负工作的调研报告》,教科室等的《海曙区学生评价的现状与对策研究》、体育科的《当前我区学校竞技体育现状及发展对策》等调研,组织人事科有关海曙区教师素养问卷调查,发挥名师、名校长作用,提高教师待遇的调研。调研中,各科室科学把握调研方法,注意采用点面结合、好差结合、明察暗访、上下联动等调研方式,广泛深入区属各中小学、幼儿园,认真剖析了海曙区教育中存在的一些问题及现象,提出改进对策和措施,推进各项工作进一步开展,提高调研的真实性、全面性和实践性。各科室还对调研成果认真整理、分析、总结,形成调研报告,分送局党委、局领导班子成员,使调研成果充分发挥作用,并积极向外投稿,以引起共鸣,早日由可能性转化为现实性。

海曙区教育局召开以"解放思想、开拓创新"为主题的科室长会议暨中心组学习会。各科室围绕前期选择的调研课题,认真剖析了海曙区教育存在的一些问题及现象,提出改进对策和措施,推进各项工作进一步开展。当时的徐健局长在会议中强调,局机关全体工作人员要解放思想,开拓创新;要有高度的责任心,要不断学习,善于借鉴,要深入调研,使调研活动常态化。调研活动的开展使机关工作人员能在工作思路上找准对接、在工作作风上主动转变,将开展调研活动与充分发挥职能作用有机结合起来,努力使区教育局机关向服务型、研究型、学习型、创新型机关转变。

2009年3月,以"坚持科学发展,构建和谐教育"为主题,区教育局开展学习科学发展观实践活动,进行了重点课题调研工作,局党委成员根据区教育局年度工作重点,结合分管工作,针对影响和制约科学发展的突出问题,围绕建立健全符合科学发展观的教育体制机制,深入开展调研,提出破解思路;并以普遍关注的民生问题为突破口,通过开展民主恳谈会等,与基层群众、专家学者等直接对话,广泛听取各方面的意见和建议,体现了现代教育制度民主性、开放性、发展性和人本性的本质和内涵。

值得一提的是,"十一五""十二五"期间,全教育局机关工作人员在每个

学期开学的头三天,合理安排工作,分组走访全部学校和幼儿园,办公室专门下发《开学巡视安排表》,主动听取学校与幼儿园的意见与建议。

2015学年开始,区教育局再次改革机关工作人员的开学巡视制度,重在倾听,重在调研,随堂听课,了解课堂教学情况,走访教师办公室,听取意见和建议,与学生一起吃午饭,调查师生的需求。

(二)围绕现代学校内部关系,深化两个制度建设,推进学校民主管理

课题研究需要创新,也要传承,但不是抛弃原来所有的载体。在现代学校课题研究中,更要利用原有的学校制度。早在"十一五"期间,区教育局党委已出台《区教育系统基层党组织党务公开实施细则》,把教代会制度、校务公开制度建设作为推动学校发展、加强民主管理的核心工作。通过加强教代会制度建设和校务公开制度建设,充分激发教职工的参与意识,保障教师、学生、家长的知情权、参与权和决策权,有力地促进学校的民主管理质量,更好地保证和监督学校依法执教。

海曙区建设现代学校的教代会,落实两个重点:一是形式重点,主要是定期开会,二是内容重点,主要是校务公开,是实质性做法。

1.现代教代会:坚持"三步骤"

经过现代学校制度课题几年的工作实践,海曙区体会到抓好教代会制度建设,领导重视是保障、代表素质是关键、工会努力是前提、提案落实是核心。教代会制度建设主要是发挥工会的基层组织优势,必须做好以下工作。

步骤1:学习宣传,提高对教代会的意义认识。

教代会的成功,学习、宣传、培训很重要。为确保教代会工作的顺利开展,海曙区教育工会十分注重抓好各层面的学习和培训,统一思想,提高认识。包括召开校长、书记会议;举办基层工会主席培训班;组织教代会代表培训;抓好广大教职工学习。

步骤2:活动载体,推进教代会工作深入实施。

创新活动载体是加强学校教代会建设的有效抓手。因此,海曙区通过开展形式多样、内容丰富等行之有效的活动,如开展专题调研活动,召开现场观摩会,开展优秀提案评比,组织经验交流会,切实发挥教代会在学校民主管理

工作中的重要作用。

步骤3：制度建设，规范教代会工作有效落实。

教代会制度建设，直接反映一所学校民主管理的状况。只有从制度上不断完善，在机制上不断创新，才能使学校教代会制度建设具有生命力。在具体实施过程中，海曙区通过建立健全一系列教代会工作制度，保证了教代会充分发挥作用。

——推行"教代会月"制度。为全面贯彻落实《工作规程》，海曙区在全系统推行了"教代会月"制度，将每年的六月份和十二月份定为"教代会月"。教代会月制度将教代会的职能进行合理整合，把"听取和讨论校长工作报告、财务工作报告、校务公开工作报告"和"民主评议学校领导干部"列为六月份教代会的常规议题；教职工聘任制和校内收入分配制度实施方案、重要规章制度、奖惩办法、福利待遇，以及其他涉及教职工切身利益的重要政策和改革方案列为十二月份教代会的常规议题。教代会月还明确了学校的党政工领导共同承担推进教代会工作的责任。教代会月的实施，改变了学校领导重视民主测评工作轻视讨论审议工作的现象，明确了学校的党政工领导三者共同承担推进教代会工作的责任，更加规范了教代会的形式和程序。

——健全民主评议领导干部制。学校教代会的评议监督权，主要是通过对校领导干部进行民主评议来实现。为此，海曙区非常重视此项工作，在评议前，及时召开工会主席会议，反复强调评议工作要在党支部领导下，要认真贯彻上级文件精神，严格按有关要求、程序进行。在教代会民主评议干部时应该避免只评不议或多评少议的现象。要评议结合，既要根据各项细则，对评议对象进行背靠背评议，全体代表采用无记名方式，对评议对象进行书面测评；而且要分组讨论审议学校工作报告、财务报告、校领导班子及个人业绩，肯定成绩，指出不足。然后整理代表评议意见，统计测评结果，形成书面材料并提出奖惩建议，提交大会主席团；经大会主席团通过后，报送上级党组织。目前，教代会对干部的评议结果，已成为局党委考核、奖惩、任免、使用干部的重要依据之一。

——建立教代会工作考核评估制。为依法落实《工作规程》规定的各项职权，海曙区教育工会把贯彻实施《工作规程》情况作为教育局对中小学、幼

儿园督导评估和年度考核的重要内容之一,对程序不到位、操作不规范的学校视情况扣分,并与教职工奖金挂钩。同时,教育工会根据《工作规程》,专门修改完善了年度学校民主管理目标管理考核细则,每年对各基层教育工会的教代会执行情况进行全面检查、评估,评估内容体现在四个方面:学校党政领导重视教代会工作情况,教代会职权落实的情况,教代会工作经常化、制度化和规范化的情况,教代会工作小组的工作情况,并对教代会制度实施好的单位给予表彰。

——建立并完善民主沟通会制度。基层教育工会建立并逐步完善民主沟通会制度。每次开会前,针对有关问题进行多方面沟通与协调,在充分掌握全局情况的基础上,召开民主沟通会。例如:东恩中学工会在学校党总支的领导下,每学期都要组织召开一次以上民主沟通会。在民主沟通会上,针对学校教学质量评估、青年教师的培养、教工福利待遇及增加教工健身房等热点问题,由教务处、德育处、总务处、团委等部门负责人现场进行认真、详细的回答,对正在进行的工作进行情况通报,对一时无法解决的问题进行解释说明。通过这一平台,加强学校领导和党政部门与广大教职工的沟通,推进民主协商,就学校的重要工作和教职工关心的热点问题进行直接交流,不断扩大教职工的知情范围,使之成为学校民主决策、科学决策的有力支撑。

2.落实校务公开:"八公开""三层面""三坚持"

区教育局在全区中小学中推行阳光校务"八公开"制度,构建和谐校园。一是学校重大改革决策公开,包括学校发展规划、重大改革方案、年度工作计划、重大决策和重大决定等;二是重要政务公开,招生事务公开,包括招生的政策依据、指标、录取分数线、录取学生名单等;三是学生管理事务公开,包括学生评优、推优、奖惩,涉及学生切身利益的有关事宜(保送生、特长生、奖学金、困难生减免学杂费等);四是收费公开,包括收费的政策依据、项目、标准、范围等;五是财务公开,包括财务预决算,各种专项资金的使用和管理,教学科研经费的划拨、学校领导的公费开支报销和使用等情况;六是干部人事公开,包括干部选任,发展党员工作,教师、干部、职工的聘任,职称评审,骨干教师选拔,教师推优评优工作等;七是教职工奖惩公开,包括各级各类先进评比条件、名额、程序,确定上报人选和评选结果,教职工年度考核办法和结果,结

构工资调整、医疗保险和其他社会保障基金缴纳情况等；八是大宗物品的采购、维修和工程建设项目的公开，学校重大项目、设备采购、教学办公用品等均按政府采购渠道供应。

这些内容，通过校园网、校务公开栏和教职工代表大会等途径，根据实际情况通过随时公开、学期公开和年度公开等不同形式向教职工和社会家长公开。目前全区各中小学全部在学校醒目处设置了公开栏，进一步增强了海曙区教育工作的透明度。

3. 发挥宣传的作用，提高对校务公开的全面认识

教育局通过制定《关于进一步推进校务公开工作意见》，提高校（园）长书记对推行校务公开工作的认识，使他们充分认识全面推进校务公开和民主管理工作的重要意义。在教代会代表层面，区教育工会通过开展专题讲座、理论研讨会、经验交流会等形式进行全方位的培训，围绕加强学校民主政治建设，落实教代会各项职权，行使代表权利，履行代表义务和发挥代表作用等方面的内容，进一步提高教代会代表的素质。此外，重视宣传的舆论作用，教育局利用教职工大会和相关会议，组织教职工认真学习浙江省关于校务公开工作的实施意见精神，不定期印发小册子、利用校园网及办报宣传，让广大教职工明白校务公开是一项依靠广大教职工民主办学的重要制度。

4. 发挥制度的作用，推动对校务公开的规范运作

作为一项系统工程，区教育局有效运用教代会这一载体，以"三坚持"抓好校务公开工作。一是坚持"教代会月"制度。教育工会在全系统推行实施了"教代会月"制度，将教代会的四项职能进行合理组合，把"民主评议学校领导干部""教职工聘任制""校内收入分配制度实施方案"等涉及教职工切身利益的重要政策和改革方案作为常规议题。全区学校坚持每年规范召开教代会两次以上，民主办校、依法治校水平得到较大提高。二是坚持向教代会做学校工作报告和财务报告制度。自从现代学校制度课题实施以来，教育局一直要求校长凡是学校重大决策、发展规划及重要校务活动都要向教代会报告，由教代会审议、通过或决定。学校工会组织代表们认真听取讨论重大事项，积极行使讨论权、通过权、决定权、评议权这四项职权，并做出决议。充分

发挥教代会作为校务公开主渠道的作用。特别是学校大宗物资、设备采购、基建项目和重大维修都要事前论证,实施方案由教代会讨论通过,并及时公布运作,做到物价相符。三是坚持校长向教代会述职制度。每学年末,校级领导干部要在全体教职工大会上向教职工做学年述职报告。述职的内容包括德、能、勤、绩、廉五个方面,内含办学理念的落实、办学目标的实现、经费开支情况、政务财务公开情况、服务质量的实现等方面取得的成绩、存在的问题、改进措施及今后打算,接受教代会代表的评议,并把评议的结果向全体教职工公开。

5.发挥监督的作用,确保对校务公开的有效落实

区教育局通过建立健全制度,加强监督管理,从三个方面强化对校务公开工作的检查监督。一是强化制度监督。为切实让广大教职工知校情、议校政、管校事、促校兴,先后制定了《教代会民主评议领导干部实施细则》《教职工代表大会制度》和《关于进一步推进校务公开工作意见》等一系列文件,进一步深化了校务公开,规范和推动了校务公开。二是强化舆论监督。教育局要求各学校设立公示栏、校长意见箱、举报电话,开辟校园网站等,经常发布校情,把重大决策、工作结果、难点和热点问题交给教师讨论,使各项决策更加民主、科学,充分发挥多层面的监督作用。三是强化过程监督。在局党委的领导下,成立了以纪委书记为组长,工会主席、纪检干部和行风监督员为成员的监督小组,具体督促检查各单位校务工会工作。各校也成立了由工会干部和教职工代表组成的监督小组,积极组织和引导教职工规范有序参与校务公开民主管理,督促有关部门、有关领导做好校务公开工作,此外还借用社会力量和校间评议,施行联动监督。聘请教育系统以外关心教育工作的社会人士为特邀监察员,对校务公开进行明察暗访,客观评估校务公开的实际效果。

海曙区针对校内的民主建设重点,落实教代会制度与校务公开,评上全国教育工会的先进等,获得了很多荣誉。

(三)围绕现代学校与社区关系,深化教育议事会制度,推进学校民主管理

海曙区现代学校制度建设,虽然自2008年以来研究重点在于如何构建新

型政校关系,但对于第一阶段的研究成果——教育议事会,我们也没有改弦易辙,束之高阁,而是继续努力使之更加深化。

按照总课题的要求,结合《中国公办中小学民主管理委员会建设的实验研究》项目研究步骤,区域课题组积极引导各校教育议事会有序地开展教育议事活动,做好教育议事会活动事件的叙事记录,逐步完善议事会在促进学校管理,增强学校、社区、家庭互动过程中的功能和作用,具体事例见下文的实践成效部分。

总结起来,海曙区区域现代学校制度建设的主要亮点或者创新特色是走科研路径,如图 6-1 所示。

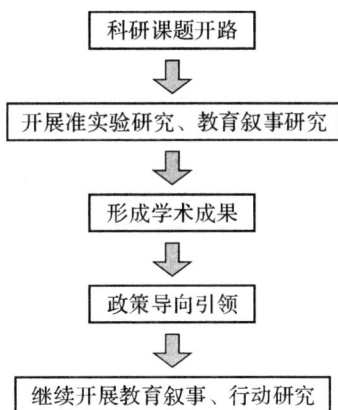

科研课题开路

↓

开展准实验研究、教育叙事研究

↓

形成学术成果

↓

政策导向引领

↓

继续开展教育叙事、行动研究

图 6-1　海曙区区域现代学校制度建设——"走科研路径"

三、举措:现代学校制度建设怎样推?

2011 年开始,海曙区进入现代学校制度建设第三轮的"全面推进"阶段:全区实施,强化考核。如下具体措施可以借鉴。

1.考核评价导向,巩固议事会成绩

规范工作程序,加大评价导向。教育局各科室第二遍梳理与学校(幼儿园)的各种规章制度,严格按照建设现代学校制度的要求,在调研基础上用科学发展观审视、整理制度文本,进行必要的删除与完善等工作。各学校(幼儿

园)强化组织领导和工作推进,完善教育议事会制度、加强学校内部管理制度建设、章程建设,组织召开不定期的区域研讨会、学习培训、交流访问和考察活动,比如在国有民办翠柏幼儿园召开现代学校(幼儿园)制度的现场会,就幼儿园三年规划落实情况进行审议、提出新三年规划的提案,建议进行现场展示,强化教育议事会第三方监督评价与参谋功能。

强化考核目标,海曙区有独特的现代学校制度建设先进集体与个人评选制度,为两年一次评价;每年一次评选现代学校制度建设课题的优秀成果;区教育局已从 2010 学年度始将现代学校制度建设列为督导目标考核内容,加强指导、评估和目标考核。每三年一轮评选专项"教育议事会制度建设成果奖",考评细则主要分四个维度:组织机构;工作制度;运作机制;功能作用。二级指标具体又有三至四个,定性与量化的指标,通过查阅台账、访问、座谈、问卷等形式加以考评。详细见下文参考模板。

引入第三方评价,探索深水区。2011 年,海曙区现代学校制度建设列入了"十二五"事业规划中,也成功申报了宁波市的"十二五"试点项目,海曙区进行第三轮的现代学校制度建设研究。主要的突破口之一是:2012 年、2013 年试点"利用教育议事会平台实施第三方评价"课题研究,在 2 月份年度教育工作会议和督导工作会议中宣布列入当年试行计划,实施 12.0 试用版、13.0 改进版。课题研究结果表明:虽然教育议事会成员可以成为评价学校、幼儿园的重要参与者,能够发挥一定的作用,但是,要对学校进行更科学、全面的评估,还是需要专业的评估机构来实施。所以,2015 年海曙区引入第三方评价的机制,选择了 3 所代表性的学校、幼儿园作为试点,成功引入宁波教育评估院作为学校第三方评价机构,加强了学校质量管理力度。

2.学校章程研制,规范治理结构

抓好学校章程建设的顶层设计,是需要讲究战略战术的。海曙区推动学校加强章程建设的历程,其实很有典型性。海曙区学校章程建设经历了四个阶段。

第一,自发自觉阶段。一些有法律意识、有强烈独立自主办学理念的校长,一般不会被动等待上级的具体指令,而是主动地、创造性地开展工作,包括制定学校章程。学校章程建设,海曙区在 2013 年前将之纳入现代学校制度

建设的条文中,依法治校意识很强的校长已经启动该项工作,实事求是地说,如此前卫的学校为数不多。

第二,行政导向阶段。根据教政法〔2012〕9 号《教育部关于印发〈全面推进依法治校实施纲要〉的通知》等文件,海曙区论证出台了《关于加强学校章程建设的指导意见》文件,提出章程建设的具体要求与时间节点。2014 年年初,在宁波市实验小学召开学校品牌建设现场会,印发推广了该校章程、《学校章程学习资料一》,教育部、浙江省相关文件挂在海曙区教育资源网。很多学校陆续行动。2014 年 7 月,将现代学校制度包括章程建设工作,纳入区域对学校的督导目标考核系统,并且单列计分,更多学校付诸行动。年底在评现代学校制度建设先进时,章程未交的学校被一票否决,因为该项规则事先告知过。

第三,技术提升阶段。海曙区教育局还派出区域行政干部、中小学校长、骨干等人员,分批参加上海市依法治校工作现场会、浙江省章程建设专题培训班等项目,精编《学习资料二》供全体校长阅读,在海曙区教育网挂出全国人大常委会的《立法技术规范(试行)(一)》,这是全国人大法工委发〔2009〕62 号文件,针对立法工作中经常遇到的、带有共性和普遍性的有关法律结构、文字等立法技术层面的问题,有详尽的解答与说明。

第四,重点推动阶段。2015 年,海曙区对学校章程建设的重视,具体表现为三点:(1)明文列入义务教育第一项工作;(2)列入教育工作会议专题培训项目;(3)启动章程"一校一核准"机制。在区域教育工作会议上,先由市教育局主抓章程的李克让处长,就加强章程建设与核准工作的重要性与必要性,进行专业辅导报告;邀请上海特级校长孙爱军现身说法学校案例,生动地回答了章程建设给学校带来的动力与活力;培训还安排现场互动提问,精彩的问与答都是基于理性思考与智慧实践;最后,由主持会议的局长部署章程核准等具体要求。这样,从宏观导向与微观操作、从理论到实践两层面,增加了学校章程修改的有效性,受到校长们的一致赞誉。

区域学校章程的顶层设计,整体采用"有序推进"策略与"培训跟进"策略,除给学校自由选择性外,还包括"规定动作",即学校出台规范程序。一所学校章程建设的规范程序,概括起来,通常有四个步骤:

步骤1:起草章程。学校组织专门人员学习研究有关教育法律、法规,清理本校现有的规章制度,在深入调研的基础上,广泛征求意见(包括社区及家长、初高中学生的意见),完成学校章程草案。海曙区规定,第一,至少要召开一次中层教师会议,就章程内容逐条进行专题讨论;第二,再召开一次海曙区特色的教育议事会征求意见。

步骤2:修改章程。章程草案在反复讨论、审议、修改的基础上,听取学校教职工代表意见与建议,提交学校教职工(代表)大会讨论、审议。由于校级领导干部调整,新校长上任后继续在学校内部酝酿、修改,听取各方建议,走完校内外民主的所有程序。

步骤3:递交核准。本文文字由校长签字,盖学校章上交的同时,电子版报送区教育行政部门责任科室备案。区教育局启动章程"一校一核准"程序。

步骤4:公布实施。经核准后的学校章程,学校可以付印,并以适当方式进行公告,实施可分为试行和正式实施。

上海市虹口区学校章程建设得到了教育部政策法规司的赞赏,与督导室郑万瑜主任陈述的制定程序6步流程相较,海曙区的4步流程相对简单,但是民主化的程序一个都不少,虹口区对章程有审批制度,而海曙区区域章程建设特色,即"动真格"的实质举措,是"一校一核准"机制——校长领衔的答辩会。

3.学校三年规划,加强顶层设计

中国教育长期以来受到计划经济模式的严重束缚,只在宏观教育事业层面上进行教育发展规划,而忽视了在微观的学校层面上进行学校发展规划,习惯于通过自上而下的刚性计划指标进行学校管理,导致了学校普遍缺乏活力、办学自主性严重缺失。为激发学校活力,加强自我规划、自我发展与自我管理,学校需要制定出科学合理的学校三年发展规划,具体由区域督导部门负责落实。

学校三年发展规划(以下简称:三年规划)是学校依据时代、社会发展特征,根据国家、地区教育发展战略计划的要求,结合自身地域等条件和校本特色,对未来三年学校所要达到的目标及发展途径,如培养目标、办学目标、组织机构设置、师资配备、后勤保障、校园文化、重要项目、实施策略、操作步骤

等所做的策划、设计和具体安排。

学校三年规划,不仅仅是学校发展方案,还是创制学校未来发展方向并确保这一方案产生效果的活动或过程;三年规划应该以学校自主发展为价值取向,遵循发展性、参与性、持续性与情景性原则,涵盖理性决策过程的基本要素。

SWOT 分析:规划制定前的准备

制定一份科学合理的学校三年规划,首先要做好各种充分准备,其中最重要的是对学校的发展基础进行科学的分析。

学校发展分析主要是通过学校的内外部环境分析,对学校进行正确定位,在此基础上才能对学校未来发展及其过程做出具有前瞻性的预测。

SWOT 分析法,它能对学校的内外部环境进行全面的分析,能分析出学校的优势(Strength)、劣势(Weakness)、所面临的机遇(Opportunity)与挑战(Threats),是最适合学校校情分析的一种方法。如表 6-1 所列。

表 6-1 学校发展 SWOT 分析

优势	1. 2. 3. ……	劣势	1. 2. 3. ……
机会	1. 2. 3. ……	挑战	1. 2. 3. ……

与众不同一点的,就推荐 POWER SWOT 分析法,POWER 是个人(Personal)、规则(Order)、加权(Weighting)、重视细节(Emphasize Detail)、等级与优先(Rank and prioritize)的首字母缩写,这就是所谓的高级 SWOT 分析法。如表 6-2 所列。

表 6-2　POWER SWOT

项目		内　容	分值/权重	总分值/权重
优势	内部因素	1. 2. 3. ……		
劣势	内部因素	1. 2. 3. ……		
机会	外部环境	1. 2. 3. ……		
挑战	外部环境	1. 2. 3. ……		

　　学校可以根据自身的实际情况,将搜集到的信息分别放入表 6-1 或表 6-2 中进行分析,要关注上级各种教育政策、文件与精神,还有本地区约定俗成的规则,不要忽略细节、推理和判断。不要仅仅寻找分析列表里面的几个单词,重视细节将极大地帮你决定如何最佳地评价与比较各种要素。考虑等级与优先:如果添加了细节并评价了要素,便能够进入下一个步骤,即给 SWOT 分析法一些战略意义,例如你可以开始选择那些能够对学校发展产生最重要影响的要素,将它们按照从高到低的词序进行排列,然后优先考虑那些排名最靠前的要素,或者最容易实现的内容。

　　拟定与论证:规划草案的完善

　　为了避免三年规划只是校长个人意愿具体化的现象,必须提高教师对学校发展规划的认识,促使教师积极参与到规划过程中,让校长的治校理念成

为全体教师的共同愿景。

根据确定的工作重点,规划委员会拟定邀请政府及教育局行政人员、社区、学校领导、教职工、学生、家长参与,采用头脑风暴法进行充分讨论,鼓励他们提出尽可能多的富有创造性的、具体而可行的规划方案。

论证规划方案是在规划草案提出后,学校组织相关人员和专家,对所拟定的多项草案进行逐一论证和评价,看其是否符合学校管理的科学原理,是否符合教育政策、法规和教育方针,是否符合学校实际,是否时机适宜;在实施中是否具有可行性和可操作性,是否能为广大教师、员工、学生所认可。

许多学校在制定学校发展规划时会运用 SWOT 技术分析学校的优势和劣势。但大体上看还比较粗浅,具体内容比较分散,缺乏一个分析结构,也就是从文化优势、地理优势、课程优势、师资优势、生源优势等几大方面进行具体分析,没有把握住自己学校的总体特征、不同学段的特点和反映学校本色的特色所在。

因此,所看到的学校发展规划,比较多地强调外部的、外来的、可能对学校发展造成实际影响的客观环境因素,而忽略了内部的、内生的、实际起决定性作用的内生变量。专家们审视检讨的眼光应更加全面、系统、深入、内向。

确定规划方案经过逐一论证后,或重新拟定,或适当修改,或将方案优化组合,从多种方案中确定出最符合学校实际情况的规划方案。一般上报相关教育督导部门审批。

公布与执行:规划方案落地

规划方案经督导部门审批后,学校应该在全校范围内公布该方案,这一环节能有效避免三年规划束之高阁的现象。公布形式可以多样:将规划文本打印出来后分发给地方政府及地方教育局、社区、学校领导、教职工、学生、家长;也可以将规划文本公布在校园网站上。通过各种方式,让学校利益相关方能够对学校发展规划更加明确。

让规划方案落地第二步是实施一系列行动计划来实现规划条文。因此,笔者认为学校发展规划的实施包括制定行动计划、执行具体行动,以及完成目标任务这三个环节。

制定行动计划,建议用表格和流程图的形式,横向栏目可以包括规划条

目编号—条目文字—行动措施文字—时限—负责人/执行人—验收人等。制定学校发展规划的流程图,以便于让所有利益方一目了然。

在我国学校发展规划的现有模式中,许多学校都没有制定详细的行动计划。其实,实施发展规划即行动计划一旦确定,就应该定责授权,层层落实,指定每项行动的负责人,分配资源,明确相应的职责,落实组织成员的任务、责任和权限,确定他们应该做什么、什么时候做、应达到什么要求、做的时候他们有什么权力,以保证行动计划能有效实施。

自评及验收:规划实施评估

完成目标任务、行动计划落实环节很重要,每一个成员认真执行各自的任务,有目的、有计划地按照既定目标实施计划,尽最大努力去完成目标。随着规划项目的深入开展,必然会因主客观等因素产生各种问题,出现各种意外情况,从而影响规划实施的进度,因此,学校在实施规划的同时,也应该检查规划的实施情况。

自评检查是规划实施过程中的重要环节,通过自我检查,一方面可以保证规划得以顺利实施,另一方面也可以根据检查情况,及时反馈,对规划做出必要的调整。每项活动的负责人都应该在活动的准备、实施与完成阶段进行检查。

检查准备包括人力、物力、财力的准备,充分的准备是活动得以顺利实施的保障。因此,负责人应该检查准备是否充分,如有资源欠缺,应及时补充。

规划实施验收,既包括学校自我的验收,也包括区域督导部门的检查验收。一般是区督导室具体安排时间与步骤,组织相关专家,前往学校实地察看,由第三方检查评估学校规划的实现情况。规划实施验收的结果,一般跟学校的学年度目标考核成绩挂钩。这一点,迫使学校重视规划的制定与实施落实情况。

问题与对策:规避制定弊端

在学校发展规划工作中,校长、教师、家长扮演着主要的角色,发挥着重要的作用,然而在实际工作中还存在着各种各样的问题,还与教育行政的主体对于干部任免、调动等各种学校政策、培训制度直接相关。

校长方面,存在着校长人事变动过于频繁、校长的权力过分集中、校长对规划调整及后继规划的思考不当等问题。与之相应的解决对策是:改革校长

的任用制度,加强校长依法治校意识,开展学校发展规划方面的专项培训。

　　教师方面,存在着教师对学校发展规划的认同程度不高、教师在学校发展规划工作中的适应能力不强、青年教师的事业心不足等问题。与之相应的解决对策是:改进教师参与的管理方式,开展提高教师适应能力的校本研修,增强教师的事业心。

　　家长方面,存在着家长的参与意识不强、家长参与学校发展规划工作的体制不健全、家长参与的能力有限等问题。与之相应的解决对策是:鼓励家长参与学校发展规划工作,利用教育议事会平台,建立和健全家长参与学校发展规划工作的体制和机制,发展对家长进行培训的“家长学校”。

　　当前的学校发展规划重视的是最终的方案或文本,学校发展规划作为思想方法、管理模式和学习工具的价值在实践中有待于进一步开发;一部分规划是校长个人意图的细化,其规划前参数以政策性与经验性为主,规划方法在缺乏科学性与民主性的前提下倾向于校长个人的价值判断;规划的保障与监控不够完善,在解决学校发展实际问题中的作用及操作性有待于进一步增强。

　　现实中的许多不协调因素充分反映在学校规划活动中,现行教育管理制度与政策、学校组织管理机制、学校发展规划理论研究,是制约当前学校发展规划实践的三大基本因素。

　　在现有的社会主义市场经济体制可以承受的框架内,建议:(1)完善学校内部规划管理机制,使学校真正成为规划活动的中心。(2)完善有关的制度与政策,落实各规划主体的权利与责任。(3)加强学习与培训,提高各规划主体参与规划活动的意愿、能力。(4)教育行政、督导部门应进一步改进对学校规划活动的管理。(5)让专家承担起参与规划活动的责任。

本节要点:

　　现代学校制度建设,如果从围绕现代学校外部与内部的三大关系来分析,包括学校章程、三年规划与内部制度一系列的规范,包括政校关系的处理,当然还包括连接家庭、社区的教育议事会的制度建设。

第二节　现代学校制度课题实践成效

本节解读：海曙区究竟取得了怎样的实践效果？

教育议事会建设的出发点，最初是为了我们共同的孩子，为了改进学校的管理，令人意想不到的是，在一次现场研讨会上一位社区干部发言反映：教育议事会还给社区和社区工作带来了很多好处，解决积习已久的难题，实现多赢。此言在理！

比如广济中心小学、范桂馥小学等，很多教育议事会讨论通过了学校门卫安全管理细则，新学期初就发放了《告家长书》，成功解决了社区校门口交通堵塞的大难题。事实上，教育议事会还给社区解决积习已久的难题，给家长带来了家庭教育的具体指导，真正实现三方多赢。

一、家社问政：奠定现代学校制度基础

随着学校章程明确写入教育议事会的概要条目，以及《教育议事会章程》《教育议事会职责》等细则的配套制定，教育议事会真正成为推进现代学校教育管理的制度性保障。宁波市东恩中学、宁波市实验小学等学校、幼儿园把"教育议事会"列入了学校章程的第二部分"学校治理结构"中，这就明确把"教育议事会"作为现代学校制度中家长问政的权力基础，因为两校的教育议事会由家长担任主席。而新芝小学是在专家引领下（专家当主席）的家长问政制度；广济中心小学实验校区的议事会第一届是家长为主问政，第二届则以社区为主。翠柏幼儿园《从经典诵读到知行合一，更好拓展国学经典的特色教育》《关于儿童视力保护问题的建议》《整合多种资源开展幼儿活动》三个提案与建议，被列为 2011 年重点提案。

社区和家庭共同成为教育资源的提供者和享受者，各种优质和潜在的资源由原来的分散状态通过教育议事会链条被有机整合、放大，提升社区和家

庭资源的使用效益,学校既可以借助教育议事会成员提供的优质资源开展丰富多彩、形式多样的活动,而教育议事会成员也通过积极参与这些活动从以往"边缘人"的角色过渡为"主人",主人翁意识更为强烈。为了最终直接提高学生素质的目标指向,教育议事会的社区、家庭优质成员,自然也享有问政学校教育的一定权力。

图 6-2　范桂馥小学教育议事会讨论通过《范桂馥小学早晚班制度工作规范》

图 6-3　宁波市第二幼儿园第三届教育议事会开会现场

　　比如,南苑小学结合"明理养德、诚实守信"的特色主题召开教育议事会,学校领导、党员教师代表、社区共建单位和家长代表共同出席会议。孟建萍校长首先向教育议事会成员汇报了学校开展特色活动的情况,诚恳地邀请代表们对学校工作和发展提出宝贵意见和合理的建议。以街道副主任为代表,大家踊跃发言,对学校近年来取得的成绩与特色教育给予充分肯定,对学校"务实与发展"的教与学的良好氛围表示赞赏,同时对学校在课堂教学、学生的养成教育管理等方面,也毫不留情提出了不少意见和建议。最后还强调了

开展特色教育活动应和学校工作紧密联系起来,在学习实践中解决问题,在解决问题中总结经验,取得实效,以实效来促进学校的内涵与特色发展。孟校长感谢家长和社区代表对学校工作的关心和支持,对代表们提出的个别意见做出解答,并表示一定进行认真梳理,积极研究整改措施,及时反馈给大家。

图 6-4　南苑小学教育议事会　　　　图 6-5　外经贸幼儿园教育议事会
　　　　　审议学校规划　　　　　　　　　　　　给教师颁奖

二、创新制度：激发现代学校改革动力

"护苗队"制度、"家长代言人"制度、"教育巡视日"制度、"观察员"制度、讲师团制度、"专家团"制度等,很有创意。范桂馥小学议事会正是讨论"家长代言人"制度。

针对早晚接送高峰时段特别容易堵车现象,宁波市第二幼儿园教育议事会首创"护苗队"制度,被全区全市全面推广。

　　　　　（a）　　　　　　　　　　　　　　（b）

（c）　　　　　　　　　　　　（d）

图 6-6　"护苗队"制度

以孙文英小学为例,教育议事会中的家长代表策划主持"心理教育主题沙龙"制度,对青少年心理健康教育进行指导。孝闻街小学的教育议事会参与到学校"学生参与家庭服务学分制"的研究活动中,与学校共同研究学生评价体系。2008 年元旦,孙文英小学教育议事会成员——204 班周吟妈妈组织班级全体学生参与万人长跑活动,增强学生体质。

教育议事会参与学校制度建设,放大教育议事会智囊参与机制,为学校、社区和家庭三方的有效沟通搭建了平台。在这一平台上,各方利益都有了一个充分表达和宣泄的渠道,各方都可以围绕学校工作有针对性地提出意见,共同为孩子的成长、家长和教师的提高、学校的发展出谋划策提供"金点子"。

图 6-7　孙文英小学开设心理健康讲座　　图 6-8　竹福园幼儿园的教育论坛

三、渗入教育：突破象牙塔的围墙

课堂是学校教育的主阵地，推进现代学校制度建设，促进学校民主管理的主要目标就是要提升学校教育教学质量，提高教师的教学水平，满足不同层次学生的学习需要。因此，从教育议事会构建伊始，海曙区就始终将如何有效促进学校提升教学质量，作为教育议事会的主要工作。目前，教育议事会在促进学校科学管理中已经发挥了重要作用，无形中教师的业务水平也有了很大提升。

以当时的翰香小学为例，用三天时间组织了全校家长开放周活动并就"实施小先生制，促进自主互动学习"这一课题开展了教学研讨活动。在"生为师，自教己"主题研讨活动中，孙琳琳和施伟华两位老师分别上了三年级上册的《陶罐和铁罐》及六年级下册的《学弈》。在教学中，始终以学生为主体，充分发挥学生在课堂中的自主性，而教师已成为一个引导者，学习氛围十分浓厚。课后两位老师对自己的课堂情况进行了反思，老师们纷纷发表自己的听课感受。"没想到本次活动，校议事会成员全部到场，家长们不但到课率非常高，而且始终充满热情。没想到！"女教师一连说了两个"没想到"。家长们感谢学校领导、教师为学生所付出的心血，同时很高兴学校创设平台使家长了解学校的教育教学工作，在家校之间架设了良好的桥梁。老师们通过这样的研讨活动，把握了今后课堂教学的新的变革方向。

图 6-9　翰香小学教育议事会参加
"小先生制"教学研讨

图 6-10　达敏学校教育协作理事会
支持社区化教学

　　达敏学校举行的社区教学成果推广会，也邀请部分协作理事单位和成员来校参与，通过这一活动，协作理事单位了解到特殊学校的教育教学成果，增强了信心，学校也在此活动中扩大了影响力，实现了"双赢"。

　　新芝小学通过邀请议事会成员中3位教育专家代表，经常到学校指导教师上课、评课，进行专题讲座等形式进行校本培训，促进教师专业发展。翰香小学邀请教育议事会成员参加课堂教学研讨活动，并在议事会上公布教师们的获奖及论文发表情况，接受成员的建议；华天小学的议事会成员到学校听取青年教师上汇报课并评课，参加班主任沙龙，使他们改变了对学校的刻板印象。

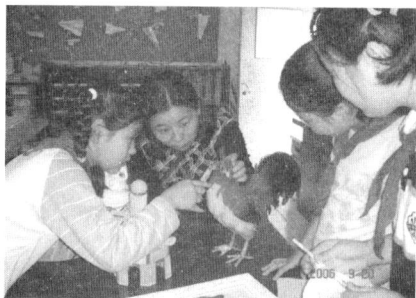

图 6-11　教育议事会评选学校科技节作品

图 6-12　教育议事会参与学校组织的社会实践活动

　　教育议事会参与了学校的特色活动，比如解放南路小学第十六届科技节胜利闭幕，在闭幕仪式上，解放南路小学教育议事会全体成员——宁波市基教处章老师、宁波市科协林老师、海曙区科协张老师和缪老师、江厦街道的胡老师和王老师、天封社区的金书记、退休校长谢老师、校外辅导员应老师、浙江工商职业技术学校学生会代表姜同学，以及每班两名学生家长共同参加了活动。议事会成员们观摩了活动的全过程，同时还担任了"绿色节能型校园"模型制作比赛的评委。活动过程中，议事会成员们发挥自己的特长，不断地为学校的科技教育工作献计献策。

　　教育议事会深入微观教育教学领域，参与了学校教研活动、学生社会实践类活动、德育特色类活动、心理教育类活动等，让学生突破原来的"象牙塔里的围墙"。

四、破解难题：赢取现代学校外部资源

春游活动，一直是学校领导头疼的问题，学生盼着春游，但省市教育行政部门又出于安全的考虑，只允许学生就近徒步到"隔壁公园"游玩。对此因噎废食的文件精神，孩子有怨言，家长也觉得不合常理，春游就是应该让孩子到风景区游玩才对，但上级部门的文件又不能不执行，再说万一出了问题谁负责，于是每到春游、秋游的时候，学校领导就开始陷入两难。

最近几年，海曙学校在这个问题上有所突破，做到既不违反政策，又让家长和学生满意，其举措就是有效运用了教育议事会这一载体，让议事会出面为学校解决这一积习已久的"大难题"。如每年4月，很多小学教育议事会成员组织学校学生进行安全的春游活动，由他们策划决定并参与春游路线，出面收取合理春游费用，学生和家长都非常满意这一做法。

图 6-13 孙文英小学教育议事会
有效解决学生的春游难题

图 6-14 解放南路小学议事会
解决科技指导问题

教育议事会利用优势资源为学校解决积习大难题，这种情况在镇明中心小学也得到充分体现。正是在教育议事会出面联系和帮助下，学校旁边的公交车站移位及大门前的修路工作才得以顺利完成。再比如达敏学校教育协作理事会理事单位——金田铜业集团到学校进行招聘，帮助学校解决学生就业问题。

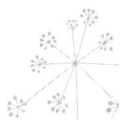

图 6-15 海曙区外国语学校
议事会膳食管理

图 6-16 高塘小学教育议事会
协助管理学生春游

参与破解现代学校的很多安全交通类难题、膳食管理类难题,教育议事会解决了不少困扰学校的麻烦。

五、监督评价: 督促现代学校民主办学

教育议事会通过章程赋予的权力对学校的决策进行监督,议事会成员对学校教育教学和管理工作进行有效监督,目前在海曙区各学校中依靠教育议事会监督学校工作已经成为学校常态行为。在每年宁波外国语学校等重点初中招生过程中,教育议事会民主监督功能进一步体现,中原小学、南苑小学、爱菊艺术学校等很多学校都邀请教育议事会成员全程参与"抽签"确定重点中学推荐生名单,以保证程序的透明、公平、公正和公开。

翰香小学经过学校几次行政会议及教育议事会成员的讨论、筹备,抽签仪式的准备工作进行得井然有序。上午 10 点 15 分,抽签正式开始。当公证员报出第一个名字时,全场都用掌声表示祝贺。抽签过程有条不紊地进行,在公证员、月湖街道行风监督员、教育局领导、兄弟学校的老师、教师代表和教育议事会代表的见证下,很快 4 个"小升初"推荐生名单就产生了。对于现场操作程序的公正公平性,大家都是充分认可的。因此对于那些没有被抽中的学生,他们并没有怨言,纷纷表示还想通过自荐的方式再尝试一下。

图 6-17　中原、南苑等小学教育议事会
　　　　　参与"宁外"抽签

图 6-18　尹江岸小学教育议事会
　　　　　监督"宁外"抽签过程

解放南路小学邀请了教育议事会的代表——江厦街道社会事务科曹科长、天封社区金书记、天封社区李老师和 201 班的家长,作为学校"小升初"推荐领导小组成员。大家一起商议推荐工作的有关事项,并定时在公证处的公证下,由学校推荐工作领导小组的老师、教育议事会的部分成员和有推荐资格的学生家长一起监督、见证了学校六个推荐名额的抽签产生过程。

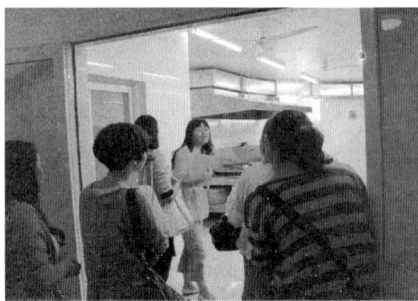

图 6-19　启文幼儿园教育议事会
　　　　　监督学校食堂卫生

图 6-20　议事会参与评价学生的
　　　　　社会实践活动

教育议事会参与抽签过程,增强民主监督机制。从监督学校"减负"工作,到参加"家长开放日"再到"三好学生"评比,保送生推荐、先进评选等,畅通"参与监督"渠道,打造互信合作堡垒。其实,九成以上海曙学校教育议事会都参与监督了类似涉及学生切身利益的推荐保送活动。

2016 年 8 月 8 日,在改版 3 次的海曙区教育资源网上,点击高级搜索

"教育议事会",可以查到 212 条信息,最新的还有 2016 年开展的各种议事活动:6 月 28 日发布的段塘学校教育议事会参与校服更换工作;海曙区外国语学校召开了第二届三次教育议事会;严寒冬日市二幼开展温暖教育议事会;东恩中学召开新年教育议事会工作会议;让"教育议事会"在外幼葵花园里绽放(外经贸幼儿园);市第一幼儿园柳锦分园召开教育议事会,审议通过修改后的《教育议事会章程》,改选了本届副主席、秘书长、各部门部长;对"快快乐乐做运动"亲子嘉年华运动会,成员们献计献策,将做好赛事的裁判工作……

本节要点:

现代学校制度建设确实让海曙的学校焕发了活力,实现了最初设计的初衷。

第三节 现代学校制度课题理论成效

本节解读点:以教育议事会为切入点的海曙现代学校制度建设课题的理论建树。

现代学校制度建设机制研究的课题方面,海曙区包括一批学校在内取得的理论成果非常丰厚。2016 年 3 月 1 日,在百度网页以"教育议事会"为关键词搜索,弹出 106 条信息。

一、课题研究结论

中国正处于社会转型期,这一转型的主要特征是由传统社会向现代社会转变、由计划经济向市场经济转轨,市场对资源配置的基础性作用逐渐完善,与之相应,多元、平等、开放、参与、互动的价值取向日益凸显,学校生存发展的环境正在发生深刻的变化,一些新的矛盾开始显现,正如本文引子所述。由之而来的问题是:学校究竟是谁的学校? 谁享有学校的治理权? 学校对哪些对象、哪些行为、哪些诉求可以说"不"及怎样说"不"? 学校与相关主体之间的关系究竟发生了什么样的变化? 如何认识这种已经变化了的关系? 如何规范这些关系?

教育议事会(教育协作理事会等)建设,都是对上述问题做出的一种积极的回应,第二章与第三章叙述教育议事会、教育协作理事会的成长历程,也反映出学校外部环境变化的复杂性和学校为适应这种变化而努力的曲折性、艰难性,因为这是教育制度整体性变革必须回答的问题,但是由单一的基层政府和学校来回答就显得压力重重。

然而,不管怎样,教育议事会已经在向人们传递这样的一种理念——学校应当与社会携手共进,教育应当在公民社会中运行。本课题研究结论为如下四条。

1.提供一种制度设计:社会、家庭参与学校管理

问题:学校究竟是谁的学校？谁享有学校的治理权？这是教育议事会首先碰到的理论问题。

从法律的角度审视,《中华人民共和国义务教育法》第二条规定:"国家实行九年制义务教育。"《中华人民共和国教育法》第二十五条又规定:"国家制定教育发展规划,并举办学校及其他教育机构。国家鼓励企业事业组织、社会团体、其他社会组织及公民个人依法举办学校及其他教育机构。任何组织和个人不得以营利为目的举办学校及其他教育机构。"

可见,在学校的各类举办者中,主体部分是国家,国家举办学校,无疑,学校是国家的学校、政府的学校。基于产权的绝对地位,国家及政府享有对学校的绝对管理权。问题恰恰在于在经济领域清楚的产权与经营权的分离在社会领域依然混沌不清,导致这个领域的整体效率低下。现行的教育制度要么统一性地排斥社会公众及学生家长对学校的治理,要么对社会公众及学生家长的行为界限缺少必要的限定,从而扼杀了学校根据实际情况依法自主开展教育教学活动及管理的积极性。"一放就乱、一乱就收、一收就死、一死又放"的循环"怪圈"同样在教育领域重复上演。特别是在当前一个时期,人们对子女教育的关注度日益提高,教育成为家庭的"三大支出"之一,谁都不愿输在起跑线上,社会及家长对学校教育的参与愿望与要求势必愈来愈高、愈来愈强。教育制度和学校必须对之做出回应。

《中华人民共和国义务教育法》第五条规定:"各级人民政府及其有关部门应当履行本法规定的各项职责,保障适龄儿童、少年接受义务教育的权利。"从法理上推论,社会和家庭依法保障适龄儿童、少年接受义务教育的权利应当包含其享有对学生受教育权,以及受教育状况的监督权、知情权、建议权等内容,然而在具体的教育生活中怎样来保障这些权利则缺少具体的行之有效的制度执行体系,缺少具体的制度执行的程序、规范和操作平台。目前的事实是,在高度集中的计划体制下,这些权利得以实现的传统路径是学生家长和社会公众对学校教育的意见和建议经由人大代表或政协委员汇总、筛选后,经过正式的国家机关组织路线层层上传再层层下达,学校只听从和执行上级教育行政部门的指令。这样的一种机制容易使学校教育中存在的种

种问题得不到及时的解决，也容易使学校对公众和家长的意见反应迟钝、麻木，逐渐形成学校强势、社会和家长弱势的格局。这种机制强化了国家对学校的管理权，弱化甚至排挤了社会对学校的参与权。因此，一方面，在国家和政府框架体系内，对学校管理不断得以改进，逐步明确了中小学实行校长负责制；另一方面，社会对学校的监督与参与却始终处于一种若有若无、若即若离的状态，常以运动化、一阵风的形态发挥作用，缺少制度化的保障，也就形不成社会参与学校管理的结构体系。人们凭借直觉按自己的意愿行事，造成对学校教育正常秩序的冲击，这种失范和无序的状态需要得到规范。

因此，政府对学校的管理最终以怎样的方式来实现、社会以怎样的方式参与学校的管理、学校以怎样的方式满足不同主体的需要并在这一过程中促进学校自身的发展，都需要从制度设计与安排的角度来审视和回答。现代管理学的发展或许能够给予我们某种启发。从现代管理的角度来看，虽然学校的服务对象表面上是单一的，即学生；但实际上学校还存在着许多潜在的服务对象：第一是国家，学校必须为国家培养合格的公民，使学生成为社会主义事业的建设者和接班人；第二是家庭，学校通过培育学生成才让家庭获得进步；第三是社会，学校将自己的特有的组织文化传播、辐射其所在的社区或更大的范围，使社区整体获得较好的发展。与之相对应，学校也在办学过程中吸收着国家、家庭、社区的各种资源和支持。因此，社会、家庭有义务也有权利享有对学校的治理权，即享有对学校教育的监督权、知情权、建议权等权利。

正是基于对现实教育问题的追思和对现代管理理念的借鉴，海曙区在叶正波的领衔下，创设了教育议事会制度。教育议事会的人员构成体现了社会各方的参与性，其运行机制类似于政协组织的运行方式，通过广泛的协商，使学校—家庭—社区达成一致并制订了章程，以规范、约束三方的行为。教育议事会的章程属于什么？就其现在的状态，它既非教育政策性规章，也非纯粹的学校内部管理制度。

那么，教育议事会究竟是什么性质的组织？我们还无法对此做出一个全面清晰的界定。但是有一点是肯定的，它是学校—家庭—社区三者之间的一种参与性平台，这种参与以学校为结点又衍射至社区和家庭，它的章程

具有契约性的意义,是一种承诺的力量与机制。因此,教育议事会让我们看到在现代社会中的学校在行政性地运作的同时可以社会性的运营,并且通过这种社会性的运营可以更好地营造学校教育环境,落实国家的教育方针,实现培养目标。尽管在目前尚需要进一步探讨这种社会性的运营的范围、领域、效度,但是教育议事会实质上开启了学校教育领域公民社会参与治理的破冰之旅。

当然,这需要政府在其中保持适度的张力。政府应当依法行政,学校应当依法办学。政府依法行政不能取代学校依法办学,学校依法办学也不应等同于执行行政命令,两者的内涵与外延均不相等,它们相互之间存在着宽广的空间,这为形成社会参与学校管理的结构提供了现实的基础和可能。

长期以来,教育行政部门对学校的监督主要是通过办学水平综合督导来进行的,但是这种监督是一种总结性的监督,是事后评价,而不是事中评价,由于人力、财力的限制,教育行政部门不可能全程监督学校日常的教育运行状况。学校在接受督导评估时展现其最亮丽的一面,而督导人员根本不可能在短短的两三天内了解学校更为细致的情况。如何加强对学校办学的过程性、全程性的监督是教育管理面临的现实问题。唯一的途径是吸纳社会的力量。当然,这种吸纳应该是有序的、规范的、有效的、有组织的,教育议事会提供了这种制度化的载体。建立教育议事会意味着学校主动接受社会的监督。教育议事会成员通过章程赋予的权利对学校的各项决策进行监督。通过议事会成员与家长、社区的广泛联系,听取各种反馈,对学校的教育教学进行动态的、经常的监督,有助于学校加强内部管理,提高常规工作的效率。广济学校实行的议事会成员的轮值制度、家长接待日制度等就是对学校日常工作的监督。从某种意义上说,教育议事会的设置是对学校及校长权力的一种外部制衡与约束,学校及校长在千百双眼睛下必须兢兢业业。

另一方面,通过教育议事会,学校在接受社会监督的同时也获得了各种资源。在此基础上,教育议事会还使社区、家庭、学校同时成为资源的提供者和享受者,各种优质和潜在的资源(包括物质资源、人力资源、文化资源等)由原来的分散状态通过议事会这根链条被有机整合,放大并提升了资源的使用效益。如 2005 年 11 月 10 日海曙区现代学校制度课题组现场会上,孝闻社区

的代表在发言中讲道:"达敏学校去年来副市长,今年又来了市委书记,达敏出名了,给我们孝闻社区也带来了名气。"在看了达敏学校的社区教育协作理事会成果汇报后,夏明华专家深有感触地说:"达敏学校把课堂搬到了社区,把社区领导作为教学的协作理事会成员,一方面学校的教学资源获得了拓展;另一方,社区因达敏的名气而出名,这就是一种双赢,这正是现代学校制度建设中所提倡的、所需要的机制。概括地说,达敏学校是和谐校园、教学互动、幸福学生。"这说明学校、社区互动过程中受益的不仅仅是学校,学校所在的社区也获得了各级领导的关注,大大提升了社区的名气。又如每月一次的家庭教育沙龙,就是整合了社区、学校、家庭的物质和人力资源,同时又回馈给家庭、社区和学校,使三方受益。可以说,教育议事会发挥了资源利用整合与提升的功能。

2. 建构了一种"改良型":家—校—社的教育共同体

毋庸讳言,人的成长与发展需要学校教育、家庭教育、社会教育三者有机结合。《小学管理规程》(1996 年,原国家教育委员会第 26 号令,以下简称《规程》)专列一章题为"学校、家庭与社会",其中第五十四条规定:"小学应同街道、村民委员会及附近的机关、团体、部队、企业事业单位建立社区教育组织,动员社会各界支持学校工作,优化育人环境。小学亦应发挥自身优势,为社区精神文明建设服务。"第五十五条规定:"小学应主动与学生家庭建立联系,运用家长学校等形式指导、帮助学生家长创设良好的家庭教育环境。小学可成立家长委员会,使其了解学校工作,帮助学校解决办学中遇到的困难,集中反映学生家长的意见、建议。家长委员会在校长指导下工作。"但是《规程》对家长委员会和社区教育组织具体的权利与义务没有做出进一步的规定,对具体的操作程序也未明确,甚至将家长委员会也仅仅定位于"可成立",而不是"应成立",并明确在校长指导下工作。只规定家长委员会"集中反映学生家长的意见、建议",至于怎么反映意见、可以反映哪些意见、学校应当如何对待这些意见等,《规程》作了留白。这就为学校—家庭—社会三者结合留下空间的同时隐含着相当大的随意性,致使三者结合的效度取决于校长,带有强烈的"人治"色彩;并且从《规程》制定的目标来分析,《规程》仅仅将目标定位于成立学校教育—家庭教育—社会教育的有机结合相应的

组织,仿佛组织成立了工作就会开展,效果就会显现,缺少对组织本身运行机理的分析与规定。

正是上述这个原因,导致学校—家庭—社会三者互动在实践上"只是浅层次、阶段性的互动,缺乏整体性、系统性。集中表现在互动主要指向阶段性的活动,随着活动的结束互动也基本结束,难以延伸到平常;缺乏相应的规范性制度予以保障和制约,由于活动的零碎性而使互动缺乏整体性;同时,这种以活动为基本载体的互动总体上尚未深入学校教育管理的核心层面,存在着学校主动而社区与家庭被动的现象。另一方面,家长与学校之间微妙的'紧张'关系并没有真正消除,在一定程度上又会演化成为双方的对立与僵持"。活动不少而制度缺位、教育资源的整合缺少规范性与经常性的纽带,成为目前学校教育—家庭教育—社会教育三结合工作中的两大通病。无论是教育理念的层面还是教育实践的层面,大家各自站在自己的立场上互相说着话,缺少统一的理念和行动的规则,学校、家庭、社会并没有形成真正的教育共同体。

建立统一的行动理念和规则是有效互动的前提,是形成真正的教育共同体的关键。广济教育议事会在实践的过程中提出了"为了我们共同的孩子"这一理念,"为了我们共同的孩子"成了各个行为主体价值判断的坐标,在这个坐标的指引下,关注孩子的需求成为大家共同的出发点,同时也使得各个行为主体超越自身的局限从整体的角度去观察和思考问题。"为了我们共同的孩子"还发挥了"过滤器"的作用,从议案到提案到行动方案,逐步地将行动的目标锁定在普遍的带有共性的问题解决上。怎样发现问题,怎样提出问题,怎样讨论并通过形成提案,怎样解决问题,议事会在章程中均做出了明确的规定,从程序上规范了各个主体的行为,使理念获得了较强的执行性,问题的手段成就的不仅仅是解决的结果,更是来自于理念本身的魅力。

3.创造了一种"升级版":家校、社校联系方式

事实上,学校、家庭、社区虽然在教育学生的目标上是一致的,但由于各自的性质不同,其利益关注点有所差异。正如广济教育议事会的 002 号议案所提出的成立"小太阳俱乐部",家长关注的是孩子放学后有一个安全的学习

活动场所,不至于过分地牵涉家长的精力与时间,但是他们同时将解决问题的任务完全地指向学校,暂且不去讨论这种"非此即彼"的思维习惯,至少说明家长对自身利益本身及其实现的途径与手段的认识是单一且单向的,并没有经过充分的讨论,这种单向的利益表达可能会导致更多的矛盾与冲突,并由此影响学生成长的良好环境的培育。社区一开始对待"小太阳俱乐部"则是裹步不前,学校则是费尽心力,努力在舆论风险与家长需求之间保持平衡。其他类似的情况学校也会遭遇,但结果可能是"无可奈何花落去"般不了了之。从这个过程来看,家庭、社区参与学校管理和学校愿意接受这种参与中间需要形成通畅的利益表达和协调机制。这个机制包含两个层面:一是建立家庭、社区、学校表达利益的正常管道和程序,通过这个管道和程序大家都能了解对方真实想要表达的是什么;二是在利益表达的基础上建立各个主体之间协调的程序。

广济的"小太阳俱乐部"的后续发展充分说明了教育议事会作为一种合适的利益表达和协调机制的必要性。通过教育议事会,三方能够充分表达各自的利益,进行沟通与商议,逐步明确问题的关键在哪里,最终达成共识。广济教育议事会的组织结构中设有提案部、外宣部、活动策划部、组织协调部、调研部、网络建设部六个部门,尽管有些粗糙,但建立了利益表达与协调的六条管道,从不同的角度满足了主体的相关需求。而且部门规程规定以任教育议事会主席的家长为主来行使权力,这本身就说明在家庭、社区参与学校管理上三方达成了共识。通过教育议事会这一制度性平台,学校、家庭、社区三者之间充分的对话、充分的交流、充分的讨论显示出强大的生机与活力,原先零星的想法被整合、有益的建议被放大,学校—家庭—社区的互动从临时、杂乱、形式化的阶段进入了经常、有序、实质性的阶段,基于利益的行为逐渐步调一致。

建立教育议事会,体现了把学校还给社会、还给家庭的办学理念,旨在吸引社会各方面力量关心、支持学校建设;通过建立科学决策的保障机制和民主监督机制,提高学校领导机构的科学决策能力,增强学校办学水平和活力,以促进学校的有效管理和可持续发展,保障学生、教师、学校获得充分的发展。

教育议事会在人员构成中体现了学校、家庭、社区三者之间一定的比例

结构,成员包括学校领导代表、教师代表、家长代表、社区代表、教育专家(社会知名人士),上述参加人员缺一不可,比例结构分配必须均衡。教育议事会在运行过程中完全体现了区别于以往家校组织、三结合委员会的一些特点,相关章节已经详细讨论。

所以,我们理想中的学校、家庭、社区的联系模式正透过教育议事会折射出符合社会时代发展特点的平等、主动、有机联系的因子。

4. 架构了一个生态环境:指向和谐的教育外部环境

"教育生态大体上可以看作是教育系统内部诸要素之间的交互作用及其与外部环境之间的物质、能量和信息的交换关系,而所谓教育生态平衡则主要是指教育系统的综合平衡、运行高效、功能优异及其与社会环境的良好协同。"生态化的教育首先要求教育系统与教育环境相互适应,这是实现教育系统生态平衡的基本前提和首要条件,它包括教育适应社会和社会适应教育两个方面的内涵。在具体的学校微观层面,这两个方面的内涵就转化成学校适应社会和社会适应学校。两种不同路径的适应共同呼唤能够建立一个学校与社会(外部环境)之间的物质、能量与信息交换的平台。适应意味着双方、多方能够共生共荣,而不是一方改变另一方或一方压倒另一方。教育议事会在为学校与外部环境之间的物质、能量、信息的充分交换提供舞台的同时,有力地推进了学校系统内部诸要素的交互作用,使得这些要素的组合集中于一个焦点从而实现内部运行的高效有序,使学校内部环境生态化。在广济教育议事会试验一个阶段后,学校对议事会提出的三个议案专题撰写了整改报告书,这反映了学校的自觉与进步,是对自身教育行为的调整与反思。整改报告书详细规定了家长会的时间周期与参与人员,明确建立家长学校的培训内容,这些措施需要由全体教师共同来执行完成,也就需要全体教师理解学校组织行为的目的与意义,也就意味着全体教师必须认同学校的教育理念,这充分说明了学校内部系统整合程度的提高与自组织能力的增强,进一步优化了学校的内部教育环境。

从教育活动的主客体构成来看,教育议事会使教育主体与教育客体相互补长。教育主体即教育者,教育客体即受教育者,这两者在教育系统中是相互联系而存在、相互作用而发展、相互适应而统一的,他们的对立统一内在地

构成了教育生态系统中的主要矛盾和主导因素,因而要实现教育生态平衡就必须使教育主体与教育客体互补相长。教育议事会以其构成的广泛性和代表性实现了教育主体的客体化和社会化,构建了一个既包括学校教师又包括家庭教育主体、企业教育主体和社区与社会教育主体的社会化的大教育主体体系,使教育者在互动过程中先受教育,在实施教育行为的过程中同时接受教育。与之相关,由于议事会同时又是一个资源合作中心,为共同关注的孩子及更广泛的人群提供了更多的学习和成长的资源,确立起受教育者在学习过程中的中心和主体地位。

此外,教育议事会促进了教育理论与教育实践的相互统一。正如达敏学校教育改革的艰辛历程,如果离开了社区的协作和支持,如果依旧将教育封闭在学校的围墙内,就无法感悟对智力异常儿童的教育是一种生存教育,更不可能实现由生存教育向生命教育的升华。

二、课题成果获奖

第二章与第三章关于两所学校的叙述中,已经折射出现代学校制度建设案例的鲜活性,在复制、推广、拓展到全区学校与幼儿园的过程中,更呈现出丰富性。

如孙文英小学"开放课堂教学 提高学生综合素质"的研究课题,以开放式的课堂教学为本,让教育议事会走进课堂、走向社会,切实提高学生的综合素质。通过议事会开展的各项活动如上文所提的心理教育沙龙及教育讲师团、社区实践基地活动、"我与老外聊宁波"的拓展课等,丰富教学内容、补充教育资源、活泼教学形式,拓展教学空间,最终培养学生良好的综合素质。而范桂馥小学自动调整的"依托教育议事会,促进学校文化自我发展"被列入学校文化自我生长机制组,研究发现,教育议事会在促进学校文化形成过程中起到了非常重要的作用。依托学校议事会,范桂馥小学构建绿色生命的校园文化、追求务实创新的校园精神文化、打造以人为本的学校管理文化、丰富多姿多彩的校园节日文化、建设充满活力的校本课程文化、践行快乐成长的主题体验文化。

在前两轮,所有实验学校的课题研究取得了不同程度的进展,从教育议事会的教育实践中提炼了理论成果,获得了不同等级的科研成果。具体见表 6-3、表 6-4、表 6-5。

表 6-3　现代学校制度建设课题类获奖

序号	时间	成果名称	单位	作者	获奖级别
1	2006 年 10 月	教育议事会的实验研究	海曙区教育局	徐晓虹	中央教育科学研究所、"基础教育阶段现代学校制度的理论与实践研究"总课题组一等奖
2	2006 年 10 月	广济中心小学实验校区教育议事会章程	广济中心小学	王雷英、张越琼等	同上二等奖
3	2006 年 10 月	达敏学校教育协作理事会章程	达敏学校	刘佳芬、田芳等	同上二等奖
4	2006 年 12 月	基于家庭(社区)、学校互动的教学质量管理制度的研究	镇明中心小学	金莹、陈欣等	宁波市教育科研优秀成果一等奖
5	2006 年 12 月	家校互动、多元参与的现代学校教师评价机制的探索	海曙区实验学校	钱希有等	宁波市教育科研优秀成果三等奖
6	2006 年 12 月	立足发展　关注过程　体验成功——少先队 XTC 评价制度的研究与实践	孝闻街小学	陈有海、周雪燕等	宁波市教育科研优秀成果三等奖
7	2006 年 12 月	构建"学校、家庭、社区"互动的法制教育新范式	翠柏小学	宋飞等	宁波市教育科研优秀成果三等奖
8	2006 年 12 月	教育议事会:让学校面向社会办学	海曙区教育局	王飞	宁波市教育学会华茂教育科学优秀成果二等奖
9	2006 年 12 月	发挥区域优势,开展社区教育工作	海曙区教育局	徐德荣	宁波市教育学会华茂教育科学优秀成果三等奖

续表

序号	时间	成果名称	单位	作者	获奖级别
10	2006 年 12 月	教师可持续发展校本评估研究	泽民小学	赵炼红等	海曙区教育科研优秀成果一等奖
11	2006 年 12 月	新时期学校促进家庭教育的研究与实践	海曙区教育局	徐德荣等	海曙区教育科研优秀成果二等奖
12	2006 年 12 月	基于学校、家庭、社区互动的教师专业发展制度的研究	高塘小学	周汉斌等	海曙区教育科研优秀成果二等奖
13	2006 年 12 月	以家长学校为载体　促进家校互动模式的探索	中原小学	张筱红等	海曙区教育科研优秀成果三等奖
14	2007 年 1 月	基于家庭社区学校互动的教学质量管理制度的研究	镇明中心小学	金莹、陈欣等	省基础教育科研优秀成果三等奖
15	2007 年 12 月	创建"教育议事会"制度促进学校和谐管理	广济中心小学	王雷英等	宁波市教育科研优秀成果一等奖
16	2007 年 12 月	培智学校课堂教学社区化的行动研究	达敏学校	刘佳芬等	宁波市教育科研优秀成果二等奖
17	2007 年 12 月	构建和谐班集体　促进学生和谐发展	孙文英小学	鲍维安等	宁波市教育科研优秀成果二等奖
18	2007 年 12 月	创建现代学校科研制度的研究	翰香小学	陈婉清等	海曙区教育科研优秀成果二等奖
19	2008 年 1 月	教育议事会:现代学校管理制度的试金石	海曙区教育局	陈善军、徐晓虹	宁波市哲学社会科学成果优秀奖
20	2008 年 1 月	创建"教育议事会"制度促进学校和谐管理	广济中心小学	王雷英等	省教育科研优秀成果二等奖
21	2008 年 1 月	社区少先队协同运行的实践研究	范桂馥小学	卢雄伟、胡云芳	宁波市教育科研优秀成果三等奖
22	2008 年 12 月	学校与社区资源共建共享运行机制的研究	中原小学	张筱红等	宁波市教育科研优秀成果三等奖

续表

序号	时间	成果名称	单位	作者	获奖级别
23	2009 年 12 月	构建学校家庭社会合作伙伴　促进学校安全教育研究	东恩中学	冯学定等	宁波市教育科研优秀成果三等奖
24	2009 年 12 月	培智学校少先队支持性活动的研究与实践	达敏学校	刘佳芬等	宁波市教育科研优秀成果三等奖
25	2009 年 12 月	学校与社区共建共享制度建设的实践与研究	中原小学	陈霁昀等	宁波市教育科研优秀成果三等奖
26	2009 年 12 月	教育议事会:一种指向区域教育生态的现代学校制度	海曙区教育局	叶正波、王飞、徐晓虹等	宁波市教育学会华茂教育科学优秀成果三等奖
27	2009 年 12 月	推行义工学分制,创建学生为本的和谐校园管理机制的实践与研究	镇明中心小学	钱希有等	宁波市教育科研优秀成果二等奖
28	2009 年 12 月	教育议事会建设指导操作手册	海曙区教育局	徐晓虹、尹黎	宁波市教育学会华茂教育科学优秀成果二等奖
29	2012 年 10 月	教育议事会成果推广的实践与思考	海曙区教育局	徐德荣、徐晓虹、尹黎	宁波市教育科研优秀成果推广一等奖

表 6-4　现代学校制度的理论研究成果(论文、专著类名录)

序号	成果名称	作者	时间	出版者
1	教育议事会:现代学校管理制度的试金石	陈善军、徐晓虹	2005 年第 2 期	上海教育科研
2	区域推进现代学校制度建设的若干思考	王爱民	2005 年第 6 期	人民教育
3	教育议事会:社区参与学校管理的尝试	徐晓虹	2005 年第 6 期	人民教育

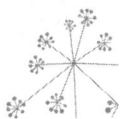

续表

序号	成果名称	作者	时间	出版者
4	教育议事会:让学校面向社会办学	王飞	2005 年第 6 期	人民教育
5	教育议事会:现代学校管理制度的试金石	陈善军、徐晓虹	2005 年第 6 期	中小学教育管理(人大转载)
6	教育议事会:学校、家庭、社区互动的现代学校制度有益尝试	卢雄伟	2006 年第 5 期	中小学管理
7	教育议事会:一种指向区域教育生态的现代学校制度	叶正波、王飞徐晓虹	2006 年第 5 期	全球教育展望
8	课堂教学社区化:实施新课程方案的有效途径	刘佳芬	2008 年第 3 期	现代特殊教育
9	教育议事会建设指导操作手册	徐健、徐德荣徐晓虹、尹黎	2008 年 4 月	浙江教育出版社
10	教育议事会:一种指向教育和谐的新教育制度	徐晓虹	2009 年第 3 期	中小学管理
11	全面建设现代学校制度 构建和谐区域教育	徐德荣	2010 年 12 月 16 日	教育信息报
12	教育协作理事会:特殊需要儿童社会支持系统的探索	徐德荣、徐晓虹	2011 年第 6 期	中国特殊教育
13	教育议事会:一个微观教育管理体制的变革	叶正波、王飞徐晓虹、尹黎	2011 年 9 月	北京师范大学出版社

表 6-5　现代学校制度研究成果的社会评价名录(不完全统计)

序号	文章题名	作者	时间	出版者
1	建立学校教育与社区教育的联动机制	李政涛	2005 年第 3 期	中小学管理
2	一种巧妙的制度设计	陈如平	2005 年第 6 期	人民教育
3	为社会和谐办好教育	蒋建华	2005 年 5 月 21 日	中国教育报

序号	文章题名	作者	时间	出版者
4	"政协"走进小学校——探访海曙教育议事会	谢凡	2005年6月15日	现代教育报
5	家长、学校、孩子都说好——宁波首创教育议事会	段琼蕾	2005年3月2日	青年时报
6	宁波一小学首创教育议事会	吴双颖	2005年3月2日	现代金报
7	学生家长当选"议员"	郑仲晔	2005年3月2日	宁波晚报
8	镇明中心小学教育议事会成立	毛信意	2005年3月6日	东南商报
9	海曙有个教育议事会	丁健恒	2005年7月2日	东南商报
10	教育议事会助学校和谐发展	陈春玲	2007年1月20日	东南商报
11	现代学校制度建设的着力点在哪里	叶莎莎	2008年3月4日	中国教育报
12	海曙"教育议事会"入围创新奖终审名单	徐晓虹	2008年11月8日	东南商报
13	教育方面的事,学校家长和社区一起来议	杨静雅	2008年12月12日	宁波晚报
14	教育方面的事,学校、家长和社区一起来议	吴颖	2008年12月12日	中国宁波网
15	宁波海曙教育议事会——浙江区域教育特色品牌	吴颖惠等	2009年9月22日	中国教育报
16	海曙区31所学校全面推广"教育议事会"——家长有了更大的话语权	郑仲晔 杨小薇	2010年10月23日	宁波晚报
17	海曙30多所学校今秋全面推广教育议事会制度	毛信意	2010年10月23日	东南商报
18	有关教育方面的事 学校、家长和社区一起议——海曙区要全面推广教育议事会	章萍	2010年10月24日	现代金报
19	海曙全面推广教育议事会制度	陈敏	2010年10月26日	宁波日报

续表

序号	文章题名	作者	发表时间	出版者
20	宁波广济中心小学:教育议事会架起家校合作心桥	张莺	2010 年 12 月 11 日	教育信息报
21	建立现代学校制度 激发学校创造活力	言宏	2010 年 12 月 16 日	教育信息报
22	幼儿园门口有堵破墙挡住了孩子们的视线	章萍	2010 年 12 月 19 日	现代金报
23	幼儿园成立教育议事会	王鹏	2010 年 12 月 24 日	东南商报
24	海曙区已有 18 所学校成立"教育议事会"	沈丽萍	2011 年 3 月 4 日	宁波晚报
25	海曙区已有 41 所学校成立教育议事会	苏善生	2011 年 3 月 5 日	东南商报
26	海曙将试点引入教育议事会作为第三方评价 如果多数家长对老师不满意 可通过议事会出面"换人"	章萍、杨小薇、张培坚	2011 年 3 月 9 日	现代金报、中国宁波网
27	教育议事会提议后 学校门口有了"爸爸护园队"	杨小微、章萍	2011 年 3 月 9 日	现代金报、中国宁波网
28	海曙区教育科研大会暨教育议事会成果推广会顺利召开	谢爱林	2011 年 3 月 12 日	现代教育报
29	宝韵音乐幼儿园成立教育议事会	侯鲁萍	2011 年 3 月 18 日	宁波日报
30	爱菊艺术学校举行教育议事会成立大会暨一届一次会员大会	《东南商报》记者	2011 年 3 月 23 日	东南商报
31	镇明中心小学拼车上学 畅通海曙	记者	2011 年 3 月 27 日	CCTV-13 频道
32	现代学校制度由"试水期"迈向"深水区"	叶莎莎	2011 年 4 月 12 日	中国教育报

序号	文章题名	作者	发表时间	出版者
33	机关二幼"护苗队"化解门前拥堵难题	吴震宁、石奇峰	2011 年 4 月 26 日	宁波晚报、人民网、中国宁波网
34	宁波市第二幼儿园　一个有文化的乐园	谢爱林	2011 年 4 月 30 日	现代教育报
35	宝韵音乐幼儿园成立教育议事会	侯鲁萍	2011 年 4 月 30 日	现代教育报
36	减缓拥堵　镇明中心小学有高招——拼车接送上下学校门口交通顺畅很多	张贻富	2011 年 5 月 13 日	东南商报
37	孩子开心家长省心——海曙镇明中心小学这一做法值得推广	张贻富等	2011 年 5 月 13 日	东南商报
38	社会管理小小创新　家长学校大大放心海曙"护苗队"化解校门口拥堵	王景波、吴震	2011 年 5 月 25 日	宁波晚报
39	宁波海曙区形成"全社会支持"的融合教育模式	言宏	2011 年 7 月 14 日	教育信息报
40	为建立更完善的现代学校制度继"教育议事会"制度之后　宁波海曙区启动"第三方评价"工作	张颖	2012 年 6 月 30 日	人民网浙江频道
41	宝韵音乐幼儿园教育议事会督查幼儿用餐	郑洁	2013 年 6 月 6 日	宁波市德育心育网
42	教育议事会：每一个"我"都是主人翁	叶青云林静远	2015 年 11 月 4 日	浙江教育报

　　伴随着课题项目的推进,海曙区现代学校制度课题研究的经验被印发成现代学校制度专题通讯 11 期,正式出版《教育议事会指导操作手册》等两部专著,作为国家社科"十五"重点课题"基础教育阶段现代学校制度的理论与实践研究"与国际性合作项目"中国公办中小学现代学校制度的理论与实验研究"的重要成果之一,在中央教科所、教育部基础教育司举办的全国现代学校

制度建设会议(成都、大连、上海、南京、无锡)上,被推广。海曙区现代学校制度的课题研究一直走在全国的前列,《中国教育报》《人民教育》《中小学管理》多次报道。

教育议事会制度的实践与理论研究,取得了值得肯定的成绩:

2005 年 1 月海曙区被中央教科所、教育部基础教育司批准为"全国现代学校制度实验区"。

2006 年 4 月,天津市和平区代表团考察广济中心小学实验校区教育议事会,认为海曙区设计的教育议事会在全国开了先河。

2006 年 4 月,无锡教育管理中心带领中小学校长 70 多人考察海曙区教育议事会建设情况,对教育议事会各项工作予以充分肯定。

2006 年 10 月,南京市教育局考察团前来学习海曙区教育议事会经验。

2013 年 5 月,哈尔滨教育考察团实地走访了宁波市实验小学、宁波市实验学校,专程来到海曙区考察现代学校制度建设。

2006 年 11 月,"教育议事会的实验研究"课题被评为全国一等奖,《教育议事会章程》《教育协作理事会章程》成果被评为全国二等奖。

2006 年 11 月,海曙区被中央教科所授予"十五"规划国家重点课题"基础教育阶段现代学校制度的理论与实践研究"先进实验区称号。

2007 年 1 月,为表彰海曙区教育议事会建设取得的优异成绩,中央教科所授予海曙区教育局"十五"期间全国科研教改先进实验基地称号。

2008 年 12 月,被教育媒体推荐参加由"民间表彰政府"的全国首届地方教育制度创新优秀奖,从全国由地方人大、政府推动的 53 个案例中脱颖而出,一路过关斩将,最后入围地方教育制度创新奖。

2012 年 10 月,"教育议事会成果推广的实践与思考"课题获宁波市教科优秀成果推广一等奖。

中共中央、国务院颁发的《国家中长期教育改革和发展规划纲要(2010—2020)》列专门章节,要求建立现代学校制度:"推进政校分开、管办分离。适应中国国情和时代要求,建设依法办学、自主管理、民主监督、社会参与的现代学校制度,构建政府、学校、社会之间新型关系。""完善中小学学校管理制

度。""实行校务会议等管理制度,建立健全教职工代表大会制度,不断完善科学民主决策机制。""建立中小学家长委员会。引导社区和有关专业人士参与学校管理和监督。"

海曙区的教育议事会建设,正好契合了《国家中长期教育改革和发展规划纲要(2010—2020)》的要求,也是落实《规划纲要》的较佳方式之一。

本节要点:

研究结论:教育议事会是社区、学校、家庭之间建立的一种积极有效的互动平台,很好地结合了本地区学校的具体实际,发挥出特有的沟通与协调、建议与参谋、监督与评价、整合与提升的巨大功能,正在努力探索建构一种利益共享、责任同担的新型的现代学校管理制度。

海曙的教育议事会成为现代学校制度建设的一个全国样板。

第四节　现代学校制度课题的问题与反思

本节解读点:教育议事会在运行过程中的若干问题。

一般行文到最后部分,该是做出完满结论的时候,教育的准实验研究似乎从来都是成功的,没有失败的例子。最理想状态似乎是,通过教育议事会能够解决全部矛盾问题。然而事实不可回避,得出的其他结论还有:

第一,本课题研究教育议事会实验是一种准实验研究,课题研究还采用了行动研究和教育叙事研究的方法。本课题的研究特点是:"由行动而叙事,由叙事而行动。"叙事研究从总体上说是属于人文研究范式或者说是定性研究方法,教育叙事研究的考察对象是教育经验和现象。

第二,目前的教育议事会既不是万能的,也不是最完善的。实践证明教育议事会确实解决了一部分的问题,教育议事会也缓解了一部分的问题,但是,必须承认,目前的教育议事会没有解决另一部分问题。然而,如果教育议事会的保障机制配套落实,而且能够日臻完善,那么教育议事会似乎能够解决大多数问题。

第三,教育议事会还有尚待解决的很多问题。比如对于整个教育体制而言,教育议事会究竟有什么样的意义？它的生命周期有多长？诸如此类的问题,我们现在尚不十分清楚。

第四,对教育议事会实践中碰到的问题进行追问时,还产生了许多困惑,引发了更多的思考。将这些问题和思考也一并记录如下,供同仁、专家研讨,期望在梳理和记录的厘定过程中能够找到解决问题的灵感,也希冀将留存的问题让更多正在实践或者即将实践的探索者看得更清晰一些。

一、教育议事会的组织性质究竟如何定位？

尽管教育议事会有章程,但它的章程更像是一种学校领导及教师、家长、

社区负责人相互之间缔结的"契约",并且这种"契约"的实现程度也是通过三方的商议和妥协来认可的。如果大家都积极一些,那么"契约"的实现程度就高一些;如果大家怠慢一些,那么"契约"的实现程度就低一些。何况目前也没有任何制度、条文对教育议事会成员的参与度进行保障。如果教育议事会大部分成员对学校的工作不满意、对校长不满意,能怎么办? 教育议事会与教育行政部门之间的关系怎样处理? 教育议事会对学校工作的评价能否成为教育行政部门管理学校的重要依据? 教育议事会能否成为一个具有法律意义的独立主体?

在课题研究实践的过程中,我们也主动到海曙区民政局拜访了社团处和分管副局长,他们进行了专业论证,但没有找出相关的法律条文规定教育议事会要进行注册登记。所以,对教育议事会组织性质的确定恐怕需要与对学校组织性质的进一步明确相关联。在法律的规制下,学校是依法办学的自主体以及相应权利的保障还是行政部门的附庸,决定着教育议事会的组织性质。而教育议事会组织性质又是明确其组织合法性的前提。目前,这确实是一个复杂的疑难症结。

二、教育议事会的保障机制和长效驱动机制在哪里?

从教育议事会的实践来看,由于区长、局长、校长的重视,由于学校勇敢地敞开大门让家长走进各个角落,由于这种新的制度设计激发出家长的参与热情,教育议事会在海曙区的大多数实验学校获得了成功。一开始,课题组对教育议事会功能和运行的设想,是以议事会成员具有高度的责任感和公共道德自律性为假设的。然而长期来看,这种激情和热情靠什么去维系? 教育议事会能否在其他学校也获得同试点学校一样的效果? 当家长们提出的问题在相当长的一段时间不能得到彻底解决时,教育议事会又怎么继续运行下去? 还是需要寻找一种长效的驱动机制和保障机制。

一般来说,驱动力分为内在驱动力和外在驱动力。内在驱动力首先来自学校和校长,如果校长对教育议事会认识不到位,教育议事会就会沦为"摆设"和"作秀";如果学校是诚心推动这个议事会的成立,积极办理议事会提

出的意见和建议,那么议事会的活力就会显示出来,也就形成了良性的循环。其次来自议事会的家长成员,特别是以主席为首的核心成员的理念、性格和作风。此外,动力还来自社区人员,因为他们不是属于教育局和学校管理的对象,也更不是主席管理的对象,所以,社区人员的素质高低就决定驱动力的大小。

外在驱动力,包括上级行政的指示与推动。不可否认,教育议事会的明显进展来自副区长和教育局局长的直接推动。许多校长直言不讳:"这个课题副区长的作用是显而易见,大家都会关注这次活动、会议。区长来不来?如果区委书记来了更好,证明会议十分重要,如果不来,不管领导怎样忙,有怎样的托词,工作的重要性总归差一点。"

然而,上述的分析都带有"人为"的因素,因为有一群热心的人,议事会就能较好地运行了,问题是怎样让这群人出现、产生和扩大? 这是教育议事会的一块"心病",因为这涉及教育议事会真正有效推广的问题。

有观点认为"目前教育议事会阻力还是来自学校,只要校长肯做、想做就能做得好,达敏就是好的例子。议事会和校长是什么关系? 校长积极就做得好,校长不积极工作就不能开展,是不是议事会是学校和校长的附庸?"但我们在构建时的宗旨并非如此。然而课题伊始,一部分校长抱着实用主义的态度把教育议事会看作是一个有效的平台,而不是一项规范学校行为的制度,从平台到制度还有一个过程。不过,教育议事会的制度保障问题,从纳入学校章程这个角度似乎已经解决了。

我们还是要持客观谨慎的态度,虽然现在教育议事会在海曙区运行得很好,但这是否意味着呼应第四章提出的教育议事会的产生背景,要在相对发达社会经济背景和文明程度且社区建设较好的区域?

三、有能力承担教育议事会提出的深层次问题吗?

随着教育议事会成员激情的高涨与议事能力的提升,教育议事会递交的主要冲突矛盾更多根源于上级部门,很多矛盾不是区教育局能解决的,纵向涉及市教育局、省教育厅乃至教育部,横向涉及人事、财政、卫生

等行政部门。内容包括规定学校在校时间的政策、课程管理方面的政策、学生活动方面的规定、人事制度的规定等,具体冲突故事可以参见《教育议事会:一种指向教育生态的微观教育管理体制的变革》相关章节,有些矛盾在个别学校可以获得一种"例外式"的个别解决,也能推演、普及至第二所、第三所,但是如果在更多的学校推广,那么,整个区域不是直接违反了上级的明文规定吗? 难道教育议事会只能钻政策的空子? 游走在教育政策、法规的缝隙吗?

因此,我们会经常地问:区县级区域作为现代学校制度实验区是否可行? 最好是在政策制定和调整方面有更大权限的市一级行政区域。指向教育体制、整个体制性的变革,需要自下而上,又要自上而下改革同时进行。

四、问题瓶颈尚待上级政府、教育行政部门解决

目前,教育议事会已经发展到一定的阶段,但是,教育实践也提出了一系列问题。

首先是教育议事会的合法性,这涉及教育议事会与全体家长、社区成员之间的关系。从理论上分析,教育议事会的权力来源于全体家长及社区成员的委托和授权,教育议事会成员的产生由科学的、明确的程序来保证和体现,合法性是指一种广泛的社会缔约和民间公约。

其次是教育议事会的动力机制和保障机制问题。借凭教育改革的热情与责任感,在几所学校开展试点是没有什么问题的,但是如果推广并使教育议事会能持续其自身的"生命",就必须解决动力和保障的问题,这是第一个问题的延续,即教育议事会的局部民间合法性能否成为普遍的合法性,其关键是政府与学校、政府与社会的关系问题。

根据目前教育议事会运行的情况看,教育议事会提出一些合理化建议,许多学校内部管理制度变革倒可以调整和解决,但是,涉及教育行政的一些内容时,比如关于学生管理、教师管理、课程设置等,受到不只是市区一级教育行政文件的限制,比如学校校长负责制的内涵外延探讨、区域教育行政的权力问题、教育行政组织上下级的权限问题等,教育议事会迫切需要有上级

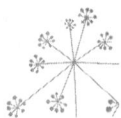

政府部门参与协调。

本节要点：

教育议事会的准实验研究已经得出了一些结论，但依然有些问题需要教育行政部门从体制角度予以解决。

参考文献

[1] [英]杰夫・惠迪,[英]萨莉・鲍尔,[英]大卫・哈尔平.教育中的放权与择校:学校、政府和市场[M].马忠虎译.北京:教育科学出版社,2003.

[2] 丁钢.历史与现实之间:中国教育传统的理论探索[M].北京:教育科学出版社,2002.

[3] 丁钢.叙事探究[J].全球教育展望,2003(4):16-20.

[4] 丁钢.生活质量是提高基础教育质量的基本出发点[J].探索与争鸣,2003(8):1-3.

[5] 丁钢.教育叙事:接近日常教育"真相"[N].中国教育报,2004-2-19.

[6] 丁钢.教育经验的叙事研究[N].教育时报,2004-2-19.

[7] [加]马克斯.范梅南.生活体验研究——人文科学视野中的教育学[M].宋广文等,译.北京:教育科学出版社,2003:21-25.

[8] 王有升.被规限的"教育"——学校生活的社会建构[D].南京:南京师范大学,2002.

[9] 王强虹.对特殊儿童家长参与学校教育的思考[J].西南师范大学学报:人文社会科学版,2004,30(1):91-95.

[10] 王蔚岚.新时期体育纪实文学的叙事研究[D].武汉:华中师范大学,2003.

[11] 万文涛,周国华,刘仁山.学校制度建设的几点思考[J].江西教育:管理版,2004(12):13-15.

[12] 邓威.营造高品质的教育生态[J].人民教育,2003(21):2-5.

[13] [美]艾尔・巴比.社会研究方法[M].丘泽奇译.北京:华夏出版社,2000:48-66.

[14] 厉以贤.学校与社区的沟通和互动[J].河南教育,2001(11):1.

[15] 朱小蔓,刘贵华.功能·环境·制度——基于生态理念的现代学校制度建设[J].华东师范大学学报:教育科学版,2006(2):1-7.

[16] 孙启武.城西小学的教师评价——实地的研究和生态的视角[D].武汉:华中师范大学,2003.

[17] 任遂虎."道法自然"与教育生态[J].西北师范大学学报:社会科学版,2001(1):22-27.

[18] 伦文强,沈安康,黄雪丹等."学校—社区教育一体化"的实践与研究[J].思想·理论·教育,2004(3):53-55.

[19] 刘延年.关于社会科学研究方法问题[J].西安财经学院学报,2003,16(3):5-9.

[20] 刘良华.改变教师日常生活的"叙事研究"[J].全球教育展望,2003(4):16-20.

[21] 刘良华.改进教育生活的叙事方式[N].教育时报,2004-2-26(3).

[22] 刘淑兰.学校与社区的互动[M].成都:四川大学出版社,2003.

[23] [美]安东尼·R.桑科,崔秀环.家长和社区参与:问题与建议[J].晋东南师范学报,1997(4):76-79.

[24] 杨天平.欧洲七国关于家长参与学校教育项目的研究综述[J].内蒙古师范大学学报:教育科学版,2003,16(3):8-13.

[25] 李天鹰.英美法德日诸国的学校内部管理体制改革[J].外国教育研究,2004(12):35-37.

[26] 吴钢.建立评价机制 发展社区教育[J].继续教育研究,2003(4):69-71.

[27] 吴鼎福,诸文蔚.教育生态学[M].南京:江苏教育出版社,1990.

[28] 何海鹰,郑琴华.我国基础教育行政体制改革谈[J].黑龙江教育,2002(9):26-27.

[29] 余昱.教师研究场景中的个案研究——兼与行动研究比较[J].湖南师范大学教育科学学报,2003,2(3):28-31.

[30] 张向葵.教育生态:课堂教学监控的鲜活生命[J].教育科学研究,2003(7-8):31-34.

[31] 张忠福.基础教育生态的建设与培育[J].安徽教育学院学报,2003,21(5):122-124.

［32］张梦中,［美］马克·霍哲.定性研究方法总论［J］.中国行政管理,2001(11):39-42.

［33］陈向明.在行动中学作质的研究［M］.北京:教育科学出版社,2003.

［34］陈向明.旅居者和"外国人"——留美中国学生跨文化人际交往研究［M］.北京:教育科学出版社,2004.

［35］陈如平.现代学校制度的基本特性［J］.人民教育,2004(21):11-13.

［36］范国睿.教育生态学［M］.北京:人民教育出版社,2000.

［37］岳龙.教育叙事:感悟教师的真实生活［N］.教育时报,2004-2-12.

［38］郑金洲.教育研究专题［M］.上海:华东师范大学出版社,2003.

［39］胡卫,刘国永.基础教育公办学校体制改革的路向及发展思考［J］.教育发展研究,2003(9):22-26.

［40］郝志军,金东贤.基础教育现代学校制度研讨会综述［J］,教育研究,2003(10):93-94.

［41］南丁.探索家校合作的有效途径——日本的 PTA 给我们的启示［J］.内蒙古师范大学学报:教育科学版,2002,15(2):12-14.

［42］［美］威廉·富特·怀特.街角社会:一个意大利人贫民区的社会结构［M］.黄育馥,译.北京:商务印书馆,1994.

［43］贾锐.校园生态环境与教育［M］.台北:台湾文筐出版社,1988.

［44］徐胜,张文京.特殊教育生态观［J］.重庆师范大学学报:哲学社会科学版,2003(4):115-118.

［45］徐建平.现代学校制度研究评述［J］,上海教育科研,2005(7):16-19.

［46］高峡.日本义务教育改革新动向——日本中央教育审议会 2005 年咨询报告的主旨及其启示［EB/OL］. http://www. cnier. ac. cn/snxxuece/snxx2006021514215_299. html1,2008-07-05.

［47］［美］唐·倍根,唐纳德·R.格莱叶.学校与社区关系［M］.周海涛译.重庆:重庆大学出版社,2003.

［48］褚宏启.我们需要什么样的现代学校制度［J］.教育研究,2004(12):32-37.

［49］谈松华.现代学校制度建设的若干理论与实践问题［J］.人民教育.2005(6):2-5.

［50］陶继新.教育生态为改革注入生命活力——临沂市罗庄办事处中心小学教育创新透视［J］.山东教育.2001（11）：45-50.

［51］［美］梅雷迪斯.·D.高尔，沃尔特.R.博格等.教育研究方法导论［M］.许庆豫，等译.南京：江苏教育出版社，2002.

［52］蒋凯.涵养科学精神——教育研究方法论的省思［J］.北京大学学报：哲学社会科学版，2004（1）：42-46.

［53］曾君.教育研究中定量与定性研究法的比较［J］.广西教育学院学报，2003（3）：12-18.

［54］黎淑燕，卢芝兰.教育自传：保存自己教育信念的教育经历［J］.人民教育，2003（15）：35-40.

［55］鞠玉翠.教师个人实践理论的叙事探究［D］.上海：华东师范大学，2003.

［56］California State PTA Toolkit ［EB/OL］. http://www. capta. org/.

［57］Connelly，M. & Clandinin，J.（1994）. Narrative Inquiry，in Torsten Husen & Neville Postlethwaite，eds. The International Encyclopedia of Education（2nd Edition，Volum（7）［M］. Oxford：Pergamon Press，4046-4051.

［58］Elliott Eisner. Educational reform and the ecology of schooling［J］. Teachers College Record，Summer92，Vol. 93 Issue 4：610.

［59］J. Goodlad （Ed.）. The ecology of school renewal，86th Yearbook of the National Society for the Study of Education［M］. Chicago：University of Chicago Press，20-40.

［60］Janine A. Overcash，Narrative research：a review of methodology and relevance to clinical practice［J］. Critical Reviews in Oncology/Hematology 2003，48：179-184.

［61］Lieblich，A.，Tuval-Mashiach，R.，& Zilber，T.（1998）. Narrative Research：Reading，Analysis，and Interpretation［J］. Thousand Oaks，CA：Sage.

［62］吕建生.对我国中小学教育管理体制改革的方向性思考［J］.学周刊，2012（1）：10-13.

［63］郝志超.论中小学校管理体制改革的深化［J］.剑南文学：经典教苑.2012（3）：25-28.

［64］高扬.大连市公民社会组织参与现代学校制度建设的调查研究［J］.齐齐

哈尔大学学报:哲学社会科学版.2009(4):111.

[65] "基础教育阶段现代学校制度的理论与实践研究"总课题组.关于现代学校制度的含义、特征、体系的初步认识[J].人民教育.2004(17):3-6.

[66] 苏力.现代学校制度的基本特征探析[J].煤炭高等教育.2011(1):145.

[67] 包金玲.教育去行政化与现代学校制度建设——以中小学教师人事管理为例[J].教育发展研究.2012(12):120.

[68] 李继星.基础教育阶段现代学校制度的基本类型[J].教育理论与实践.2007(5):425-428.

[69] 王家云,徐金海.制度伦理视域下的现代学校制度设计[J].教育发展研究.2013(10):18-21.

[70] 张茜.现代学校制度视域下高校基层党建工作的探索[J].黑龙江教育学院学报.2014(3):31-33.

[71] 孙绵涛,王刚.我国现代学校制度建设的成就、问题与对策[J].教育研究.2013(11):41-44.

[72] 陆丽,苏力.现代学校制度问题研究综述.煤炭高等教育.2009(1):406.

[73] 吴衍丽.教育管理体制改革的实践:我国对现代学校制度的探索[J].科教导刊:上.2012(08):35.

[74] 王珊,苏君阳.学生参与对现代学校制度建设的伦理意义[J].教育学术月刊.2015(2):21-22.

[75] 安晓静.现代学校制度的内涵及其背景分析[J].湖北第二师范学院学报.2013(10):15-18.

[76] 陈光军.现代学校制度框架下教职工代表大会思考[J].齐鲁师范学院学报.2012(06):21-24.

[77] 徐健,徐德荣,徐晓虹.教育议事会建设操作指导手册[M].杭州:浙江教育出版社,2008.

[78] 叶正波,王飞,徐晓虹,尹黎.教育议事会:一个微观教育管理体制的变革[M].北京:北京师范大学出版社,2011.

后　记

　　一直觉得自己是一个很幸运又很幸福的人，所以很自然，本书的后记成为致谢部分。

　　首先感谢中国教育科学研究院导师陈如平博士，成为师哥的访问学者，是我提升学术质量的转折点。

　　感谢我崇拜的学者与偶像叶正波先生，立即书面答应以我唯一署名出版本书的请求，显示了他一贯的气度与高贵，而他也是本课题的总策划师与协调者。

　　感谢英俊才子——那时的分管局长王飞先生，感谢美女同仁——课题后期成员尹黎女士，那是一段难忘的课题研究合作岁月。

　　感谢本书中出现的所有解密人物，王雷英、刘佳芬、张越琼、戎晓雁……特别鸣谢参与课题研究的核心人物：张云建、李蔷、邵杰、何俊峻、刘群……还有很多我采访过的教师与家长……

　　感谢浙江大学出版社的编辑，提出很好建议。

　　感谢为本书出版贡献过智慧与力量的众多无名英雄。

　　最后，感谢我的丈夫与母亲的无私支持。

　　我爱你们！

徐晓虹
2017 年 9 月